監修 みおりん（勉強法デザイナー） 監修 玉田久文（スタディサプリ講師）

ポイント整理でテストの点数超アップ！

STUDY NOTES ON
JUNIOR HIGH SCHOOL GEOGRAPHY

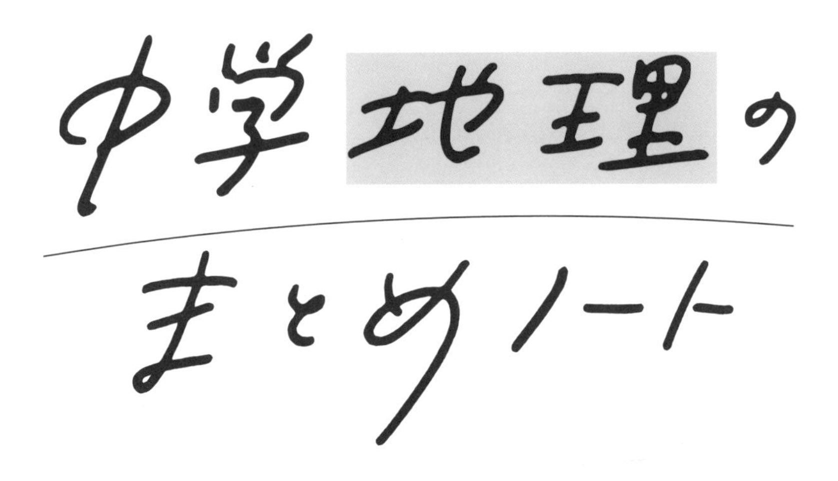

※この本には、「赤色チェックシート」がついています。

KADOKAWA

解きなおしPDF
無料ダウンロード方法

本書をご購入いただいた方への特典として、

まとめページ+確認テスト　解きなおしPDF

を無料でダウンロードいただけます。
記載されている注意事項をよくお読みになり、ダウンロードページへお進みください。

https://www.kadokawa.co.jp/product/322302000969/
[ユーザー名] **matome-chiri**
[パスワード] **note-g304**

上記のURLへアクセスいただくと、データを無料ダウンロードできます。
「ダウンロードはこちら」という一文をクリックして、ユーザー名とパスワードをご入力のうえダウンロードし、ご利用ください。

【注意事項】
- ダウンロードはパソコンからのみとなります。携帯電話・スマートフォンからのダウンロードはできません。
- ダウンロードページへのアクセスがうまくいかない場合は、お使いのブラウザが最新であるかどうかご確認ください。また、ダウンロードする前に、パソコンに十分な空き容量があることをご確認ください。
- フォルダは圧縮されていますので、解凍したうえでご利用ください。
- なお、本サービスは予告なく終了する場合がございます。あらかじめご了承ください。

ブックデザイン／chichols　執筆協力／エデュ・プラニング　イラスト／アベカサネ
図版／アート工房、佐藤百合子　DTP・図版／フォレスト　校正／マイプラン、鷗来堂　編集／平井榛花

見やすく何度も読み返したくなるノート作りには、いくつかのポイントがあります。
そこで、東大卒で勉強法デザイナーとして活躍中のみおりんが、
キレイにまとまるノート術・5つの掟を伝授します！

1 「見出し＋箇条書き」でまとめる

情報は文章で書くのではなく、
箇条書きで要点だけをまとめよう！
「大見出し」「中見出し」
「小見出し」のデザインをそれぞれ
そろえると、見やすくなるよ。

大見出し

3 世界の中の日本の位置

(1) さまざまな日本の位置

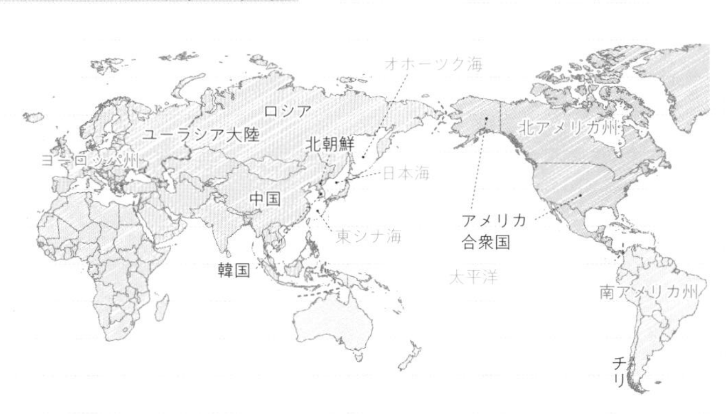

小見出し

日本の位置の表し方

- 日本は＿＿＿＿＿大陸の東に位置する。
- 日本は＿＿＿＿の北西部に位置する島国（＝海洋国）。
  - 北アメリカ州のアメリカ合衆国から見ると…
    - ➡ 日本は＿＿＿＿をへだてた国。
  - ＿＿＿＿＿州のチリから見ると…

箇条書きで
要点を
まとめる

2 色のルールを決める

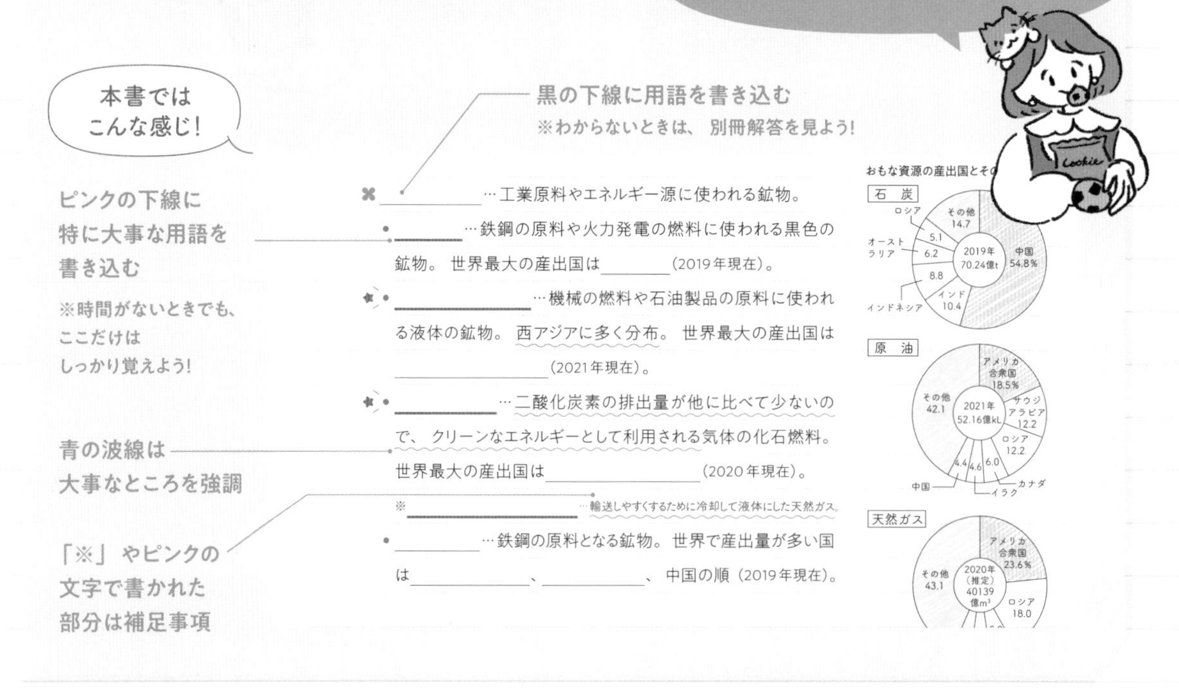

3 略記号を決める

ノートをすっきりシンプルに書くために、特定の意味を表す記号を決めておくのも効果的。ノートを書くスピードもアップさせることができるよ!

本書では
こんな感じ!

重要なポイント

テストに出やすいポイント

★✖＿＿＿＿…山地や山脈が連なり、大地の変動がさかんな地域。

➡＿＿＿＿の活動や地震の＿＿＿＿が多い。

・＿＿＿＿

TEST …太平洋を取り囲むように広がり、大地の変動がさかんな地域。＿＿＿＿もふくまれる。⚠

間違えやすいポイント

・＿＿＿＿

…ヨーロッパのアルプス山脈からアジアのインドネシア東部までの、大地の変動がさかんな地域。⚠

統合への歩み

◎ 18世紀以降 ヨーロッパで工業が発達。ex ドイツの＿＿＿＿工業地域

例

⬇

結果・経過

※横矢印も同じ意味!

◎ 20世紀前半 ＿＿＿＿で大きな被害を受ける。

⬇

アメリカ合衆国やソ連に対抗するため、ヨーロッパの国々が団結。

4 図やイラストを活用する

文字だけだと覚えづらいことも、
図やイラストを使うことで
一気に頭に入りやすくなるよ。
自分で描けないものは
コピーを取って貼るのでもOK!

本書では
こんな感じ!

イラストでわかりやすく!

(1) 日本の領域

⌘国の領域…3つの要素がある。

- ＿＿＿＿(=陸地部分)
- ＿＿＿＿(=日本では領土に接する12海里以内の海域)
- ＿＿＿＿(=大気圏内の領土と領海の上空部分)

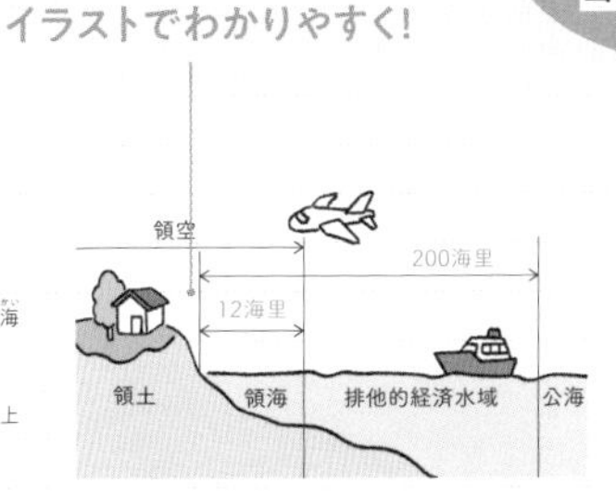

地図を入れることで
わかりやすく!

方の自然環境

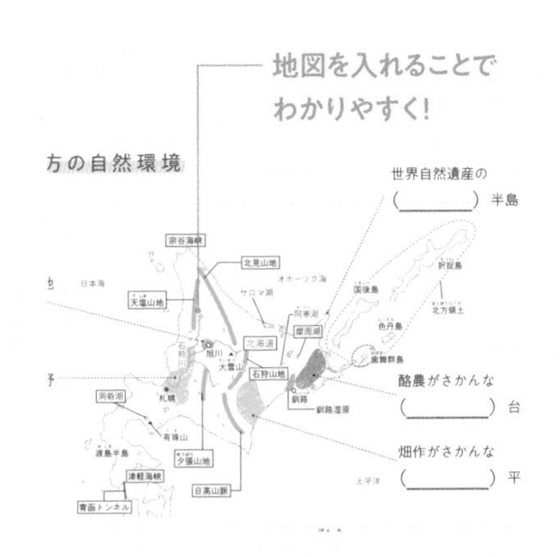

⌘陸地と海洋の大きさ
…地球全体で広いのは＿＿＿
➡「＿＿＿＿」と呼ばれる。
※三大洋だけで地球の総面積の半分以上!

グラフ化
することで
わかりやすく!

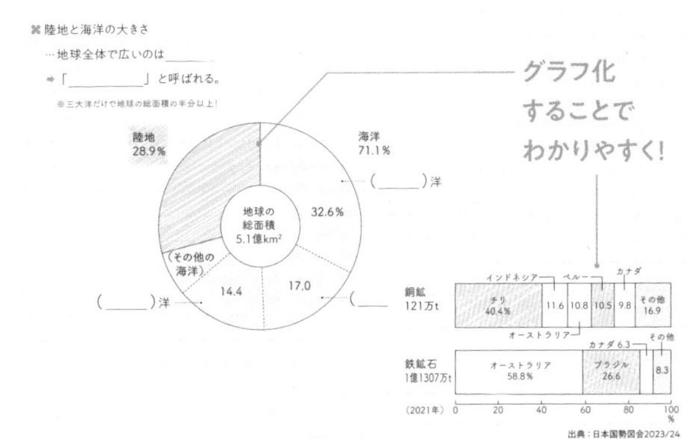

5 自分なりのメモを書く

覚え方や先生が話していた豆知識、自分の思ったことなどをメモしておくと、そのメモから芋づる式に学習内容を思い出しやすくなるんだよ。あとからでもメモを書き込めるよう、余白を多めにとっておこう。

本書では
こんな感じ!

覚えやすくなるひとこと
知識が
書かれている

MEMO
国会議事堂がある永田町や、中央省庁が集まる霞が関などの東京の地名は、それぞれの代名詞として使われることが多い。

首相官邸、中央省庁などが集中。

⌘＿＿＿＿
—ニューヨークやロンドンのように、東京は世界との結びつきが強い都市。
- ＿＿＿＿—外交使節が相手国で公務を行う場所。東京都港区に多い。
- ＿＿＿＿—外交や仕事、留学、文化活動などさまざまな理由で日本に暮らしている外国人。

- ＿＿＿＿—千葉県にある空港。

⌘＿＿＿＿の発達
—東京は日本最大の消費地であり、文化や流行の発信地でもある。
- ＿＿＿—卸売業や小売業の販売額が多い。
- サービス業—インターネットに関わる＿＿＿＿関連産業で働く人が多い。
広告や娯楽に関連した産業も東京に集中。

なるべく余白を残し、自分なりの
メモを書きやすくなっている

CHECK!

タイプ別 本書のおすすめの使い方

本書のおすすめの使い方を
4つ紹介します。
用途に合わせて、
うまく使い分けましょう!

タイプA コツコツじっくり派の人には…

普段

授業の予習・復習のときに
オレンジ色などの色ペンで穴埋め

別冊解答を
見ながらでもOK!

テスト前

テスト勉強のときに
赤シートで隠して用語を暗記!

タイプB テスト前に集中学習! 派の人には…

テスト前

ミニテスト感覚で穴埋め

丸つけをし、 間違えたところを
しっかり復習

タイプ C「一気におさらいしたい!」派の人には…

長期休み

春休みや夏休み、冬休みなどの長期休暇の総復習に使おう!

タイプ D「苦手分野だけ勉強したい!」効率派の人には…

受験勉強にも!

不安な単元だけ集中的に取り組み、苦手克服に活用しよう!

CONTENTS

第4章 日本のさまざまな特色

第5章 日本の諸地域

六大陸と三大洋、さまざまな国々

(1) 六大陸と三大洋・6つの州

✖ 六大陸の大きさ

TEST

- 最大… ________ 大陸
- 最小… ________ 大陸

✖ 陸地と海洋の大きさ

…地球全体で広いのは ________

➡「________」と呼ばれる。

※三大洋だけで地球の総面積の半分以上！

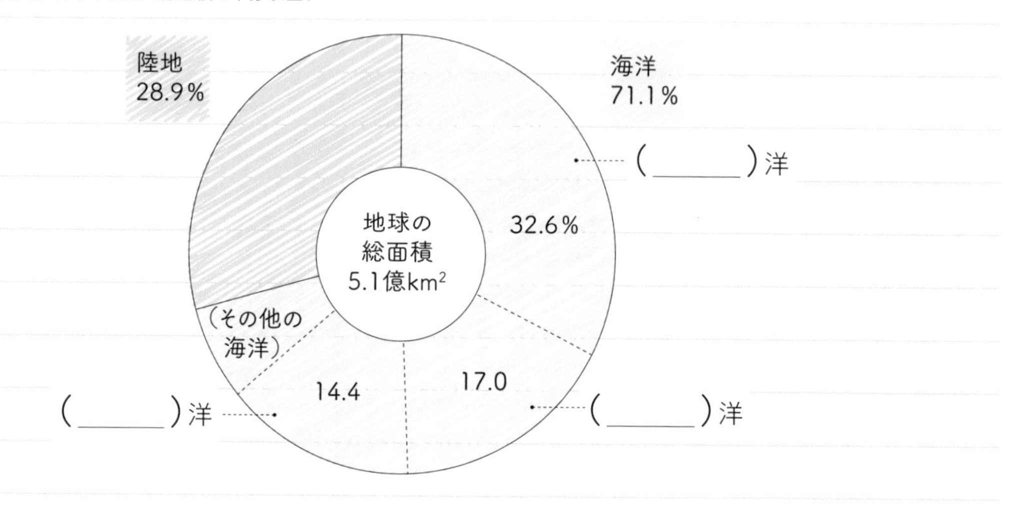

(2) さまざまな国々

海に囲まれた国と海に面していない国

✖ ＿＿＿＿＿＿

…国の全体が海に囲まれている国。 ex 日本

✖ ＿＿＿＿

…国の全体がほかの国と陸続きになっていて、まったく海に面していない国。 ex モンゴル

モンゴル
日本

面積の大きい国と面積の小さい国

✖ 国土の面積が世界で最も大きい国

… ＿＿＿＿ ※日本のおよそ＿＿倍！

✖ 国土の面積が世界で最も小さい国

… ＿＿＿＿＿＿（イタリアの首都ローマにある）

MEMO
面積の大きい国ベスト5（2020年現在）
①ロシア……………………約1710万㎢
②カナダ……………………約999万㎢
③アメリカ合衆国………約983万㎢
④中国………………………約960万㎢
⑤ブラジル…………………約852万㎢
（出典：世界国勢図会2022/23）

TEST ✖ 日本の国土の面積はおよそ＿＿万㎢

※世界に190ほどある国々の中で、＿＿番目くらいの大きさ。

世界の人口の推移と人口の多い国

✖ 世界全体の人口…約＿＿＿億人（2023年現在）

✖ 州の人口

- 人口が最も多い州… ＿＿＿＿＿＿
- 人口が最も少ない州…＿＿＿＿＿＿
- この50年ほどの間で最も人口が増えるペースが速かった州…＿＿＿＿＿＿ ⚠

✖ 人口が最も多い国

… ＿＿＿＿

MEMO
人口の多い国ベスト5（2023年現在）
①インド……………約14.28億人
②中国………………約14.25億人
③アメリカ合衆国…約3.4億人
④インドネシア……約2.7億人
⑤パキスタン………約2.4億人
（出典：世界人口白書2023）

2 緯度と経度、地球儀とさまざまな世界地図

(1) 緯度と経度

✖ ＿＿＿＿

…赤道から南北にどれくらい遠いかを示す数字。

- 緯度＿＿＿度…赤道
- ＿＿＿＿　…赤道の北側
- ＿＿＿＿　…赤道の南側
- 緯度＿＿＿度…北極点と南極点

北極点
北極圏
（北緯約 66.6 度の緯線）
北回帰線
（北緯約 23.4 度の緯線）
（＿＿＿＿）
（＿＿＿＿）
（＿＿＿＿）
（0 度の緯線）
緯度
75°
60°
45°
30°
15°
0°
15°
30°
45°
60°
75°
南極圏
（南緯約 66.6 度の緯線）
南極点
南回帰線
（南緯約 23.4 度の緯線）

★ ✖ ＿＿＿＿

…同じ緯度の地点を結んだ線。

- ＿＿＿＿…赤道に近い地域
- ＿＿＿＿…北極点や南極点に近い地域
- ＿＿＿＿…中間の地域

★ ✖ ＿＿＿＿

…地球の表面を通って、北極点と南極点を結ぶ線。

ロンドン
（イギリス）
北極点
北半球
赤道

✖ ＿＿＿＿＿＿

…＿＿＿＿0 度の経線。

TEST ※イギリスの＿＿＿＿＿＿にある旧グリニッジ天文台を通る。

- 東側の地域…＿＿＿＿
- 西側の地域…＿＿＿＿
- 東西の経度…それぞれ＿＿＿度まで。

（＿＿＿＿＿＿）（0 度の経線）
「°」は度を示す。
（＿＿＿＿）
（＿＿＿＿）
経度
0°
15°
30°
45°
60°
75°
90°
105°
120°
135°
150°
165°
180°
赤道
南半球
南極点

✖ 地球上のすべての地点は、緯度と経度で位置を表すことができる。

⚠ ○緯度　×偉度　×維度　○経度　×径度　×継度

MEMO
織物に使われる縦糸を「経（糸）」、横糸を「緯（糸）」ということから、地球を縦に輪切りしているような線を「経線」、横に輪切りしているような線を「緯線」と呼ぶようになった。

(2) 地球儀とさまざまな世界地図

✖ ＿＿＿＿＿＿

…地球の姿をそのまま縮めた立体の模型。

※陸地・海洋の形や面積、方位などをすべて正確に表すことができる！

さまざまな世界地図

✖ メルカトル図法

…緯線と経線が＿＿＿＿に交わる地図

- おもに＿＿＿＿図として利用。 TEST

※短所：緯度が高くなるほど、面積が実際よりも＿＿＿＿＿表される。

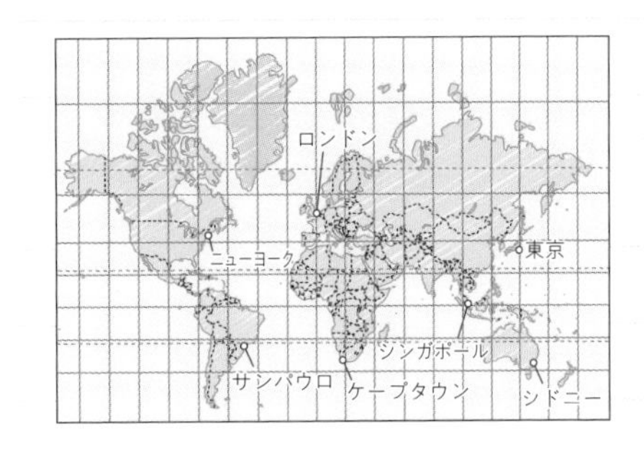

✖ モルワイデ図法

…＿＿＿＿が正しく表される地図

- おもに＿＿＿＿図として利用。

※短所：赤道からはなれるほど、陸地の形が＿＿＿＿＿。

✖ 正距方位図法

…＿＿＿＿からの距離と方位が正しい地図

- おもに＿＿＿＿図として利用。 TEST

※理由：目的地に直接行くことができる＿＿＿＿のルートがわかるから。

※短所：中心以外の地点どうしでは距離と＿＿＿＿が正しく表されない。

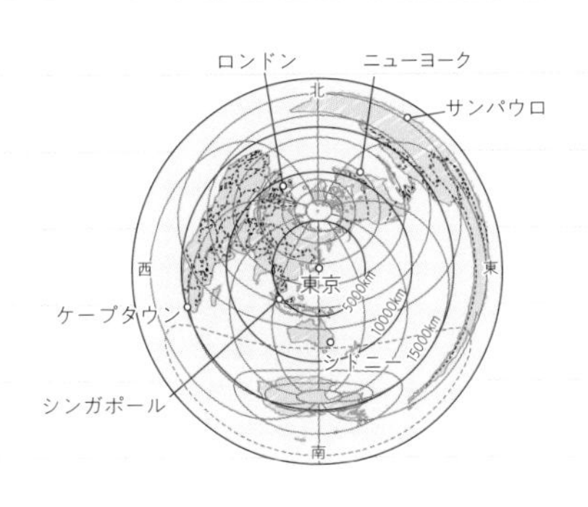

3 世界の中の日本の位置

(1) さまざまな日本の位置

日本の位置の表し方

✖ 日本は＿＿＿＿＿＿大陸の東に位置する。

✖ 日本は＿＿＿＿の北西部に位置する島国（=海洋国）。

- 北アメリカ州のアメリカ合衆国から見ると…
  - ➡ 日本は＿＿＿＿をへだてた国。
- ＿＿＿＿＿＿州のチリから見ると…
  - ➡ 日本は太平洋をはさんで対岸にある。
    - ➡ チリで大地震が発生すると、太平洋を渡って、日本まで＿＿＿＿が到達することがある。
- ヨーロッパ州から見ると…
  - ➡ 日本はアジア州の中でも＿＿＿＿（=東の端（はし）っこ）に位置する。

さまざまな国から見た日本の位置

- ロシアの東部から見ると…
  - ➡ ＿＿＿＿＿＿＿＿＿＿をはさんで南。
- 韓国（かんこく）や北朝鮮（きたちょうせん）から見ると…
  - ➡ ＿＿＿＿＿＿をはさんで東。
- 中国から見ると…
  - ➡ ＿＿＿＿＿＿をはさんで東。

(2) 緯度、経度で見た日本の位置

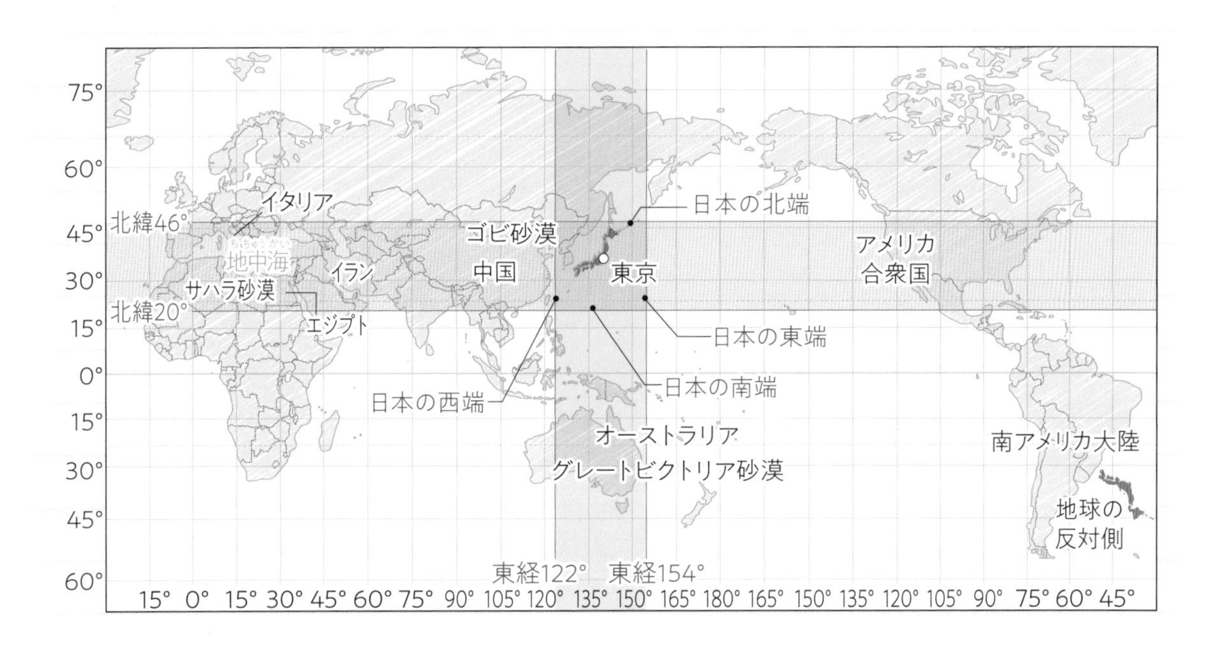

緯度と経度による日本の位置

- 北端…およそ北緯________度
- 西端…およそ東経________度
- 南端…およそ北緯________度
- 東端…およそ東経________度

日本と他の国・地域との位置関係

- アメリカ合衆国や中国、 イラン、 エジプト、 イタリア
  …同じ________に位置する国。
- オーストラリア
  …同じ________に位置する国。
- アジア州の________砂漠やアフリカ州の__________砂漠
  …同じ緯度に位置する。
- オセアニア州の________________________砂漠
  …同じ経度に位置する。
- TEST 日本の位置を地球の反対側に移動させた場合
  …______________大陸の近く。
- 正距方位図法は中心からの________と方位が正しい。
  …日本から見て最も________場所に位置しているのは
  ______________大陸 ⚠

ロンドン ニューヨーク サンパウロ 北 西 東 東京 ケープタウン シドニー シンガポール 南 5000km 10000km 15000km

4 時差

(1) 標準時

✖ ＿＿＿＿＿＿…各国の時刻の基準となる経線（=子午線）。

※この経線の真上に太陽が来る時刻が＿＿＿＿（＝午後０時）。

日本の標準時子午線…兵庫県＿＿＿＿市を通る＿＿＿＿＿度の経線。

※国土が東西に長い国は＿＿＿＿の標準時がある。 ex アメリカ合衆国やロシア

(2) 時差が生じる理由

✖ 地球は球体である。

↓

＿＿＿＿の光を受けている部分と受けていない部分がある。

1時間

日本の標準時子午線

東京

アメリカ合衆国

エジプト

15° 0° 15° 30° 45° 60° 75° 90° 105° 120° 135° 150° 165° 180° 165° 150° 135° 120° 105° 90° 75° 60° 45°

✖ 経度との関係で考えると…

- 地球は1日に約＿＿＿＿度自転している（=東経・西経の合計）。

↓

- 1日は24時間。

➡ 1時間当たりで（360÷24＝）約＿＿＿＿＿度自転していることになる。

↓

- 経度15度ごとに約＿＿＿＿＿の時差が生じる！

(3) 日付の調整

◎ 地球を一周すると24時間の時差が生じる。

↓

◎ 調整しないままだと各地の日付が合わなくなる。

↓

◎ ＿＿＿＿＿＿…日付を調整するための線。 ほぼ経度180度の経線に沿って設けられている。⚠

※この線を西から東へこえるときに日付を１日＿＿＿＿＿＿。

反対に、この線を東から西へこえるときに日付を１日＿＿＿＿＿＿。

MEMO
日付変更線を1日のスタートラインと考える。

(4) 時差の計算

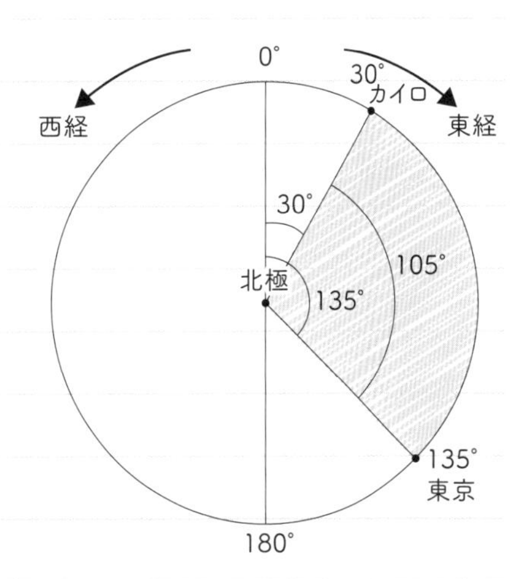

東経どうし、西経どうしの場合

✖ 東京とカイロ（エジプト）の時差の求め方

❶東京とカイロの標準時子午線を確認する。

➡ 東京は、＿＿＿＿＿度。

➡ カイロは、＿＿＿＿＿度。

❷東京とカイロの標準時子午線の経度の差は

135－30で、＿＿＿＿度。

❸経度＿＿＿度ごとに1時間の時差が生じるから…

➡ 東京とカイロの時差は、105÷15という計算から、＿＿＿時間。

東経と西経にまたがる場合 ⚠

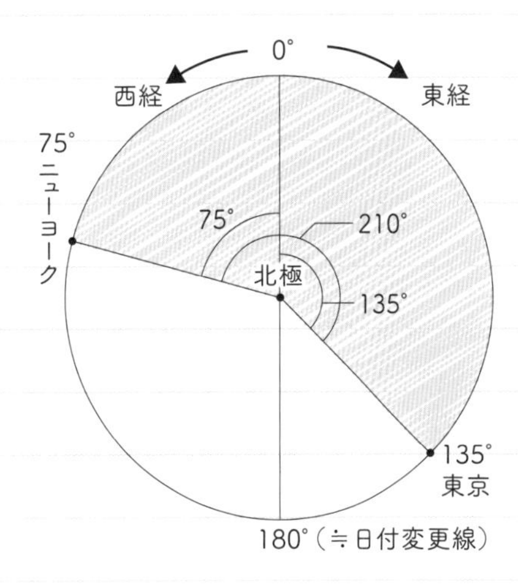

✖ 東京とニューヨーク（アメリカ合衆国）の時差の求め方

❶東京とニューヨークの標準時子午線を確認する。

➡ 東京は、＿＿＿＿＿度。

➡ ニューヨークは、＿＿＿＿＿度。

❷本初子午線（ほんしょしごせん）を利用して経度の差を求める。

➡ 東京の標準時子午線と本初子午線の経度の差は、＿＿＿＿度。

➡ ニューヨークの標準時子午線と本初子午線の経度の差は、＿＿＿＿度。

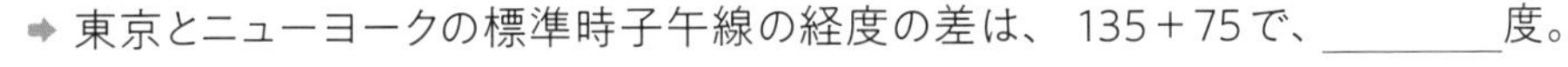

➡ 東京とニューヨークの標準時子午線の経度の差は、135＋75で、＿＿＿＿度。

❸東京とニューヨークの時差は、210÷15という計算から、＿＿＿＿時間。

❹＿＿＿＿＿＿＿から見て、西にはなれるほど時刻が遅い。

➡ 東京とニューヨークを比べると、日付変更線に近いのは＿＿＿＿。

➡ 東京から見ると、ニューヨークの時刻は14時間＿＿＿＿＿＿。

➡ ニューヨークから見ると、東京の時刻は14時間＿＿＿＿＿＿。

5 日本の領域と都道府県

(1) 日本の領域

✖ 国の領域…3つの要素がある。

- ______（=陸地部分）
- ______（=日本では領土に接する12海里以内の海域）
- ______（=大気圏内の領土と領海の上空部分）

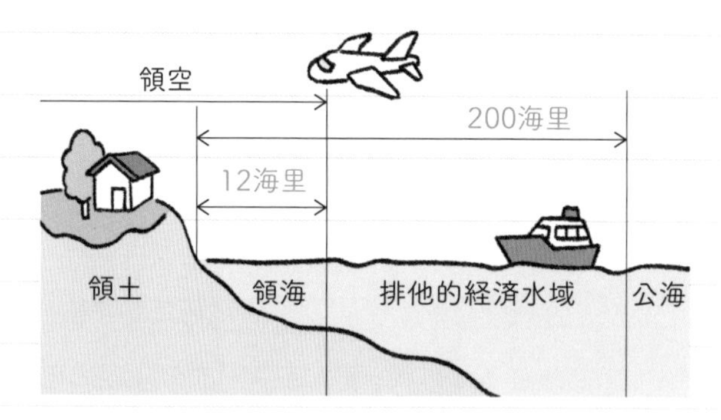

✖ 日本の領域の特徴

- 国土（領土）面積…約______km²
- 領土…______つの大きな島と多くの小さな島々からなる（計14,125）。
- ★ ______________
  …国際法で海岸線から200海里までの範囲と定められている水域。
  ※この水域と領海を合わせると国土面積の10倍以上！
- ______…すべて海の上。
  ※島国（海洋国）で、他の国と接する陸地がないため。

日本の排他的経済水域（領海もふくむ）
ロシア
（______）領土
中国
韓国
日本
（____）島
（______）諸島
北端 択捉島 北緯45度33分
東端 南鳥島 東経153度59分
西端 与那国島 東経122度56分
南端
（______）島
北緯20度25分
1000km圏
2000km圏
50° 45° 40° 35° 30° 25° 20°
125° 130° 135° 140° 145° 150° 155°

- 国土の東西南北の端…すべて______（離島）。
  ※南端は______。

TEST ➡ この島が水没すると広大な排他的経済水域が失われるので______が行われた。

(2) 海の区分

	海岸線からの距離	他国の船の航行	水産・鉱産資源
領海	（______）海里（=約22km）	制限あり	沿岸国のもの
排他的経済水域	★（______）海里（=約370km）	自由	TEST 沿岸国に利用する権利あり
（______）	－	自由	利用は原則自由

(3) 日本の領土をめぐる問題

- ＿＿＿＿＿…北海道にある＿＿＿＿島・＿＿＿＿島・＿＿＿＿島・＿＿＿＿群島。
  日本固有の領土。＿＿＿＿が不法に占拠。
- ＿＿＿＿＿…島根県にある日本固有の領土。＿＿＿＿が不法に占拠。
- ＿＿＿＿＿諸島…沖縄県にある日本固有の領土。
  領土問題はないが周辺の海域に資源がある可能性がわかった後に＿＿＿＿などが領有権を主張。

(4) 都道府県と県庁所在地

- ＿＿＿＿＿…＿＿＿都＿＿＿道＿＿＿府＿＿＿＿県。
- ＿＿＿＿＿…都道府県庁（＝地方の政治の中心）が置かれている都市。

※都道府県名と都道府県庁所在地名が異なることがある。

ex 北海道の＿＿＿＿市、石川県の＿＿＿＿市、愛媛県の＿＿＿＿市

- 都道府県の境界…山地や河川、海峡など地形に沿うものが多い。
  - 都道府県境が未確定 ex 山梨県と静岡県にまたがる＿＿＿＿の山頂付近など
  - ＿＿＿＿ ex 奈良県と三重県に囲まれた和歌山県の北山村など

(5) 日本の地域区分

- ＿＿＿＿＿…共通点や関連性に注目して、地域ごとのまとまりにわけること。

※各地方の細かい区分。

中部地方	日本海側	（＿＿＿＿）
	内陸部	（＿＿＿＿）
	太平洋側	（＿＿＿＿）
中国・四国地方	日本海側	（＿＿＿＿）
	瀬戸内海沿岸	（＿＿＿＿）
	太平洋側	（＿＿＿＿）
中国地方	瀬戸内海側	（＿＿＿＿）

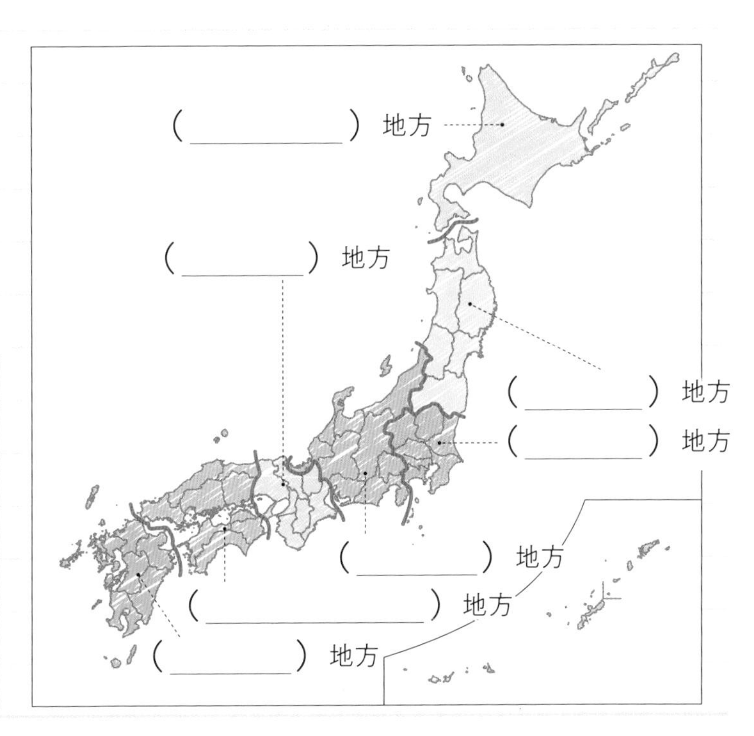

地図にまとめよう！

世界の姿

（　　　　　　　）大陸

世界最大の面積の国（　　　　　）

緯度0度の（　　　）

モンゴルは（　　　　　）国

世界最小の面積の（　　　　　　　）大陸

日本は（　　　　　）洋の北西に位置する（　　　　　）州の島国

さまざまな平面の地図

緯線と経線が（　　　　　）に交わる地図（メルカトル図法）

ロンドン
ニューヨーク
東京
サンパウロ
シンガポール
ケープタウン
シドニー

（　　　　　）が正しく表される地図（モルワイデ図法）

ロンドン
ニューヨーク
東京
シンガポール
サンパウロ
ケープタウン
シドニー

（　　　　　）からの（　　　　　）と方位が正しい地図（正距方位図法）

ロンドン
ニューヨーク
サンパウロ
北
西
東
東京
ケープタウン
シドニー
南
シンガポール

日本の姿

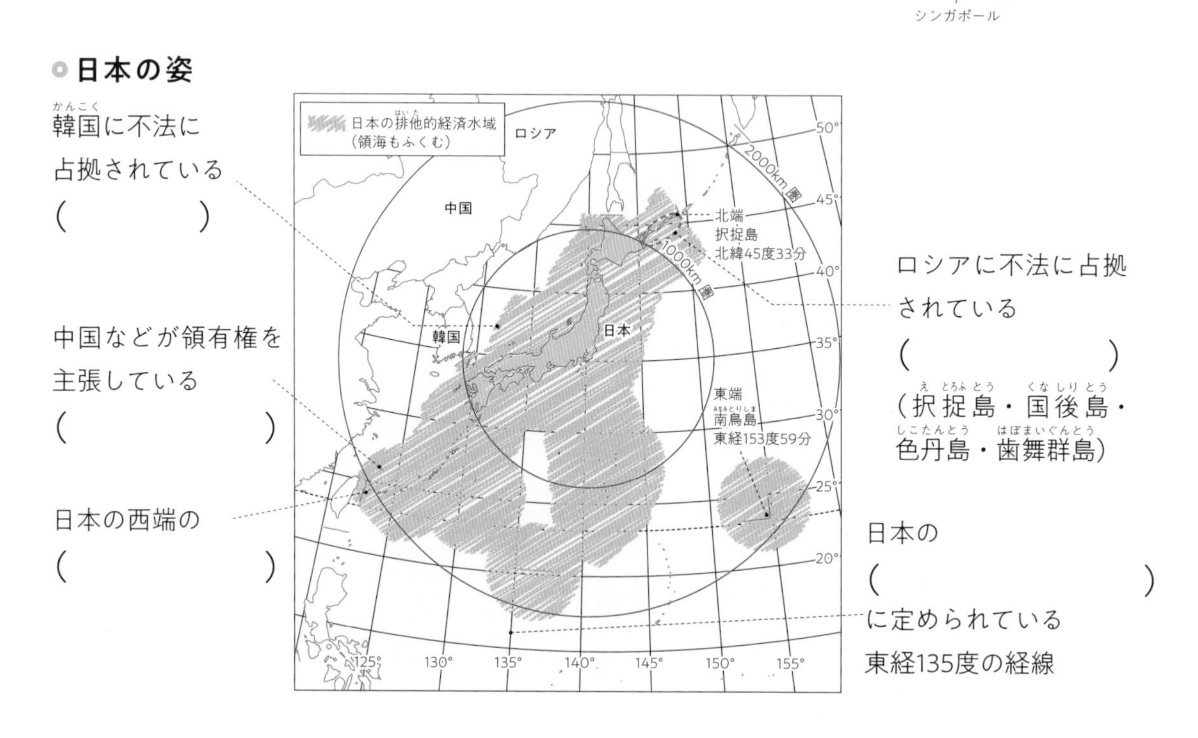

韓国に不法に占拠されている（　　　）

中国などが領有権を主張している（　　　　　）

日本の西端の（　　　　　）

ロシアに不法に占拠されている（　　　　　）（択捉島・国後島・色丹島・歯舞群島）

日本の（　　　　　　　）に定められている東経135度の経線

月　日（　）

確認テスト①

／50点

次の問いに答えましょう(5点×10)。

(1) 次の問いに答えなさい。

❶ 三大洋のうち、最も面積が広いのはどれですか。（　　　　　）

❷ 世界で最も面積が小さい国は、何という国ですか。（　　　　　）

❸ 世界で最も人口が多い州は、何という州ですか。（　　　　　）州

(2) 右の図を見て、次の問いに答えなさい。

❶図中のA・Bに当てはまる語句をそれぞれ答えなさい。

A（　　　　　）

B（　　　　　）

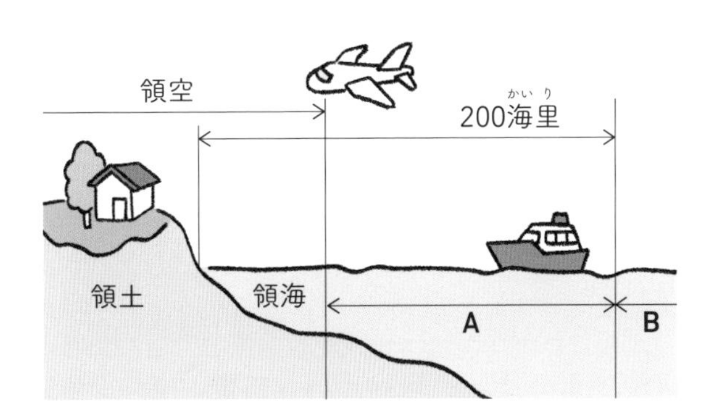

❷図中の領海にある水産資源や鉱産資源について正しく述べているものを、次のア～ウから1つ選び、記号で答えなさい。

ア どの国でも自由に資源を利用することができる。

イ 沿岸の国が資源を利用する権利を持たない。

ウ 資源は沿岸の国のものとしてあつかわれる。（　　）

❸図中の領土に関連して、日本の領土について述べた次の文中のC～Eに当てはまる数字や語句をそれぞれ答えなさい。

日本の領土の面積の合計はおよそ（ C ）万㎢であり、領土の南端の島は波の侵食から守るために護岸工事が行われた（ D ）島である。日本では領土を47の（ E ）にわけて地方の政治を行っている。

C（　　　　）　D（　　　　）　E（　　　　）

(3) 本初子午線が通るイギリスのロンドンと東京の時差は何時間ですか。次の解答欄に当てはまるように、「～時間進んでいる」または「～時間遅れている」という形で答えなさい。ただし、サマータイムは考えないものとします。

東京はロンドンに比べて（　　　　　　）。

最初の章の学習が終わったね、おつかれさま！
地理の学習では、地図とうまくつき合っていくのが大切ってことがわかったかな。あまり長時間勉強するのはかえって効率が悪くなるから、ちょっと一休みしようね！

6 世界のさまざまな気候と雨温図

(1) 世界の気候区分

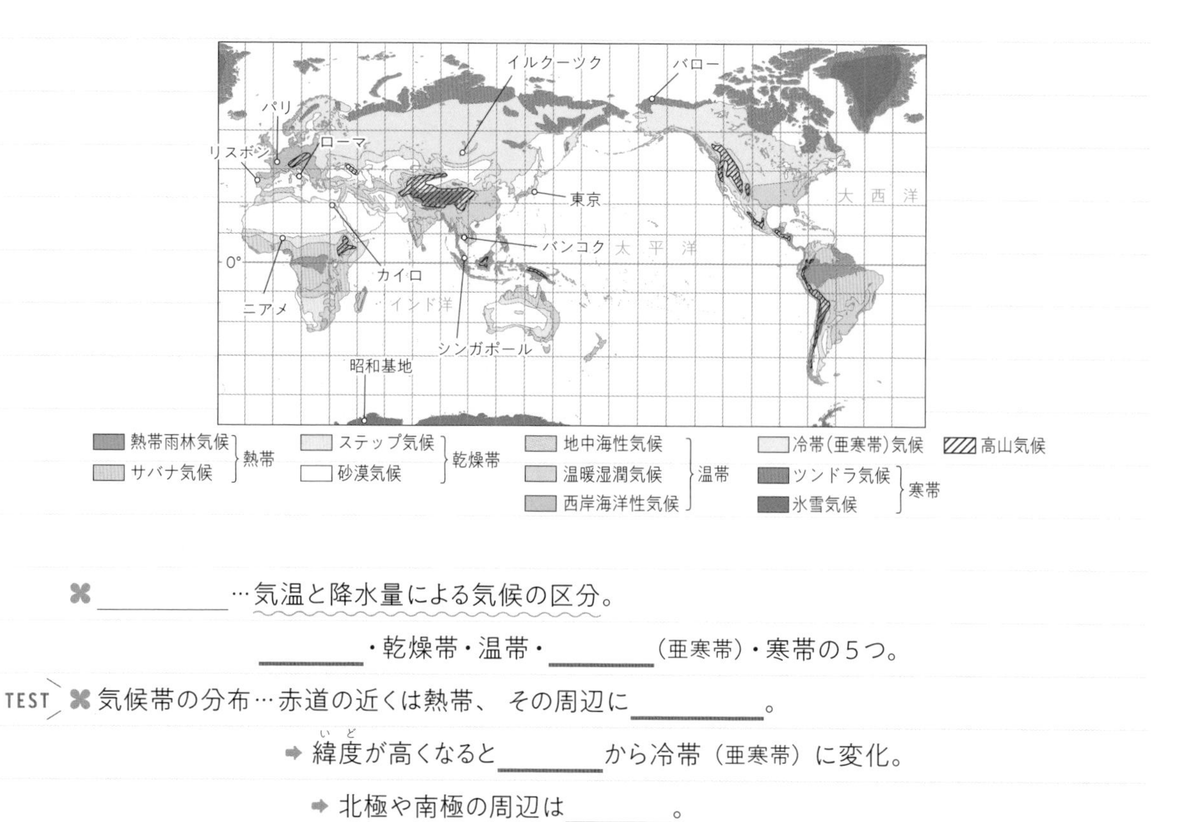

✖ ＿＿＿＿＿…気温と降水量による気候の区分。

＿＿＿＿・乾燥帯・温帯・＿＿＿＿(亜寒帯)・寒帯の5つ。

TEST ✖ 気候帯の分布…赤道の近くは熱帯、その周辺に＿＿＿＿＿。

➡ 緯度(いど)が高くなると＿＿＿＿から冷帯(亜寒帯)に変化。

➡ 北極や南極の周辺は＿＿＿＿。

✖ ＿＿＿＿＿…それぞれの気候帯の細かい区分。雨の降り方や気温の変化のちがいなどによる。

(2) 各気候の特徴と雨温図

✖ ＿＿＿＿＿…気候の特徴を示すため、気温を折れ線グラフ、降水量を棒グラフで、月ごとに表したもの。

熱帯…1年中気温が高い。

＿＿＿＿＿気候

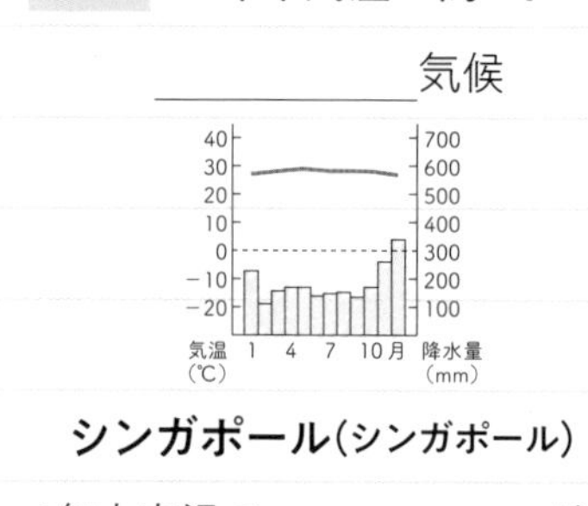

シンガポール(シンガポール)

1年中高温で＿＿＿＿＿＿が多いので、森林が育ちやすい。

＿＿＿＿＿気候

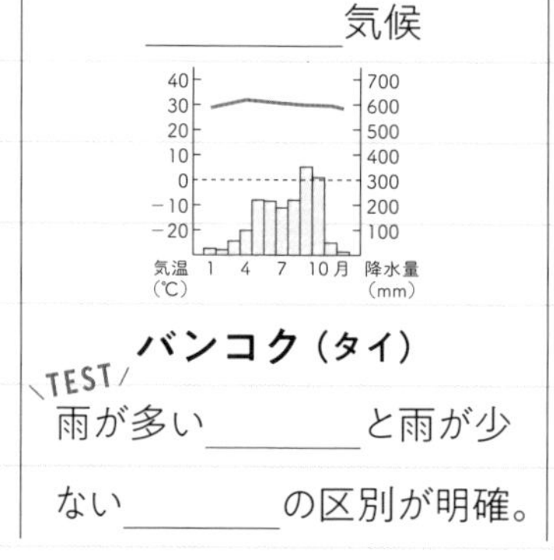

バンコク(タイ)

TEST 雨が多い＿＿＿＿と雨が少ない＿＿＿＿の区別が明確。

MEMO
サバナ…雨季と乾季の区別がはっきりしている熱帯に広がる、まばらな樹木とたけの長い草原。

乾燥帯 …1年中雨が少ない。

＿＿＿＿気候

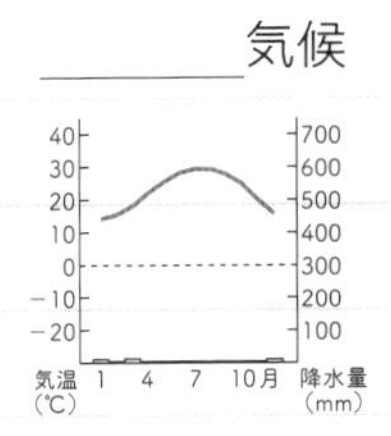

カイロ（エジプト）

1年中雨が少ないので、岩や砂の砂漠が広がる。

＿＿＿＿気候

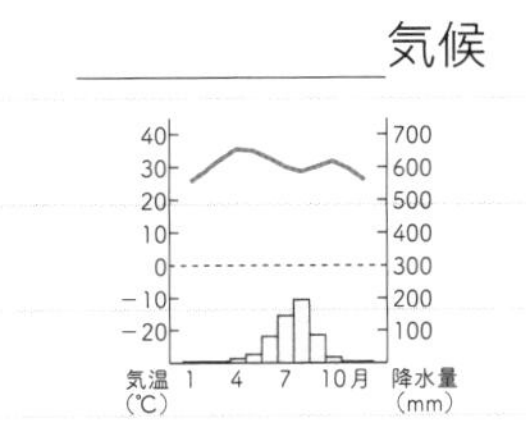

ニアメ（ニジェール）

少しだけ雨が降る時期があるので＿＿＿＿が広がる。

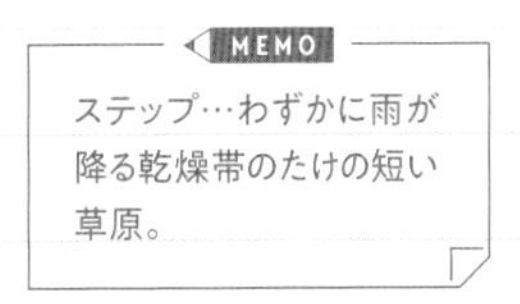

温帯 …＿＿＿＿の変化がはっきりしている。

＿＿＿＿気候

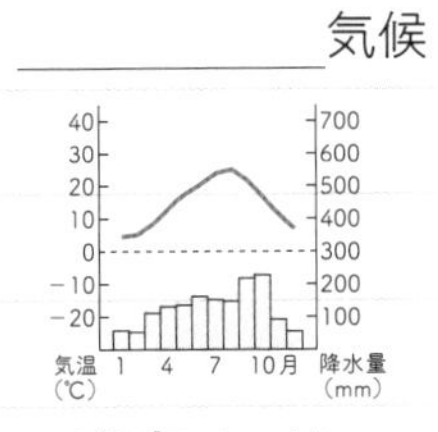

東京（日本）

1年中雨が多く、夏と冬の気温の差が大きい。

＿＿＿＿気候

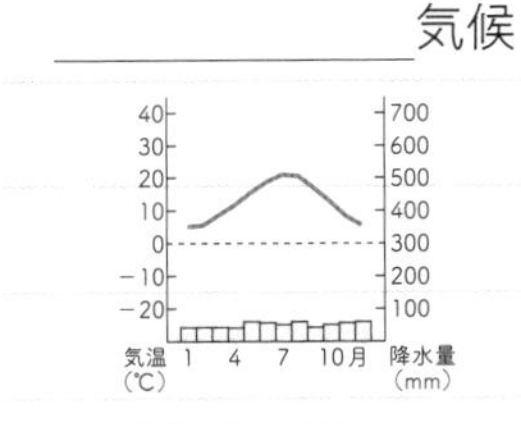

パリ（フランス）

1年を通して、気温や降水量の変化が少ない。

＿＿＿＿気候

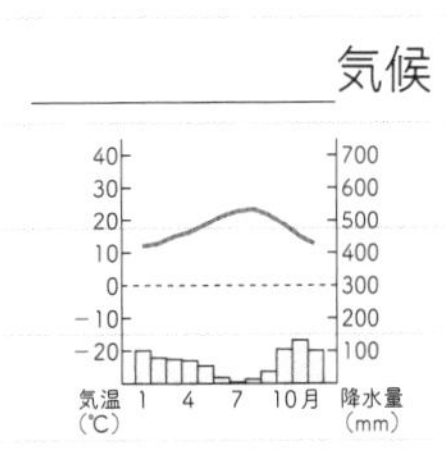

リスボン（ポルトガル）

夏に雨が少なくて乾燥し、冬に比較的雨が多い。⚠

冷帯 …冬の寒さが厳しい。

冷帯（=＿＿＿＿）

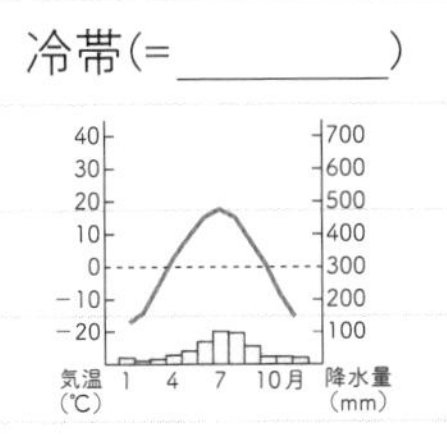

イルクーツク（ロシア）

短い夏と長い冬があり、夏と冬の気温の差が大きい。

寒帯 …1年中気温が低い。

＿＿＿＿気候

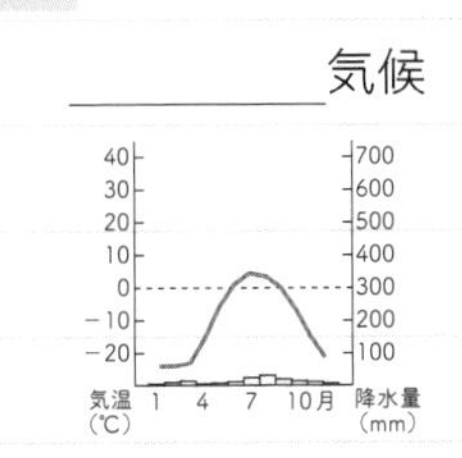

バロー（アメリカ合衆国）

短い夏だけ雪や氷がとけて、わずかに草やこけ類が生える。

＿＿＿＿気候

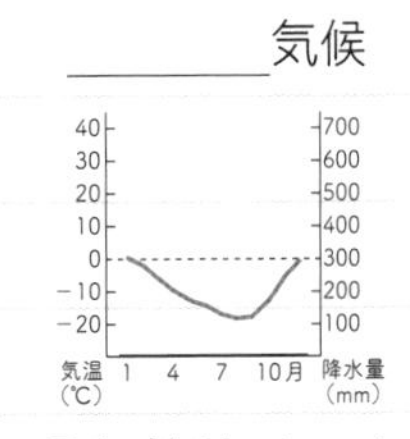

昭和基地（南極）

1年中雪や氷におおわれて寒さが厳しいため、樹木が育たない。

出典：理科年表2022ほか

(3) 高山気候

…＿＿＿＿（=土地の高さ）が条件。５つの気候帯と別にあつかう。

✖ 高山気候がある理由…標高が高くなるほど＿＿＿＿が下がるから。

※＿＿＿＿付近でも周辺より涼しくて過ごしやすい地域がある。

7 世界各地の暮らし

(1) 熱帯の暮らし

- 特徴…年間を通して暑く、降水量が多い。1日の＿＿＿＿がよく変化する。
  強風をともなう激しい雨の＿＿＿＿が降る。
- 自然…常緑樹で高い樹木が多い＿＿＿＿＿＿＿＿やサバナが広がる。
  河口や入り江の周辺に
  ＿＿＿＿＿＿と呼ばれる森林。
- 住居…柱や壁に木材、屋根に草や葉を利用。

TEST ※＿＿＿＿…家の中に熱や湿気がこもらないようにするためのしくみ。

出典：アフロ

(2) 乾燥帯の暮らし

- 特徴…年間を通して降水量が少ないので乾燥する。
- 自然…植物がほとんど育たない＿＿＿＿が広がる。
  ※水を得ることができる＿＿＿＿＿＿は貴重な存在！
- 農業…樹木を切って燃やした灰を肥料として使う＿＿＿＿＿＿。
  羊やラクダなどの家畜を飼いながら移動する＿＿＿＿。
- 住居…木材が少ないので、土をこねてつくった
  ＿＿＿＿＿＿を利用。

(3) 温帯の暮らし

- 特徴…＿＿＿の変化がある。

地中海性気候の暮らし

- 特徴…＿＿＿は少雨、＿＿＿は多雨。
- 農業…乾燥に強い作物を栽培。
  - ＿＿＿＿＿＿…オイルや酢漬け。
  - ＿＿＿＿＿＿…ワインの原料。
- 住居…厚い石の壁や白い壁。

出典：アフロ（2点ともに）

(4) 冷帯(亜寒帯)の暮らし

MEMO
南半球には、冷帯(亜寒帯)の地域がない。

- 特徴…長くて寒さが厳しい冬と、短くて暖かい夏。
- 分布…＿＿＿＿＿の高緯度(こういど)の地域。

　※＿＿＿＿＿…ユーラシア大陸の北に広がる地域。とくに寒さが厳しい！

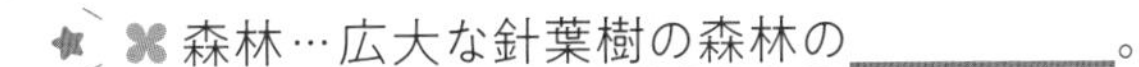

- 森林…広大な針葉樹の森林の＿＿＿＿＿。

　※夏は気温が高くなるので森林が育つ。

- 土壌(どじょう)…1年中凍ったままの＿＿＿＿＿。
- TEST 住居…＿＿＿＿＿＝建物から出る熱が伝わって、永久凍土がとけないようにするためのしくみ。

出典：アフロ

(5) 寒帯の暮らし

- 特徴…1年のほとんどが雪や氷におおわれる。

　※緯度が高い地域…夏に太陽が一日中しずまない＿＿＿＿＿、冬に太陽が一日中のぼらない＿＿＿＿＿が見られる。

- 住居…北アメリカ大陸北部に住む＿＿＿＿＿の人々は、冬になると雪を積み上げたドーム型の＿＿＿＿＿をつくっていた。

出典：アフロ

(6) 高山気候の暮らし

- 特徴…年間の気温差が＿＿＿＿＿、1日の気温差が＿＿＿＿＿。
- 南アメリカ大陸のアンデス山脈の暮らし
  - 住居より標高の高い場所で家畜の＿＿＿＿＿、それより低い場所で農業。
  - けわしい山道で荷物を運ぶ時に家畜の＿＿＿＿＿を利用。⚠
  - 家畜の＿＿＿＿＿の毛を材料にした衣服を着て寒さを防ぐ。⚠
  - 人々の主食は＿＿＿＿＿。➡ 保存食のチューニョにも使用。

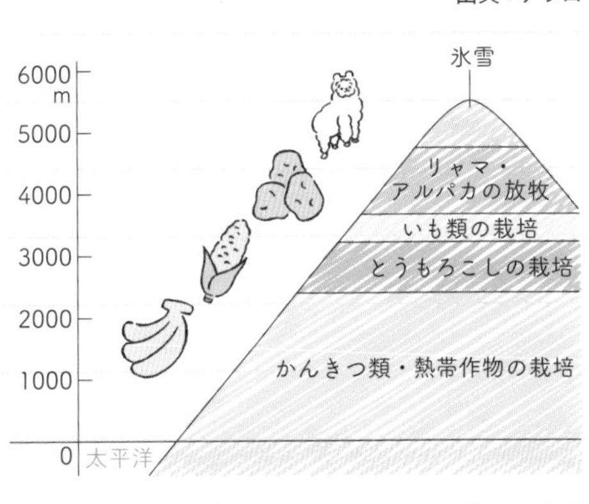

8 世界の宗教

(1) 世界のさまざまな宗教

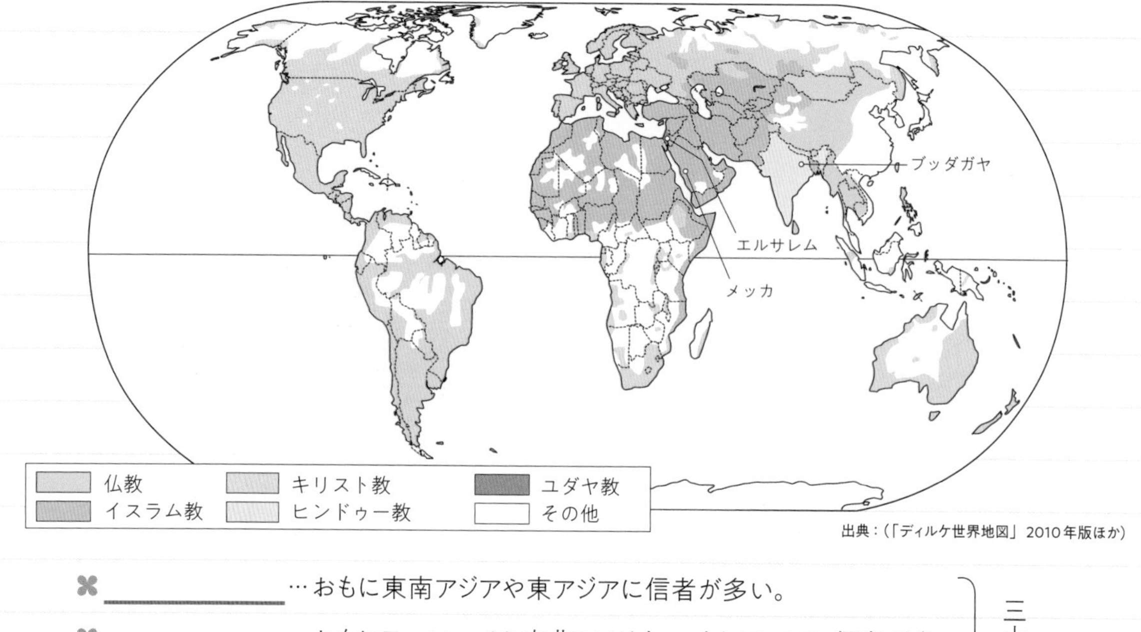

出典：(「ディルケ世界地図」2010年版ほか)

- ＿＿＿＿＿＿…おもに東南アジアや東アジアに信者が多い。
- ＿＿＿＿＿＿…おもにヨーロッパや南北アメリカ、オセアニアに信者が多い
- ＿＿＿＿＿＿…おもに西アジアや北アフリカ、中央アジアに信者が多い。

（三大宗教）

- ＿＿＿＿＿＿…インドに信者が多い。
- ＿＿＿＿＿＿…イスラエルに信者が多い。

MEMO

三大宗教は「世界各地に広がっている宗教」、ヒンドゥー教やユダヤ教は「特定の民族や地域と結びついた宗教」というちがいがある。

(2) キリスト教

- 世界で最も信者が＿＿＿＿宗教。
- 教典…「＿＿＿＿＿＿」
- 聖地…＿＿＿＿＿＿(イスラエル)
- 信者…日曜日は＿＿＿＿に行って礼拝することが多い。
- 行事：
  - ＿＿＿＿＿＿…キリスト教の開祖キリスト(イエス)の誕生を祝う行事。
  - ＿＿＿＿＿＿…キリストの復活を祝う復活祭。

世界の宗教別人口割合

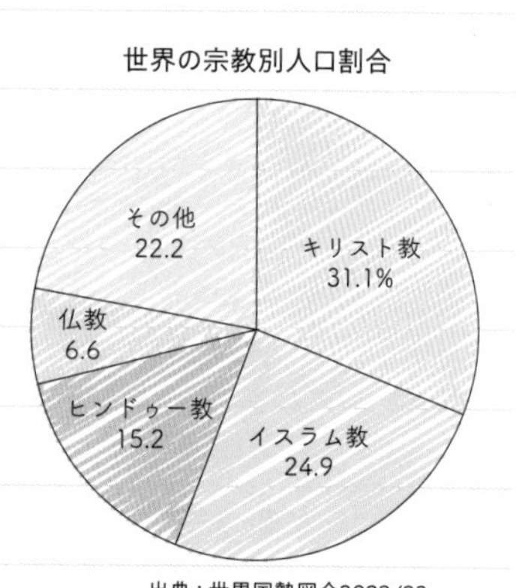

出典：世界国勢図会2022/23

(3) イスラム教

祈る信者の様子

- 教典…「＿＿＿＿＿＿」
- 聖地…＿＿＿＿＿＿（サウジアラビア）
- 信者…1日に5回＿＿＿＿＿＿に向かって祈ることがきまり。
  - ＿＿＿＿＿…寺院（礼拝堂）
- 決まり：けがれた動物である＿＿＿の肉を食べない⚠、＿＿＿を飲まないなど。
  ※⚠＿＿＿＿＿…イスラム教の決まりを守っている食品や料理の認証マーク。
- 暦…イスラム暦という独自の暦を使用。
  ➡ イスラム暦の9月に日中の飲食をやめる＿＿＿＿＿＿＿＿を行う。

(4) 仏教

- 教典…「＿＿＿」　✖ 聖地…＿＿＿＿＿＿（インド）
- 宗派：
  - ＿＿＿＿＿＿…チベットから日本にかけて信者が多い。
  - ＿＿＿＿＿＿…スリランカから東南アジアにかけて信者が多い。
- タイの信者…男性は一生に一度＿＿＿＿して修行を積むのが一般的。

(5) ヒンドゥー教

- ＿＿＿＿＿のおよそ8割の人々が信仰する宗教。　※信者たちは、聖なる＿＿＿＿＿＿川で沐浴(もくよく)をする。
- 決まり：神聖な動物である＿＿＿の肉を食べない。⚠
- ＿＿＿＿＿＿…インドの身分制度。職業の選択や結婚などに影響が根強く残る。

沐浴の様子

(6) 日本の年中行事

- 現在の日本の年中行事…さまざまな宗教の影響を受けている。
  - 初詣(はつもうで)や七五三…＿＿＿＿＿＿の影響　• お盆(ぼん)や除夜(じょや)の鐘(かね)…＿＿＿＿＿＿の影響
  - クリスマスなど…＿＿＿＿＿＿の影響

地図にまとめよう！

世界の気候帯

アフリカ大陸の北部やアラビア半島は（　　　　　）帯

シベリアは（　　　　　　　）帯

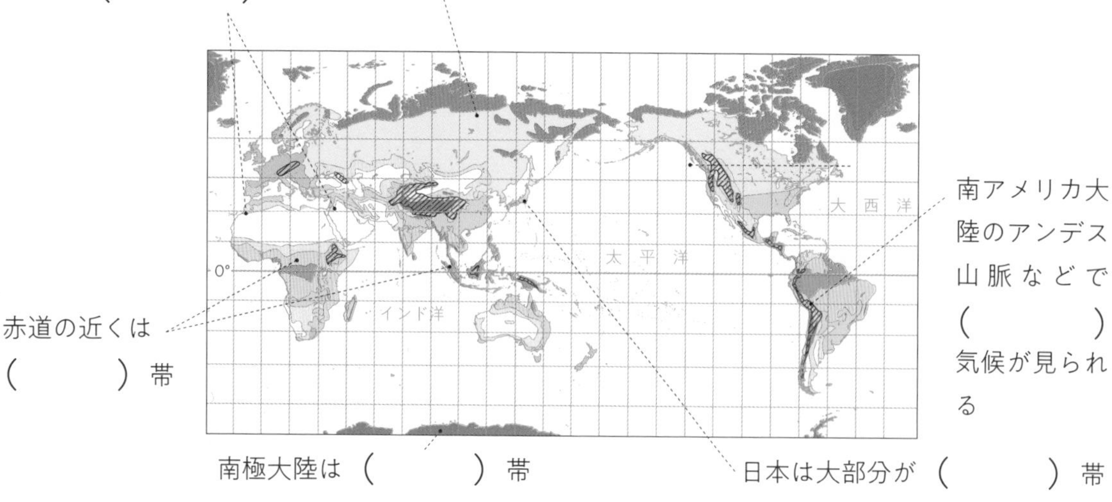

南アメリカ大陸のアンデス山脈などで（　　　）気候が見られる

赤道の近くは（　　　）帯

南極大陸は（　　　）帯

日本は大部分が（　　　　）帯

世界各地の住居

暑い地域の高床(たかゆか)は内部に（　　　　　　）をこもらせない。

寒い地域の高床は（　　　　　　　）をとかさないための工夫。

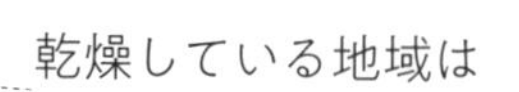

乾燥している地域は（　　　　　　　　）の住居。

イヌイットの人々は雪を積み上げた（　　　　　　）という住居に住む。

世界各地の宗教

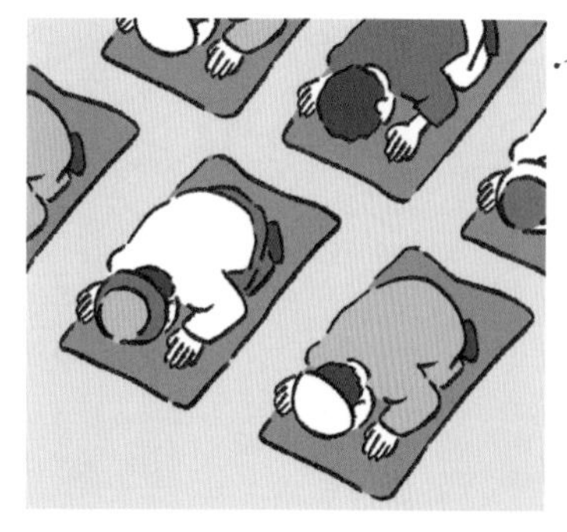

モスクに集まって祈りをささげる（　　　　　　　）教の信者たちの様子。

ガンジス川で沐浴(もくよく)をする（　　　　　　　）教の信者たちの様子。

月　日（　）

確認テスト②

／50点

次の問いに答えましょう（5点×10）。

(1) 次の問いに答えなさい。

❶ 1年中気温が高くて降水量が多い地域で見られる、常緑樹の高い樹木が多い森林を何といいますか。（　　　　　）

❷ 1年中降水量が少ない地域に広がる砂漠(さばく)の中で、わき水や井戸などで水が得られる場所を何といいますか。（　　　　　）

❸ シベリアに広がる、針葉樹の大森林を何といいますか。（　　　　　）

(2) 次のA～Dの雨温図が示す気候区を、あとのア～エからそれぞれ選び、記号で答えなさい。

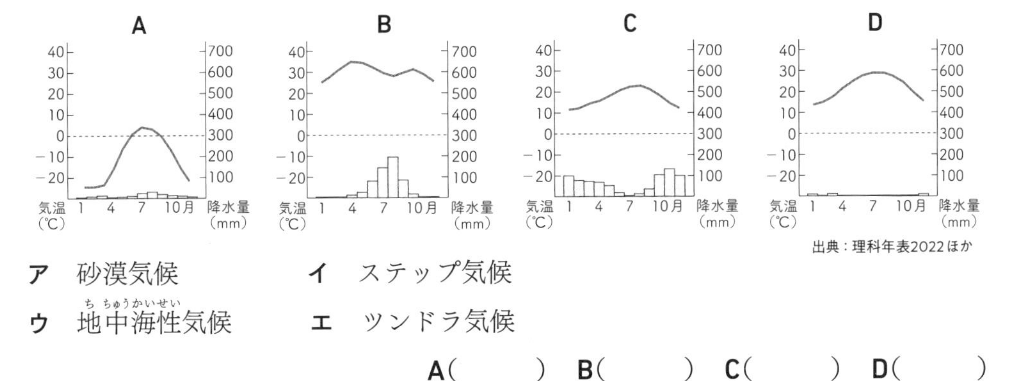

出典：理科年表2022ほか

ア　砂漠気候　　イ　ステップ気候

ウ　地中海性(ちちゅうかいせい)気候　　エ　ツンドラ気候

A（　　）　B（　　）　C（　　）　D（　　）

(3) 次の説明に当てはまる三大宗教の名前をそれぞれ答えなさい。

❶ 教典は「経」と呼ばれ、東アジアや東南アジアに信者が多い。（　　　　　）

❷ 豚肉(ぶたにく)を食べない、1年の決まった月に断食(だんじき)を行うなどの決まりがある。（　　　　　）

❸ 世界で最も信者が多く、クリスマスなどの行事が日本の年中行事に取り入れられている。（　　　　　）

この章では世界の気候と宗教について学習したよ。ちゃんと理解できたかな？　もし理解できていないと思ったら、もう一度見直して復習しよう。休憩をはさみながら、じっくりやっていこうね。せっかくだから、世界の珍しい飲み物を試すのもいいかも♪

9 アジア州①

(1) アジアの自然環境

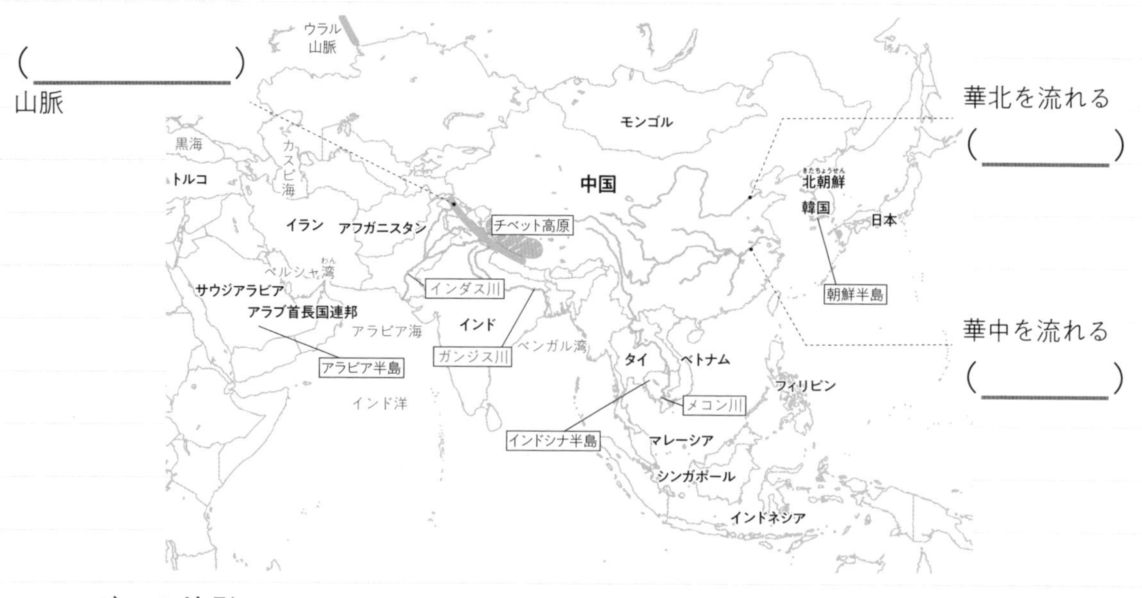

アジアの地形

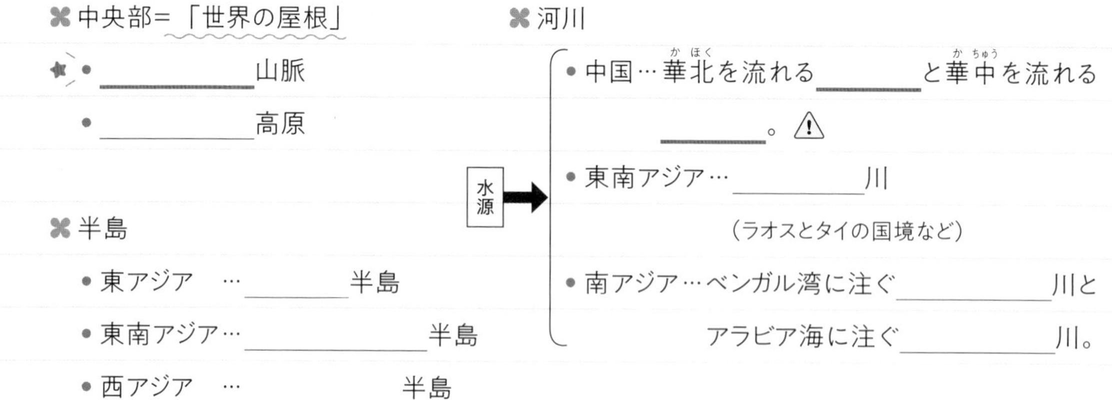

✖ 中央部＝「世界の屋根」

★ • ＿＿＿＿＿＿山脈

• ＿＿＿＿＿＿高原

✖ 半島

• 東アジア　…＿＿＿＿半島

• 東南アジア…＿＿＿＿＿＿＿半島

• 西アジア　…＿＿＿＿＿＿半島

✖ 河川

水源 ➡

• 中国…華北を流れる＿＿＿＿と華中を流れる＿＿＿＿。⚠

• 東南アジア…＿＿＿＿＿川
（ラオスとタイの国境など）

• 南アジア…ベンガル湾に注ぐ＿＿＿＿＿＿川と
アラビア海に注ぐ＿＿＿＿＿＿川。

アジアの気候

✖ ＿＿＿＿＿＿＿＿＿＿

TEST …半年ごとに向きが変わる風。

• 夏はインド洋から大陸に吹く湿った風
➡ 沿岸部は＿＿＿＿。

• 冬は大陸からインド洋に吹く乾いた風
➡ 沿岸部は＿＿＿＿。

✖ 大陸の内陸部…＿＿＿＿＿

✖ 北部の＿＿＿＿＿＿…冷帯（亜寒帯）や寒帯。

アジア州の地域区分

シベリア
中央アジア
西アジア
東アジア
南アジア
東南アジア
赤道

(2) アジアの文化

- 東アジア：＿＿＿＿…中国の文化の影響。　宗教…仏教の＿＿＿＿＿が多い。
- 東南アジア：中国系の＿＿＿＿…中国の文化を広める。
  宗教…仏教の＿＿＿＿＿の信者が多い。
  インド系の人々が＿＿＿＿＿を広める。
  西アジアの商人が＿＿＿＿＿を広める。
  TEST ※＿＿＿＿＿はキリスト教の信者が多い。
- 南アジア…＿＿＿＿＿やネパールはヒンドゥー教の信者が多い。
  パキスタンやバングラデシュは＿＿＿＿＿の信者が多い。
- 西アジア・中央アジア…全体として＿＿＿＿＿の信者が多い。
  ➡ 西アジアで教典「コーラン」に使われている＿＿＿＿＿語を広く使用。

(3) アジアの農業

農業地域	農業	人々の主食
中国の南部やガンジス川の流域	(＿＿＿＿)	米をさまざまな調理法で食べる。
中国の北部やインダス川の流域	(＿＿＿＿)	小麦を粉にしてから、パンや麺などをつくって食べる。
西アジアや中央アジア	(＿＿＿＿)	家畜から得られる乳や肉を食べる。

(4) 発展するアジア

- ＿＿＿＿＿＿＿＿＿＿＿＿
  …第二次世界大戦後にいち早く工業化に取り組んだ韓国(かんこく)、シンガポール、ホンコン（香港）、
  ⚠ ＿＿＿＿のこと。 ➡ 工業製品の輸出によって、経済が急速に成長。
  - ＿＿＿＿＿＿
    …輸出の中心が、軽工業製品から重化学工業製品に変化。
  - ＿＿＿＿＿＿・ホンコン
    …港湾や空港を整備。 ➡ 国際的な人やものの流れの中心地として発展。
  - 台湾
    …コンピューターや半導体をつくる＿＿＿＿＿＿産業が発展。

MEMO
ホンコンはイギリスの植民地だったが、1997年に中国へ返還された。

10 アジア州②

(1) 東アジアー中国

✖ 人口…14億人をこえる。およそ9割が______族。

※______________…一組の夫婦の子どもを1人に制限する政策。人口の増加をおさえていたが、現在は廃止。⚠

✖ 農業…東部の平野でさかん。降水量が少ない西部は________が中心。

地域	河川	農業の様子
東北地方	遼河(りょうが)・松花江(しょうかこう)	小麦や大豆などの(________)
華北(かほく)地域	(________)	
華中(かちゅう)地域	(________)	(________)や(______)の栽培
華南(かなん)地域	チュー川(珠江(しゅこう))	

★ ✖ __________…外国企業を受け入れて海外の技術や資本を導入する地区。1980年代から設置。

TEST ex ________、__________、

________________、

__________、__________省。

1人あたりの総生産額（2017年）
150万円以上　70～100万
100～150万　70万円未満　● 経済特区

✖「__________」…1990年代ごろから世界各国に工業製品を輸出するようになった中国のこと。

✖ 中国の課題：

- 豊かになった沿海部と、貧しいままの内陸部との経済______が拡大。

  ➡ 政府は「__________」と呼ばれる内陸部の開発を行う。

(2) 東アジアー韓国(かんこく)

✖ __________…中国から伝わる。その影響で祖先や年長者を敬う人が多い。

✖ __________…独自の文字を使用。

✖「漢江(ハンガン)の奇跡」…1960年から起こった経済成長のこと。

➡ 重工業が発展し、韓国は______________________の一員になる。

MEMO

韓国の首都ソウルとその周辺には、総人口の半分が集まり、政治や経済の一極集中が進んでいる。

(3) 東南アジアの農業・養殖業

✤ ＿＿＿＿＿＿＿＿…半年ごとに向きが変わる風。多くの雨をもたらすので稲作がさかん。➡ 同じ耕地で1年に2回米を収穫する＿＿＿＿を行う。

> MEMO
> タイとベトナムは米の輸出が多い。

✤ ＿＿＿＿＿＿＿＿…植民地時代につくられた輸出向けの商品作物を栽培する大農園。独立後も商品作物を栽培。

- あぶらやし（油やし）…食用油やせっけんに使われる＿＿＿＿の原料。マレーシアやインドネシアで生産がさかん。
- ＿＿＿＿＿…フィリピンで生産がさかん。日本にも多く輸出。
- ＿＿＿＿＿…ベトナムで生産がさかん。

✤ ＿＿＿＿＿…河口や入り江の周辺に広がる森林。

TEST ➡ タイやインドネシアでは、この森林を開発して＿＿＿＿の養殖場を建設。環境破壊につながると心配されている。

(4) 東南アジアの工業化

✤ ＿＿＿＿＿…東南アジアの国々が外国企業を受け入れるためにつくった。

➡ 最初に＿＿＿＿＿＿が工業化し、＿＿＿＿＿＿＿＿＿＿の一員となる。

➡ ＿＿＿＿＿とタイで電気機械や自動車の工業が発展。

➡ 近年は賃金が安い＿＿＿＿＿やベトナムにも外国企業が進出。

✤ ＿＿＿＿＿＿＿＿＿＿＿＿

…東南アジアの10か国が加盟。

※加盟国どうしの貿易をさかんにするため、輸入品にかける＿＿＿＿を廃止。

東南アジア各国の輸出額・輸出品目の推移

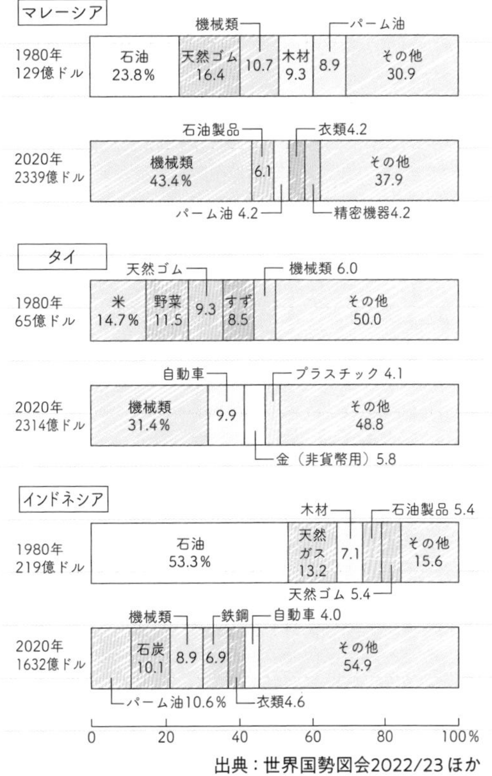

出典：世界国勢図会2022/23ほか

11 アジア州③

(1) 南アジアの宗教

- ＿＿＿＿＿＿＿＿…インドのおよそ8割が信者。
- イスラム教…＿＿＿＿＿＿やバングラデシュで信者が多い。
- ＿＿＿＿＿＿＿＿…スリランカで信者が多い。⚠

(2) 南アジアの農業

- ＿＿＿＿…ガンジス川下流部でさかん。
- ＿＿＿＿…ガンジス川上流部・インダス川流域でさかん。
- ＿＿＿＿…アッサム地方やスリランカの高地でさかん。
- ＿＿＿＿…デカン高原でさかん。

MEMO
降水量が多い地域は稲作、少ない地域は小麦などの畑作が中心となる。

(3) 南アジアの産業

- インド…南部のベンガルールを中心に＿＿＿＿＿＿＿＿＿＿関連の産業が急成長。

急成長の理由

- ＿＿＿＿を話せる人が多いから。
- ＿＿＿＿の教育水準が高いから。
- 新しい産業なので＿＿＿＿＿＿の影響をあまり受けないから。
- 国や州の援助があるから。
- TEST ⚠＿＿＿＿の関係で、アメリカ合衆国が夜の間に業務を行うことができるので、仕事を請け負いやすいから。

- バングラデシュ…縫製業(ほうせいぎょう)が急成長。➡ ＿＿＿＿の輸出が増加。

(4) 南アジアの課題

- 人口増加にかかわる対策：
  - ＿＿＿＿＿＿を向上させる。➡ 作物の品種改良や化学肥料の導入。
  - ＿＿＿＿＿＿の貧困層を減らす。➡ 生活や教育の水準を良くする取り組み。

(5) 西アジア・中央アジアの宗教

- ______…西アジア・中央アジアのほとんどの国で信仰されている。
  - ※______…サウジアラビア西部にあるイスラム教の聖地。
- ______…イスラエルで信者が多い。

(6) 西アジアの資源

- ★ ______
  …ペルシア（ペルシャ）湾岸で多く産出。
  - ______を使って大量に輸送。⚠
  - ______を使って日本やアメリカ合衆国などへ輸出。

日本の輸入先

- およそ９割が西アジアの国々。
- TEST 輸入第１位は______、
  第２位は______。※2021年現在

アメリカ合衆国 18.5%
サウジアラビア 12.2
ロシア 12.2
カナダ 6.0
イラク 4.6
中国 4.4
その他 42.1
合計 52.16億kL

原油の生産国（2021年）
出典：世界国勢図会2022/23

- ★ ______
  …石油の価格や生産量を決める国際組織。
  西アジアのおもな産油国が加盟。
  ➡ アラブ首長国連邦の______では先進的な都市の建設が進む。

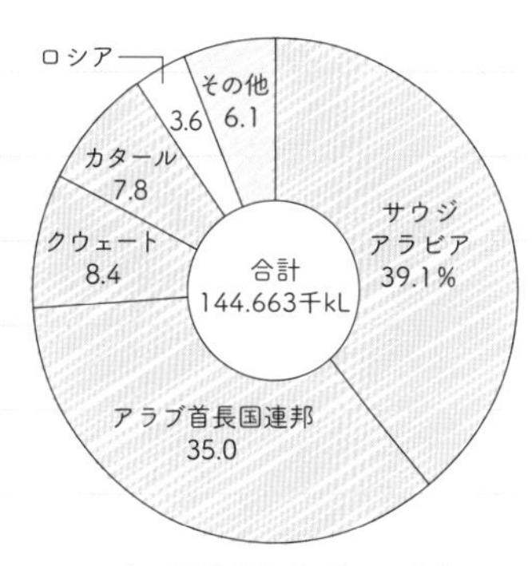

日本の原油輸入先（2021年）
出典：日本国勢図会2023/24

(7) 中央アジアの国々

- 鉱産資源…石炭、石油、天然ガスを産出。______（=希少な金属）も豊富。
- 観光資源…______の交易で栄えた都市の遺跡など。

> MEMO
> 中央アジアは、1991年にソビエト社会主義共和国連邦（ソ連）が解体した後に独立した国が多い。

(8) 西アジア・中央アジアの課題

- 政情の不安定さ…紛争や内戦が起こりやすい。
  ➡ 安全を求めて他国ににげる______が発生。
  ➡ 日本などの国々が、復興や生活の安定のために支援。

12 ヨーロッパ州①

(1) ヨーロッパの自然環境

氷河地形の
(　　　　　　　　)

スカンディナビア半島
ノルウェー
スウェーデン
ロシア
イギリス
北海
オランダ
ドイツ
ポーランド
ウクライナ
スイス
フランス
イタリア
黒海
ドナウ川
ポルトガル
スペイン
ギリシャ
地中海

北海に流れる
(　　　　　　)川

ヨーロッパを
南北にわける
(　　　　　　　)
山脈

ヨーロッパの地形

- スカンディナビア半島…奥行きのある湾を持つ氷河地形の＿＿＿＿＿＿。
- 北部…平原やなだらかな丘陵。
  - 北海に河口がある＿＿＿＿＿川 ｝複数の国を流れ、外国船が自由に
  - 黒海に河口がある＿＿＿＿＿川 ｝航行できる川＝＿＿＿＿＿＿
- ★中央部…＿＿＿＿＿＿山脈＝ヨーロッパを南北にわける高い山脈。
- 南部…山がちで火山も多い。 ➡ イタリアやギリシャでは＿＿＿＿の発生が多い。

ヨーロッパの気候

- 高緯度のわりに温暖な気候

TEST …大西洋を北上する暖流の＿＿＿＿＿＿＿＿の上空を吹く★

★＿＿＿＿＿が暖かい空気をもたらすため。

- 西部や南部…温帯
  - 大西洋や北海の沿岸…＿＿＿＿＿＿＿気候
  - 地中海の沿岸…＿＿＿＿＿＿＿気候
- 東部やスカンディナビア半島…＿＿＿＿＿＿＿＿

MEMO
日本の最北端とアルプス山脈がほぼ同緯度。⚠

(2) ヨーロッパの農業

✖ 自然環境に合わせた農業

地域	降水量	農業の様子
アルプス山脈の北側	年間を通して降水量が安定	小麦やライ麦などの作物の栽培と家畜の飼育を組み合わせる(＿＿＿＿＿)
アルプス山脈の南側	夏に少雨、冬に多雨	夏にオリーブなどの乾燥に強い果樹を栽培し、冬に小麦を栽培する(＿＿＿＿＿)
アルプス山脈や北海沿岸の地域	気温が低く、やせた土地	牧草を栽培して乳牛を飼育し、乳製品を生産する(＿＿＿＿)

(3) ヨーロッパの文化

ヨーロッパのキリスト教の宗派の分布

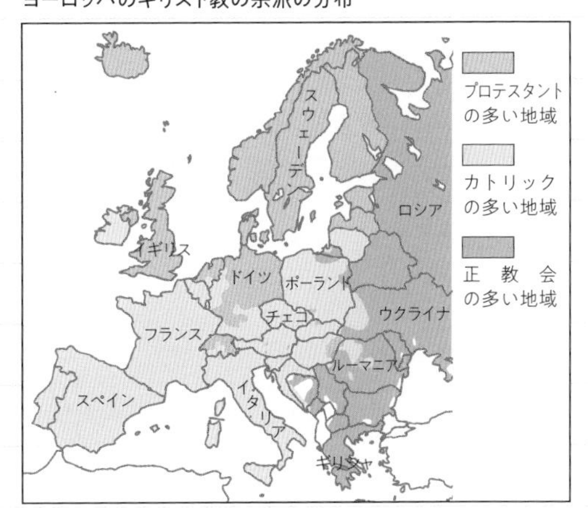

✖ ＿＿＿＿＿＿…広い地域で信仰。

➡ 各地の町や村に＿＿＿＿があり、礼拝などを行う。

➡ 共通の文化を形成。

✖ 3つの系統にわかれる宗教と言語

- 北西部(イギリスやドイツなど)

  宗教…キリスト教の＿＿＿＿＿＿が多い。

  言語…おもに＿＿＿＿＿＿系言語。

MEMO
アジアやアフリカからの移住者によって、ヨーロッパではイスラム教の信者が増えている。

- 南部(イタリアやスペインなど)

  宗教…キリスト教の＿＿＿＿＿＿が多い。

  言語…おもに＿＿＿＿＿＿系言語。

- 東部(ロシアやポーランドなど)

  宗教…ロシアやウクライナなどはキリスト教の＿＿＿＿＿＿の信者が多く、ポーランドやチェコなどはキリスト教の＿＿＿＿＿＿の信者が多い。

  言語…おもに＿＿＿＿＿＿系言語。

13 ヨーロッパ州②

(1) ヨーロッパの統合

統合への歩み

- **18世紀以降** ヨーロッパで工業が発達。 ex ドイツの＿＿＿＿工業地域

↓

- **20世紀前半** ＿＿＿＿＿＿で大きな被害を受ける。

↓

アメリカ合衆国やソ連に対抗するため、ヨーロッパの国々が団結。

↓

- **1967年** ＿＿＿＿＿＿＿が発足。

↓

- **1993年** ＿＿＿＿＿＿＿に発展。

↓

- **2002年** 共通通貨＿＿＿＿＿の流通開始。

↓

- **2020年** イギリスが脱退 ➡ 加盟国数が＿＿＿か国に減少。

MEMO
スウェーデンやポーランドのようにユーロを導入していないEU加盟国もある。

統合の影響

✖ 人々の生活

- 加盟国間の＿＿＿＿の通過が自由。
- 加盟国からの輸入品の＿＿＿＿＿＿を廃止。

✖ 農業

- ＿＿＿＿＿＿

…EU全体で農家などに補助金を出して農業を守る政策。

※域内の＿＿＿＿＿＿向上と域外からの＿＿＿＿＿＿への対抗が目的。

面積、人口、GDPのEUと米中日の比較（2020年）

	面積（千km²）	人口（億人）	GDP（兆ドル）
EU	4132	4.5	15.3
アメリカ合衆国	9834	3.4	20.9
中国	9600	14.3	14.7
日本	378	1.3	5.1

※小数点第2位を四捨五入。

出典：世界国勢図会2022/23

✖ 工業

TEST
- 国際的な分業…EU加盟国の企業が共同でエアバス社を設立。
  - ➡ 複数のEU加盟国やイギリスなどで＿＿＿＿＿＿の部品を製造。
  - ➡ ＿＿＿＿＿＿のトゥールーズなどの最終組み立て工場で製品化。

(2) ヨーロッパの課題

EU各国の一人あたりの国民総所得

- 3万ドル以上
- 2万~3万ドル
- 1万~2万ドル
- 1万ドル未満

[2020年]
*イギリスは2020年にEUを離脱した。

出典：世界銀行資料ほか

✖ ______の拡大

TEST …豊かな西ヨーロッパの国々と、貧しい東ヨーロッパの国々との収入の差が大きくなっている。

➡ 東ヨーロッパでは高収入などを求めて西ヨーロッパへ働きに行く人が増加。

➡ ______が不足してますます発展が遅れる。

✖ EUの運営をめぐる問題

- 加盟国の増加
  ➡ 意見の調整や意思の決定に______がかかる。
- 加盟国間の格差をなくすための______をめぐる対立
  ➡ EUへの負担に不満をいだく______が国民投票を行って脱退!

✖ 移民や難民

- フランスは、かつて______であったアルジェリアなどからの移民が多い。
- 近年では、ロシアに侵攻されている______からの難民が増加。
  ➡ 移民や難民の支援・保護のために、協力体制をつくる必要性がある。

✖ 環境問題への対策

- ______
  …駅に自動車をとめて、鉄道やバスで目的地に向かうこと。
  ※大気汚染や交通渋滞への対策。
- ______
  …風力や太陽光などを発電に利用。

14 アフリカ

(1) アフリカの自然環境

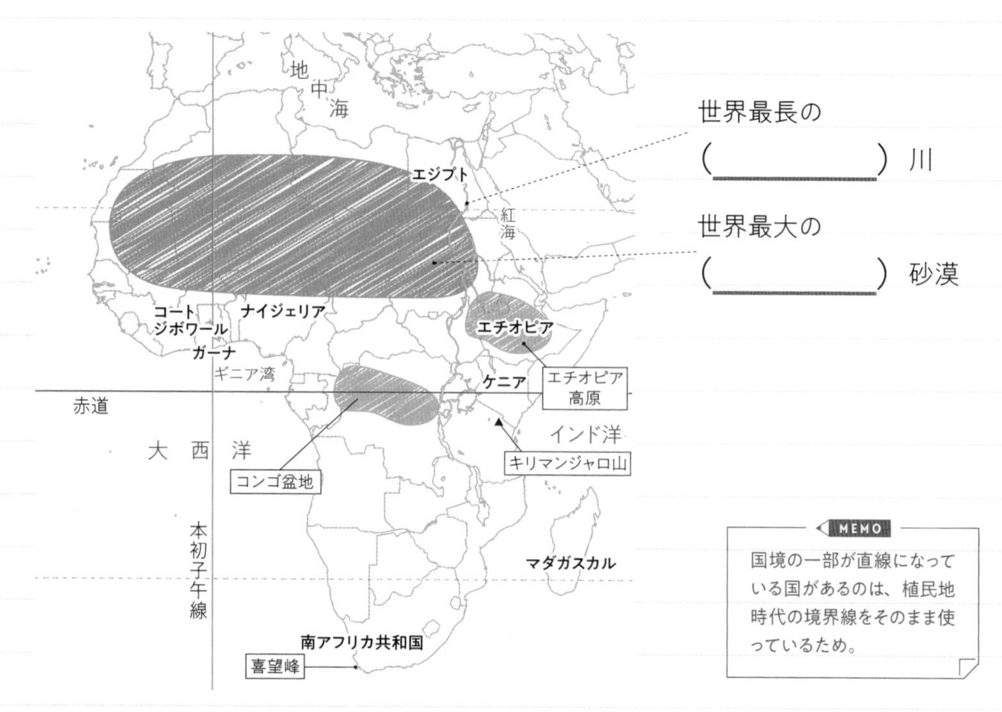

MEMO
国境の一部が直線になっている国があるのは、植民地時代の境界線をそのまま使っているため。

アフリカの地形

✖ 北部

★ 世界最大の＿＿＿＿砂漠(さばく)

✖ 中央部

赤道直下の＿＿＿＿盆地(ぼんち)

✖ 南部

高原や丘陵(きゅうりょう)が多い。南端に＿＿＿＿と呼ばれる岬(みさき)がある。

✖ 北東部

世界最長の＿＿＿＿川

✖ 東部

アフリカ最高峰(さいこうほう)の＿＿＿＿山

標高2000 mをこえる＿＿＿＿高原

→ 赤道付近でも涼しい＿＿＿＿気候

アフリカの気候と自然

赤道を中心にして南北対称に気候帯が分布。

- 赤道付近…＿＿＿帯
- 赤道から南北に少しはなれた地域…＿＿＿＿帯
- アフリカ大陸の北端と南端…＿＿＿帯
- ＿＿＿＿＿＿＿＿…赤道付近に広がる常緑広葉樹の森林。

※南北へ移動していくにつれて、＿＿＿＿（＝まばらな樹木とたけの長い草原）→＿＿＿＿（＝たけの短い草原）→岩や砂の＿＿＿＿に風景が変化。

(2) アフリカの歴史

✽ ＿＿＿＿＿…16世紀ごろから、アフリカに進出したヨーロッパ人によって、人々が南北アメリカ大陸に送られる。

✽ ＿＿＿＿＿…他の国に支配された地域のこと。20世紀前半までにアフリカ大陸の大部分がヨーロッパ諸国の支配下に置かれ、分割される。

(3) アフリカの課題と取り組み

✽ ＿＿＿＿＿

TEST …植民地時代に、民族分布を無視して引かれた境界線の利用が多い。

➡ 同じ国に複数の民族が居住。

➡ ＿＿＿＿＿がちがうので話が通じにくい。

➡ 紛争や内戦の発生。

➡ 植民地支配をした国の言語を＿＿＿＿＿（＝国が定める公式な言語）にして民族対立を防ぐ。

✽ ＿＿＿＿＿＿＿＿＿＿

…多くの国が特定の農作物や鉱産資源の輸出にたよる。

➡ 農作物の不作や経済状況による鉱産資源の＿＿＿＿＿＿＿＿＿＿の変動による影響を受けやすい。

➡ 国の収入の不安定化。

アフリカ各国の輸出額と輸出品目の割合

コートジボワール（2019年）127億ドル

カカオ豆	石油製品	金※	野菜・果実	天然ゴム	その他
28.1%	8.8	8.5	8.1	7.1	39.4

※非貨幣用

ザンビア（2020年）78億ドル

銅	その他
73.5%	26.5

ナイジェリア（2020年）349億ドル

原油	液化天然ガス	その他
75.4%	11.2	13.4

出典：世界国勢図会2022/23

✽ ＿＿＿＿＿…サハラ砂漠の南の地域。

人口増加の影響で食料を増やすため、過度な耕作や木の伐採を行う。

➡ やせた土地が広がる＿＿＿＿＿が進む。

✽ ＿＿＿＿＿…生活環境の悪い住宅地。農村から都市に人口が集中した結果、収入の少ない人々が住む。

課題解決への取り組み

- ＿＿＿＿＿＿＿＿＿＿

…2002年、EUを参考に結成。アフリカの国々が政治や経済などの面で団結。

15 北アメリカ州①

(1) 北アメリカの自然環境

カナダ
プレーリー
五大湖
グレートプレーンズ
アメリカ合衆国
中央平原
メキシコ湾
メキシコ
キューバ
メキシコ高原
カリブ海
太平洋
大西洋

高くてけわしい
(____________) 山脈

低くてなだらかな
(____________) 山脈

北アメリカ最長の
(____________) 川

北アメリカの地形

- 西部…高くてけわしい____________山脈。
  - 西→東
  - ・____________…高原になっている大平原。
  - ・____________…世界的な農業地帯の草原。
  - ・____________…北アメリカ最長の____________川の流域。
- 東部…低くてなだらかな____________山脈。
- 南部…山がちな____________高原。
- カリブ海…西インド諸島にキューバなど多くの____________国。

北アメリカの気候

- アメリカ合衆国の____________州北部やカナダ北部…______帯
- カナダ南部やアメリカ合衆国の____________周辺…________帯
- アメリカ合衆国の本土の大部分…______帯

TEST ※____________度の経線の東側は雨が多く、西側は雨が少ない。

- メキシコ湾沿岸…温帯や______帯　※熱帯低気圧（=____________）の被害を受ける。

(2) アメリカ合衆国の農牧業

- 「世界の＿＿＿＿」…アメリカ合衆国は世界各国に農産物を輸出。

- ＿＿＿＿＿＿
  …農地の自然環境に適した農産物を生産。
  - 西経100度の東側…降水量が比較的多い。
    ➡ ＿＿＿＿や＿＿＿＿＿、大豆を栽培。

120° 110° 100° 90° 80° 70° 60°
50° 40° 30°
カナダ
シアトル
シカゴ
とうもろこし地帯
ニューヨーク
カンザスシティ
サンフランシスコ
ロサンゼルス
アトランタ
綿花地帯
ニューオーリンズ
メキシコ
園芸農業
綿花
とうもろこし，だいず
酪農
小麦
放牧
地中海式農業
その他の農業
非農業地域

  - 太平洋沿岸の＿＿＿＿＿＿州…地中海性気候の地域。
    ➡ ぶどうやかんきつ類などの果樹を栽培。
  - 大西洋沿岸や五大湖周辺…＿＿＿＿がさかん。大都市に乳製品を出荷。
  - 西経100度の西側…降水量が少ない。
    ➡ 肉牛の＿＿＿＿がさかん。出荷前の肉牛に栄養が多いえさを与えて育てる＿＿＿＿＿＿という肥育場が点在。

- 効率的な生産方式
  - ＿＿＿＿＿＿…アメリカ合衆国では、大型の機械を使って、少ない労働力で多くを生産している。⚠
  - ＿＿＿＿＿＿方式…回転するスプリンクラーを使ってかんがいを行う。
    ➡ 円形の農地が多い。

- さかんな企業の活動
  - ＿＿＿＿＿＿…農業関連の経済活動。農産物の流通や販売、肥料や農業機械の製造などを行う企業がある。
    ※＿＿＿＿＿＿…穀物をあつかい、世界に影響を与える巨大企業。
  - ＿＿＿＿＿＿…アメリカ合衆国の多国籍企業がメキシコや西インド諸島につくった大農園。バナナなどをアメリカ合衆国に輸出。

16 北アメリカ州②

(1) アメリカ合衆国の工業

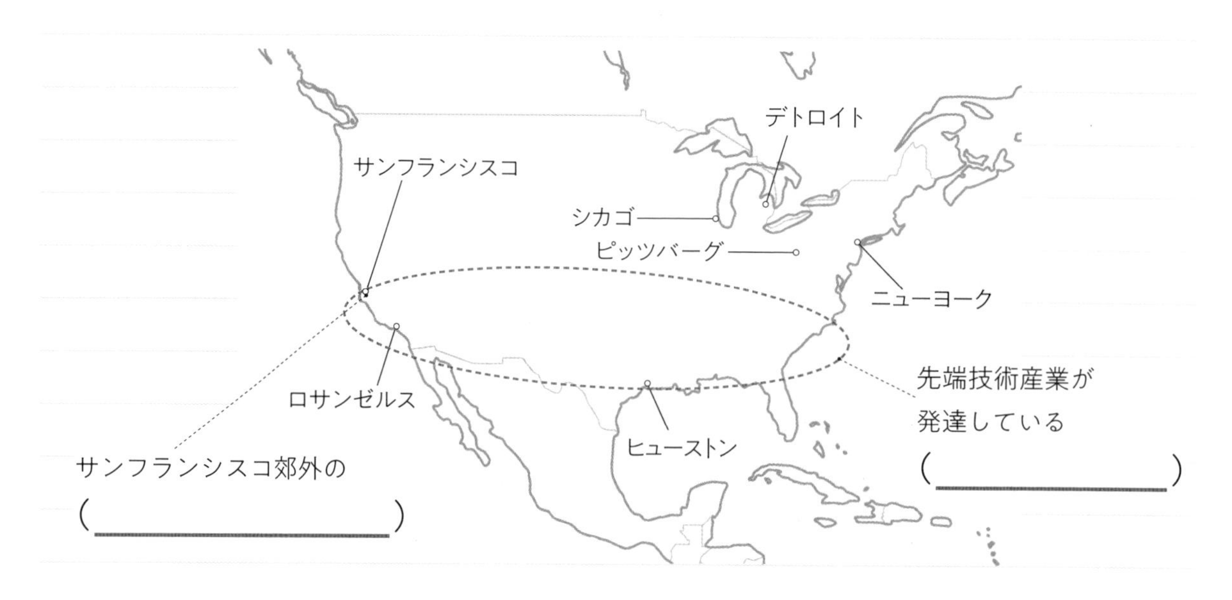

工業の発展

◎ 19世紀~20世紀前半：五大湖(ごだいこ)の周辺で重工業が発達。

- ＿＿＿＿＿…五大湖周辺の鉱産資源を利用した鉄鋼業が発展。
- ＿＿＿＿＿…流れ作業を利用した＿＿＿＿方式によって自動車工業が発展。

◎ 20世紀後半：＿＿＿やドイツなどからの工業製品の輸入が増加。

↓

五大湖周辺の重工業が衰退。 ➡ 新しい分野の工業へ転換。

↓

★ ＿＿＿＿＿(=北緯(ほくい)37度線付近から南の地域) で先端技術産業が発達。

- ＿＿＿＿＿…サンフランシスコの郊外にある地域。
  ＿＿＿＿＿＿＿関連の企業や研究機関が集中。
- ＿＿＿＿＿…航空宇宙産業が発達。 宇宙飛行士の訓練も実施。

✖ ＿＿＿＿＿…天然ガスの一種。 埋蔵量が豊富なアメリカ合衆国で開発が進む。

✖ 北アメリカの経済関係…アメリカ合衆国の工場が、
北側の＿＿＿＿や
南側の＿＿＿＿に進出。

MEMO
アメリカ合衆国・カナダ・メキシコの3か国は、互いに自由な貿易を行う協定を結んでいる。

(2) 北アメリカの人々と文化

北アメリカの歴史

- ＿＿＿＿＿…ネイティブアメリカンとも呼ばれる人々。古くから居住。

↓

- 17世紀以降、ヨーロッパからの＿＿＿＿が北アメリカの植民地に移住。
  - ➡ 移民の出身国の文化が持ちこまれる。
    - ＿＿＿＿＿＿＿…北アメリカで信者が増える。
    - TEST 言語…アメリカ合衆国とカナダは＿＿＿＿、それ以外の国々では＿＿＿＿＿＿＿を使う人が多い。

MEMO
カナダのケベック州ではフランス語を話す人が多い。

↓

- ＿＿＿＿…植民地の労働力としてアフリカから連れてこられた人々。
  - ➡ アメリカ合衆国南部の＿＿＿＿栽培などの農作業に従事。

↓

- 19世紀に奴隷制が廃止され、＿＿＿＿＿から多くの人々が移住。

↓

- ★ ＿＿＿＿＿＿＿＿（=スペイン語を話す移民）
  …近年、メキシコや西インド諸島などからの移住が増加。⚠
  - ➡ アメリカ合衆国で賃金の安い仕事に従事。

アメリカ合衆国に住む人々

- ＿＿＿＿＿＿＿＿系…南東部に多い。綿花の栽培に従事した奴隷の子孫など。
- ＿＿＿＿＿＿＿＿…メキシコとの国境に近い南西部に多い。
- ＿＿＿＿＿＿＿＿系…太平洋沿岸に多い。船に乗って移住してきたため。

アメリカ合衆国の文化

- ＿＿＿＿＿＿…自動車の大量生産によって高速道路網の整備が進む。
  郊外では広い駐車場を備えた＿＿＿＿＿＿＿＿＿＿＿が営業。
- ＿＿＿＿＿＿、＿＿＿＿＿＿の生活様式…産業や経済の発展の原動力。

※多くの国で販売や生産を行う＿＿＿＿＿＿＿＿が、アメリカ合衆国の生活様式を世界中に広めている。

17 南アメリカ州

(1) 南アメリカの自然環境と人々

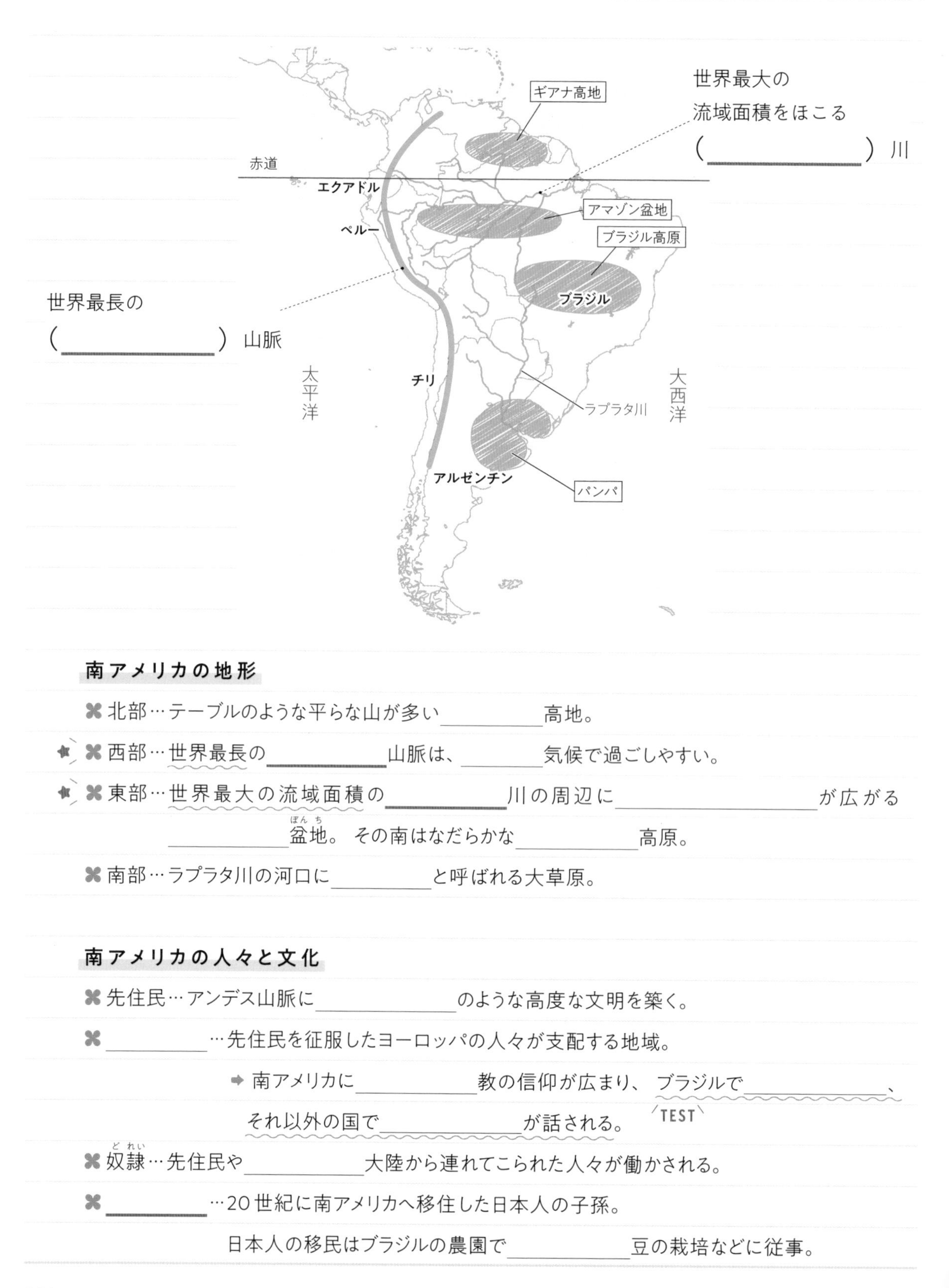

南アメリカの地形

- 北部…テーブルのような平らな山が多い______高地。
- 西部…世界最長の______山脈は、______気候で過ごしやすい。
- 東部…世界最大の流域面積の______川の周辺に______が広がる______盆地。その南はなだらかな______高原。
- 南部…ラプラタ川の河口に______と呼ばれる大草原。

南アメリカの人々と文化

- 先住民…アンデス山脈に______のような高度な文明を築く。
- ______…先住民を征服したヨーロッパの人々が支配する地域。
  - ➡ 南アメリカに______教の信仰が広まり、ブラジルで______、それ以外の国で______が話される。 TEST
- 奴隷…先住民や______大陸から連れてこられた人々が働かされる。
- ______…20世紀に南アメリカへ移住した日本人の子孫。
  日本人の移民はブラジルの農園で______豆の栽培などに従事。

(2) 南アメリカの農業

✖ ______
…アマゾン川流域の先住民が、森林や草原を焼いた灰を肥料にして農作物を栽培。
数年おきに移動して森林を守る。

✖ 企業的な農業
…各国で大農園を中心とする大規模な農業を行う。

- ______…大豆やさとうきび、コーヒー豆などを栽培。

TEST ※かつてはコーヒー豆の輸出にたよる______だったが、現在は輸出品が多様化。

- ______…パンパで小麦の栽培や肉牛の放牧。

(3) 南アメリカの鉱工業

日本の銅鉱と鉄鉱石の輸入相手国

銅鉱 121万t	チリ 40.4%	インドネシア 11.6	オーストラリア 10.8	ペルー 10.5	カナダ 9.8	その他 16.9
鉄鉱石 1億1307万t	オーストラリア 58.8%	ブラジル 26.6	カナダ 6.3	その他 8.3		

（2021年）
出典：日本国勢図会2023/24

✖ 鉱産資源
…各国で開発・輸出が行われ、経済の発展を支える。➡ 日本も多くの鉱産資源を輸入。

- ______…銅鉱の産出が世界最大。
- ______…鉄鉱石やボーキサイトなどを産出。
- ベネズエラやエクアドル…______を産出。

MEMO
ベネズエラは石油輸出国機構（OPEC（オペック））の加盟国。

✖ ______エネルギー
…ブラジルでさとうきびを原料とする______をつくる工業が発達。⚠
※自動車の燃料に利用して______の排出量をおさえる目的。
➡ さとうきびの農地の開発が、森林破壊につながるおそれ。

(4) 南アメリカの課題

✖ ______川流域の開発
…道路や鉄道の建設のために______を伐採。
➡ 植物による二酸化炭素の吸収量が少なくなって______が進行するおそれ。

18 オセアニア州

(1) オセアニアの自然環境と人々

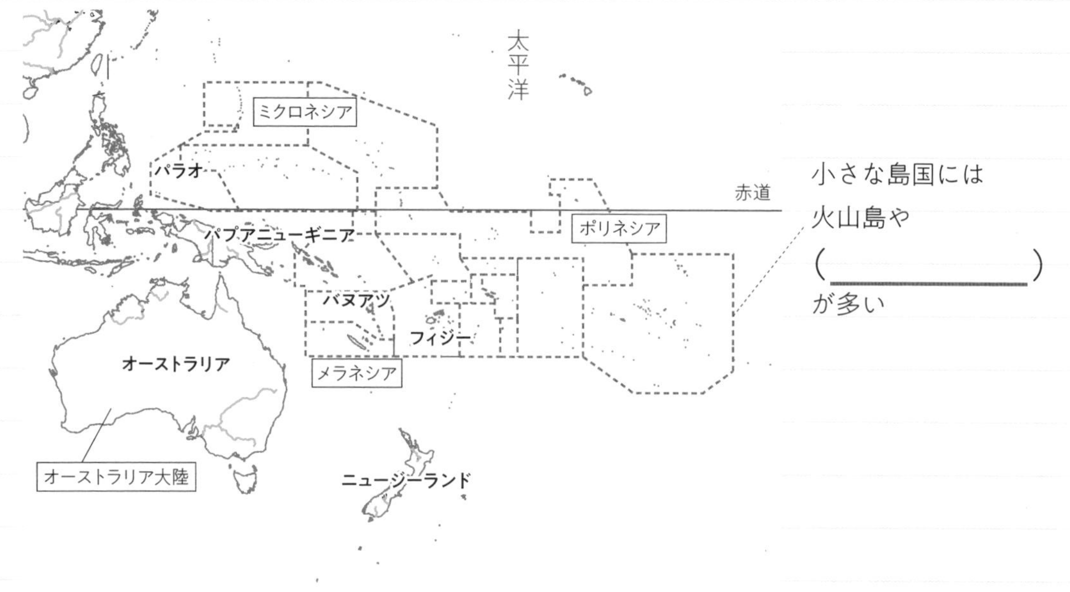

オセアニアの地形と気候

✖ ＿＿＿＿＿＿大陸
- 内陸部は砂漠（さばく）や草原
  ➡「＿＿＿＿＿」
- 南東部や南西部は＿＿帯に属する。
  ➡ 人口が集中し、農業がさかん。
- 北部は赤道に近い。
  ➡ ＿＿帯に属する。

✖ 大きな島国
- ＿＿＿＿＿＿＿＿
  …西岸海洋性気候（せいがんかいようせいきこう）。
  ➡ ＿＿＿＿がさかん。
- パプアニューギニア
  …高温で雨が多い。
  ➡ ＿＿＿＿＿＿＿＿が広がる。

✖ 小さな島国
- 火山島や＿＿＿＿＿＿が多い。
- 赤道や日付変更線の関係から＿＿＿＿＿＿、＿＿＿＿＿＿、＿＿＿＿＿＿にわかれる。

オセアニアの先住民と文化

✖ ＿＿＿＿＿＿

…オーストラリアの先住民。

※オーストラリア大陸の中央に、先住民の聖地とされている、巨大な一枚岩の＿＿＿＿＿＿＿＿＿＿がある。

✖ ＿＿＿＿＿＿

…ニュージーランドの先住民。

(2) オセアニアの農牧業と鉱産資源

オーストラリアの農牧業

- 南東部や南西部

…＿＿＿＿の栽培と＿＿＿の飼育を組み合わせる農業がさかん。

- 北東部

…＿＿＿＿＿の放牧がさかん。

ニュージーランドの牧畜

＿＿＿＿＿＿気候のために牧草がよく育つので、＿＿＿の飼育がさかん。

オーストラリアの鉱産資源

- ＿＿＿＿＿…北西部の＿＿＿＿＿＿地区など。
- ＿＿＿＿＿…おもに北東部や南東部。

}地表から掘り進める＿＿＿＿＿＿で採掘。

内陸にある鉱山から＿＿＿＿で港まで運んで輸出。←

オセアニアの貿易

かつては＿＿＿＿＿＿の国々との貿易がさかん。

➡ 現在は距離が近い＿＿＿＿＿＿の国々との貿易を重視。

※＿＿＿＿＿＿＿＿＿＿＿＿＿＿＿…1989年にオーストラリアの主導で結成。

(3) オセアニアの社会の変化

オセアニアの歴史

◎ 18～20世紀、オセアニアが欧米諸国の＿＿＿＿＿＿にされる。

➡ オーストラリアで本国イギリスからの＿＿＿＿＿が開拓を行う。

※＿＿＿＿＿＿＿…白人以外の移民を制限する政策。（現在は廃止）

⬇

◎ 1970年代以降、オーストラリアはアジア州の移民も積極的に受け入れる。

➡ ＿＿＿＿＿（＝中国系の人々）の増加。➡ 大都市に＿＿＿＿＿＿＿＿＿＿を形成。

※＿＿＿＿＿＿＿…先住民や移民など多様な人々が共存し、互いの文化を尊重する社会をつくる動きが進む。

地図にまとめよう!

ヨーロッパ州とアフリカ州

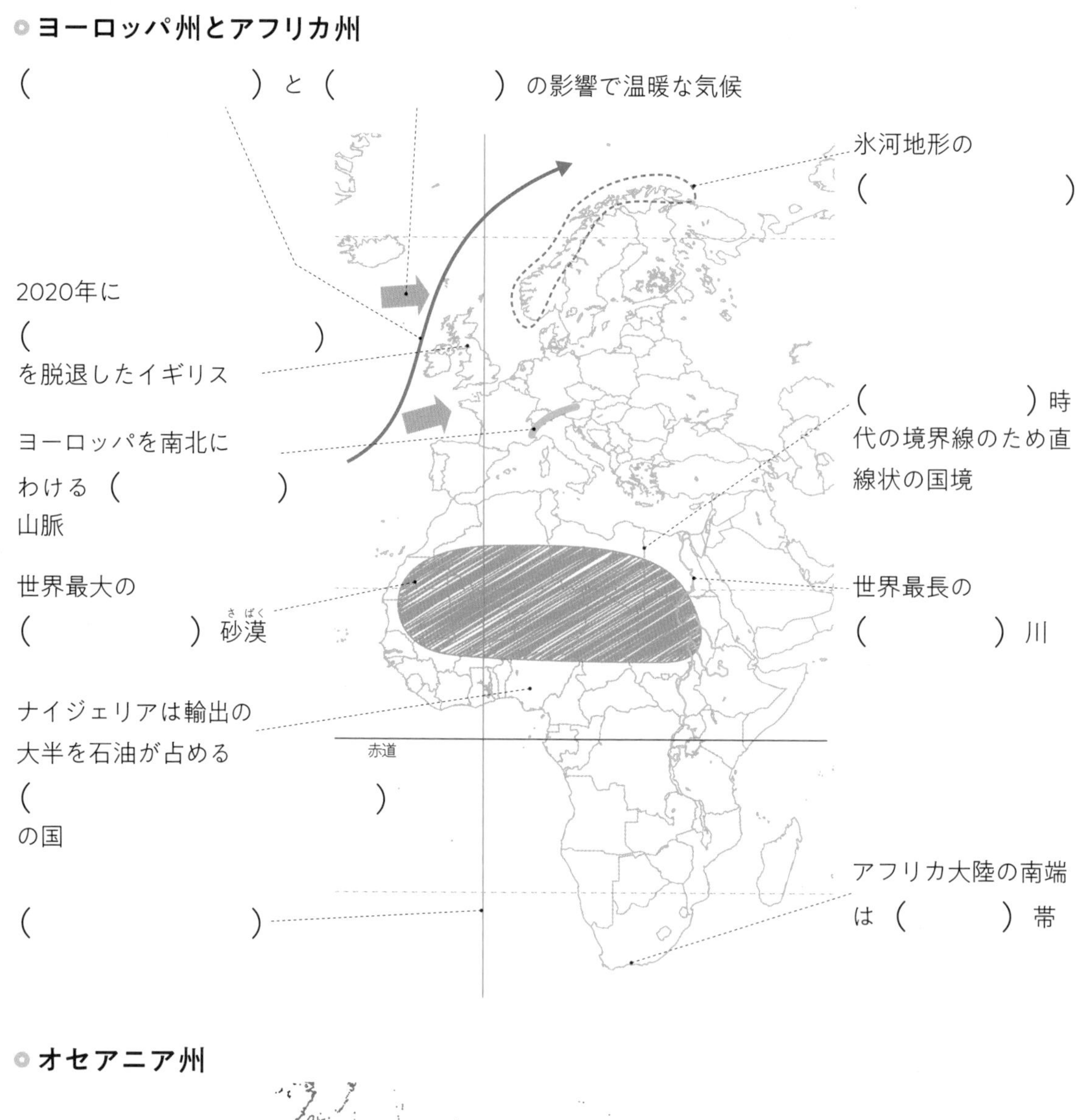

オセアニア州

赤道

先住民の
(　　　　　　)
をはじめ多様な人々の
共存と互いの文化を尊
重する
(　　　　　　)
を形成

オーストラリアの鉄
鉱石や石炭の採掘は
(　　　　　)
が主流

オーストラリアは1989年に
(　　　　　　　　　　)の結成を提唱

先住民の(　　　　　)が住む

月　日（　）

確認テスト③

／50点

次の問いに答えましょう（5点×10）。

⑴ 次の問いに答えなさい。

❶「世界の屋根」と呼ばれる山脈を何といいますか。（　　　）

❷ 北アメリカ大陸西部の高い山脈を何といいますか。（　　　）

❸ アマゾン川流域の先住民が行う農業を何といいますか。（　　　）

⑵ 右の地図を見て、次の問いに答えなさい。

❶ 夏に雨季をもたらす季節風の風向きとして正しいのは、**あ**と**い**のどちらですか。（　　）

❷ 地図中の**A**～**C**の都市に深い関わりがあるものを、次の**ア**～**ウ**からそれぞれ選び、記号で答えなさい。

ア　工業団地・アジアNIES

イ　経済特区・「世界の工場」　**ウ**　ICT関連産業・ヒンドゥー教

A（　　）**B**（　　）**C**（　　）

⑶ アメリカ合衆国の産業について述べた次の文中の**D**～**F**に当てはまる語句をそれぞれ答えなさい。

農業は自然環境に合わせた（ **D** ）が行われ、工業は北緯37度付近から南の（ **E** ）でさかんである。とくにサンフランシスコの郊外にある（ **F** ）ではICT関連産業が発達し、最先端の研究や製品開発が進められている。

D（　　　）**E**（　　　）**F**（　　　）

これで世界の諸地域の学習は終わりだよ。がんばったね！
さあ、次の章からは日本について学習するよ。でも、その前におやつでも食べてリラックスするのはどうかな？

19 地形図、縮尺、地図記号

(1) 地形図と縮尺

✖ ＿＿＿＿…土地に関する多くの情報を表現する地図。

※日本では＿＿＿＿が発行。⚠

✖ ＿＿＿＿…実際の距離を縮めた割合。日本では「2万5千分の1」と、「＿＿＿＿分の1」の2つの種類が主流。

TEST • 2万5千分の1地形図からの実際の距離の求め方

❶地形図の上での長さを測る。　ex 地形図の上で4cm

❷縮尺の分母をかける。　ex 4×25000＝100000

❸実際の距離がわかる。　ex 100000cm＝1000m＝1km

✖ ＿＿＿＿…高さが等しいところを結んだ線。

等高線		2万5千分の1地形図	5万分の1地形図
計曲線	〜	50mごと	100mごと
主曲線	〜	10mごと	20mごと

✖ 等高線の間隔

• 間隔が広い…土地の傾斜が＿＿＿＿

• 間隔が狭い…土地の傾斜が＿＿＿＿

• 山頂から張り出している…＿＿＿＿

（＝山地で最も高いところの連なり）

• 山頂からへこんでいる…＿＿＿＿

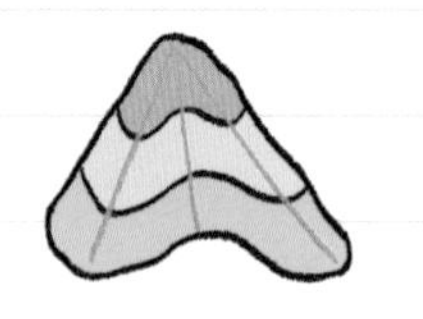

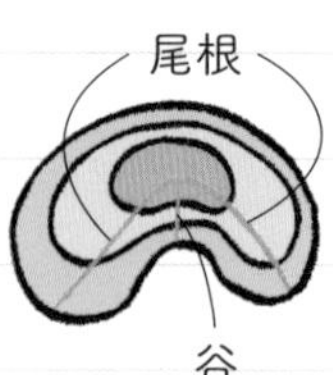

✖ 等高線と土地の起伏

❶地形図の上に直線を引く。

❷直線と等高線が交わるところの＿＿＿（＝海面からの土地の高さ）を読み取る。

❸それぞれの交わるところから線を下ろし、折れ線グラフと同じように印をつけていく。

❹すべての印をなめらかな線で結んでいくと＿＿＿＿が完成。

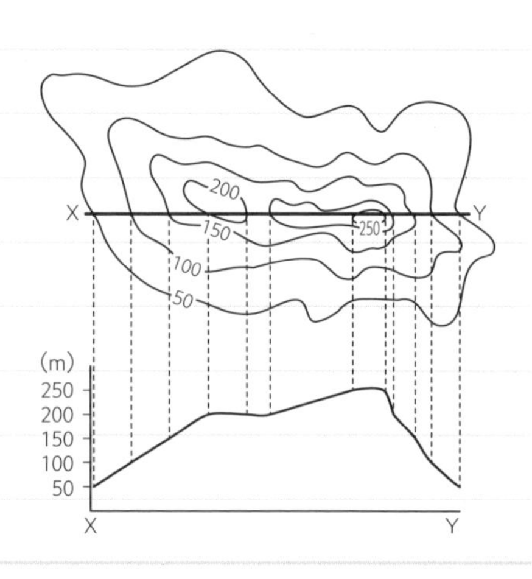

(2) 地形図の利用

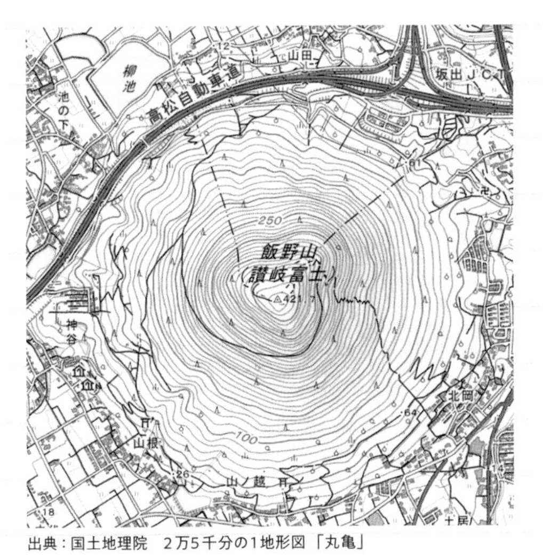

出典：国土地理院　2万5千分の1地形図「丸亀」

- 方位…上が＿＿＿＿。⚠
- 同じ大きさの地形図を見ると
  - 2万5千分の1地形図
    …狭く、 情報が＿＿＿＿＿。
  - 5万分の1地形図
    …広く、 情報が＿＿＿＿＿。

(3) 地図記号

土地利用
(＿＿＿＿)
(＿＿＿＿)
(＿＿＿＿＿＿)
(＿＿＿＿＿)
(＿＿＿＿＿＿)
(＿＿＿＿＿＿)
竹林
ささ地
荒地（あれち）

建物・施設	
建物 (中高層建物)	(＿＿＿＿＿＿＿＿)
	(＿＿＿＿＿)
◎ 市役所 東京都の区役所	卍 (＿＿＿＿＿)
○ 町・村役場	(＿＿＿＿＿＿)
官公署	(＿＿＿＿＿＿＿＿)
(＿＿＿＿) ×(＿＿＿＿)	記念碑（ひ）
(＿＿＿＿＿＿)	自然災害伝承碑
(＿＿＿＿＿＿)	(＿＿＿＿＿)
(＿＿＿＿＿)	城跡
発電所・変電所	史跡・名勝 天然記念物
文 (＿＿＿＿＿＿＿＿)	(＿＿＿＿＿＿)
(＿＿＿＿＿＿＿)	(＿＿＿＿＿＿)
(＿＿＿＿＿)	灯台

- 新しい地図記号

＿＿＿＿＿＿＿＿＿の地図記号。
過去の自然災害の情報を伝える内容が刻まれた石造物のこと。

20 日本の地形

(1) 大地の変動がさかんな地域

✖ ________…山地や山脈が連なり、大地の変動がさかんな地域。

➡ ________の活動や地震の________が多い。

● ________________________________

TEST …太平洋を取り囲むように広がり、大地の変動がさかんな地域。________もふくまれる。⚠

● ________________________________

…ヨーロッパのアルプス山脈からアジアのインドネシア東部までの、大地の変動がさかんな地域。⚠

✖ ________…かたい岩石でできたかたまり。

※________の発生…プレートの境界やプレート内部で多い。

※________…高温で液状になった物質。プレートの境界付近の地下から地上に移動すると火山ができる。

(2) 日本の地形の特徴

✖ ________…丘陵（きゅうりょう）と合わせて、国土のおよそ4分の3を占める。

✖ ________…標高3000m前後の山々が連なる「日本の屋根」。

本州の中央付近にある。

※北から順に、________山脈、________山脈、________山脈。⚠

✖ ________…本州の地形が東西でわかれる境目。日本アルプスの東側にある。

MEMO
フォッサマグナは、ラテン語で「大きな溝」という意味。

✖ 日本の川の特徴…大陸を流れる川に比べて、

傾斜が______で________が狭い。

➡ 水量の________が大きい。

日本と世界の川の比較

標高(m)
800
600
400
200
0
木曽川
セーヌ川
アマゾン川
ナイル川
0 200 400 600 800 1,000
河口からの距離(km)

出典：「日本の川〈日本の自然3〉」ほか

(3) 日本のさまざまな地形

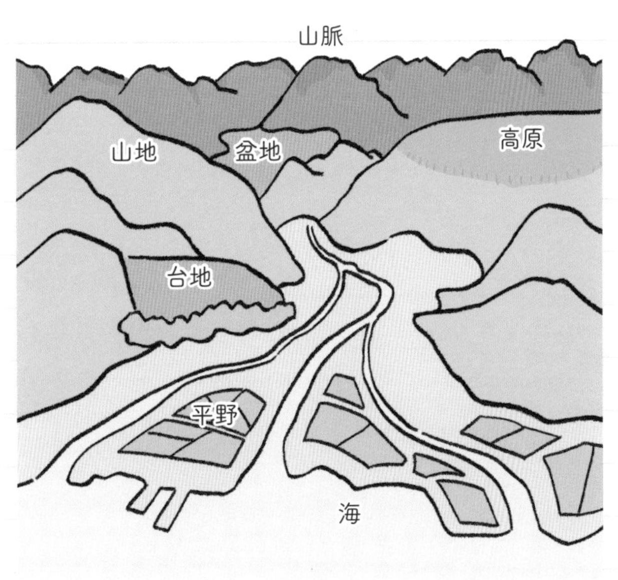

山地の地形

- ＿＿＿＿…山が長く連なっている場所。
- ＿＿＿＿…標高が高く、土地の起伏が小さい場所。

平地の地形

- ＿＿＿＿…山に囲まれている平地。⚠
- ＿＿＿＿…周辺より一段高くなっている平地。
- ＿＿＿＿…海に面している広い平地。⚠

川がつくった地形

- ＿＿＿＿…川が山間部から平地に出る場所に土砂が積もってできた地形。
- ＿＿＿＿…川が運んだ土砂が河口に積もってできた地形。

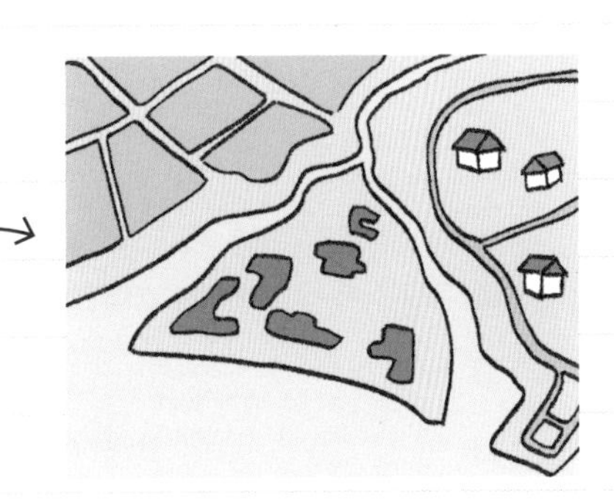

海岸の地形

- ＿＿＿＿…岩場が続いている海岸。
- ＿＿＿＿…入り組んだ地形の海岸。湾と岬(みさき)が連続。
- ＿＿＿＿…砂におおわれている海岸。

（以上3つ：自然海岸）

海底の地形

- ＿＿＿＿…水深が約200mまでの浅くて平らな海底。
- ＿＿＿＿…水深が8000mをこえる深い海底。

21 日本の気候

(1) 日本の気候の特徴

✖ 気候帯…北海道は＿＿＿＿＿＿＿＿、その他の地域は＿＿＿＿。⚠

※日本列島の広い範囲は＿＿＿＿＿＿＿＿という気候区。

✖ ＿＿＿＿＿＿＿＿＿＿…半年ごとに向きが変わる風。

TEST ● 夏：＿＿＿＿の方角から吹く。太平洋上から暖かく湿った大気を運ぶ。

TEST ● 冬：＿＿＿＿の方角から吹く。ユーラシア大陸（とくにシベリア）から冷たい大気を運ぶ。

日本海を渡るときに湿った大気になる。

✖ ＿＿＿＿の変化…日本列島は春夏秋冬の区別が明確。

● ＿＿＿＿…5月から7月にかけて降水量が多くなる時期。

● ＿＿＿＿…赤道の北の地域で発生する熱帯低気圧のうち、風速や雨が強いもの。

(2) 日本の気候区分と海流

日本の気候区分

月ごとの気温や降水量の変化で6つに分けられる。

✖ ＿＿＿＿＿＿＿＿の気候

✖ ＿＿＿＿＿＿＿＿の気候

✖ ＿＿＿＿＿＿＿＿の気候

✖ ＿＿＿＿＿＿＿＿の気候

✖ ＿＿＿＿＿＿＿＿の気候

✖ ＿＿＿＿＿＿＿＿の気候

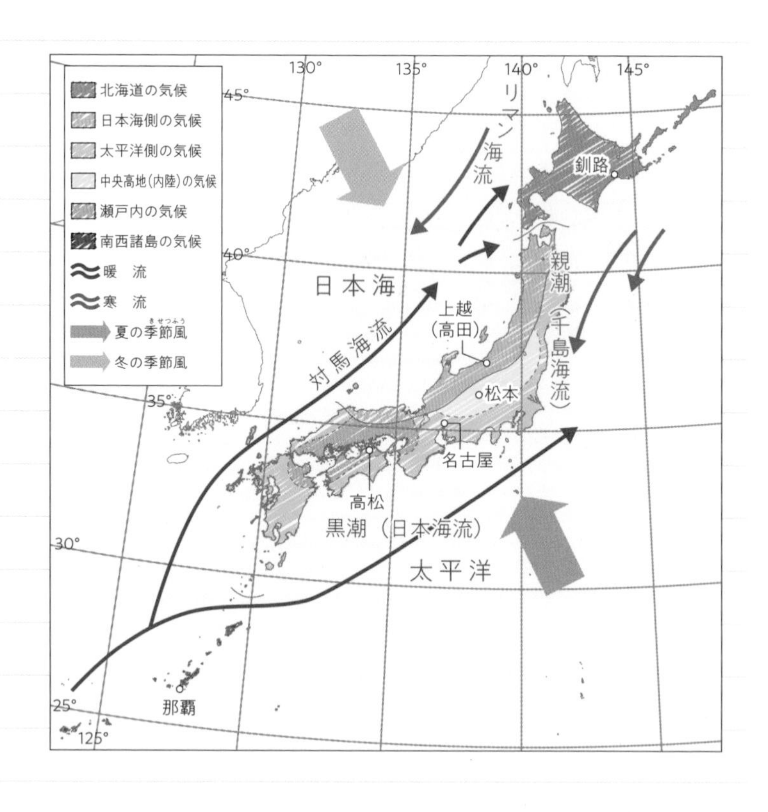

日本を取り囲む海流

✖ ＿＿＿＿…太平洋や日本海を北上する。

✖ ＿＿＿＿…太平洋や日本海を南下する。

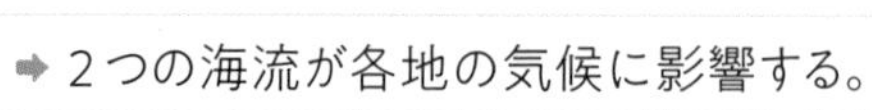
➡ 2つの海流が各地の気候に影響する。

(3) 日本の気候区分の特徴と雨温図

北海道の気候

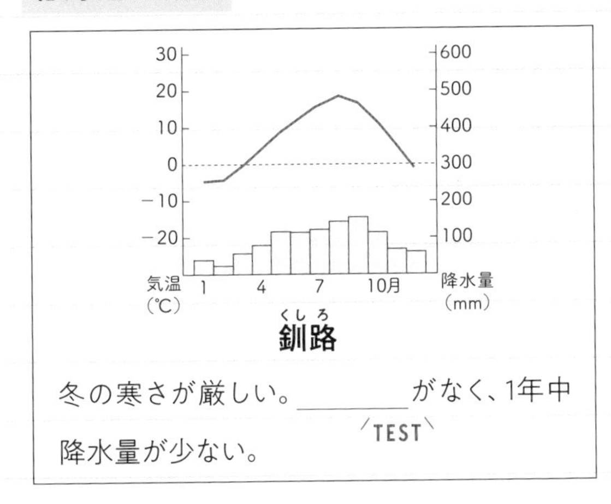

冬の寒さが厳しい。＿＿＿＿＿がなく、1年中降水量が少ない。

TEST

日本海側の気候

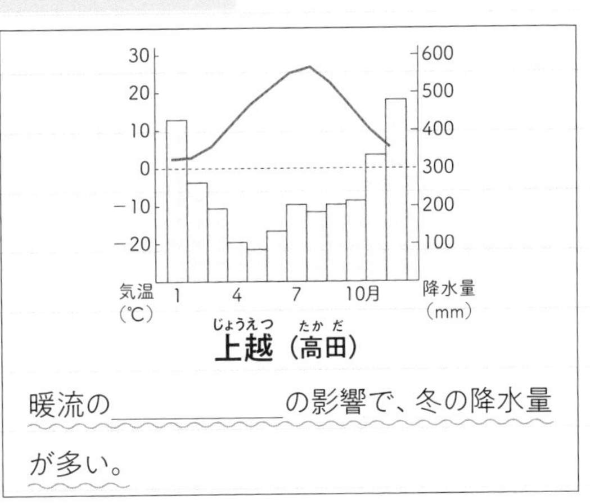

暖流の＿＿＿＿＿＿の影響で、冬の降水量が多い。

太平洋側の気候

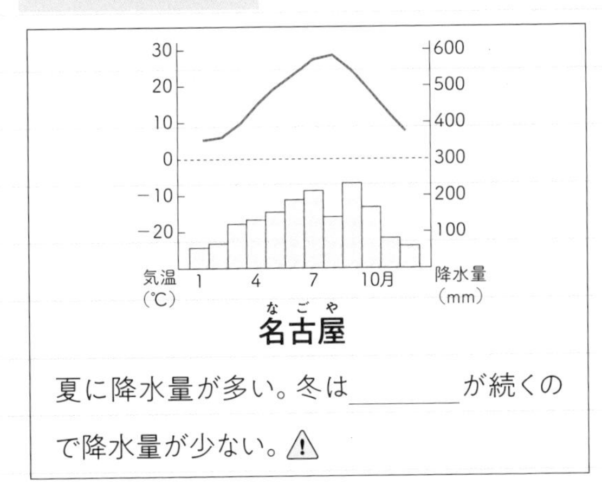

夏に降水量が多い。冬は＿＿＿＿＿が続くので降水量が少ない。

中央高地(内陸)の気候

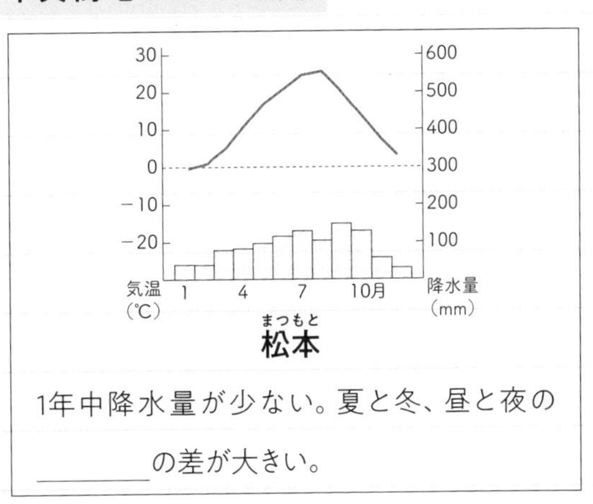

1年中降水量が少ない。夏と冬、昼と夜の＿＿＿＿＿の差が大きい。

瀬戸内の気候

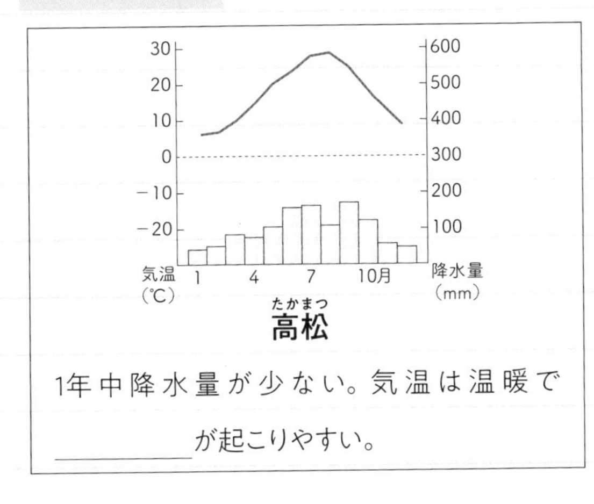

1年中降水量が少ない。気温は温暖で＿＿＿＿＿が起こりやすい。

南西諸島の気候…＿＿＿＿＿帯

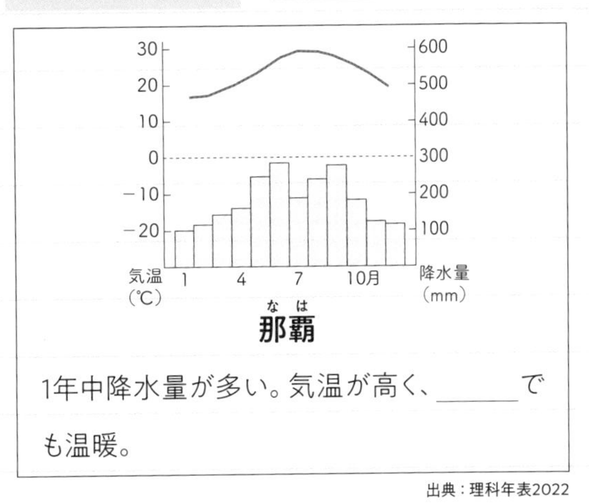

1年中降水量が多い。気温が高く、＿＿＿＿でも温暖。

出典：理科年表2022

22 自然災害

(1) 日本列島と地下の構造

✖ ＿＿＿…地表のゆれ。日本列島の周辺にある４つのプレートの境界で多く発生。

- ＿＿＿…ある地点でのゆれの強さを表す数値。
- ＿＿＿＿＿…地震の大きさを表す数値。
- 建物の倒壊…地震による大きなゆれで発生。
  ➡ 建物の補強や＿＿＿＿をほどこして倒壊を防ぐ。
- ＿＿＿＿…水や砂を多くふくんだ地面が地震によって液体のようになってしまうこと。

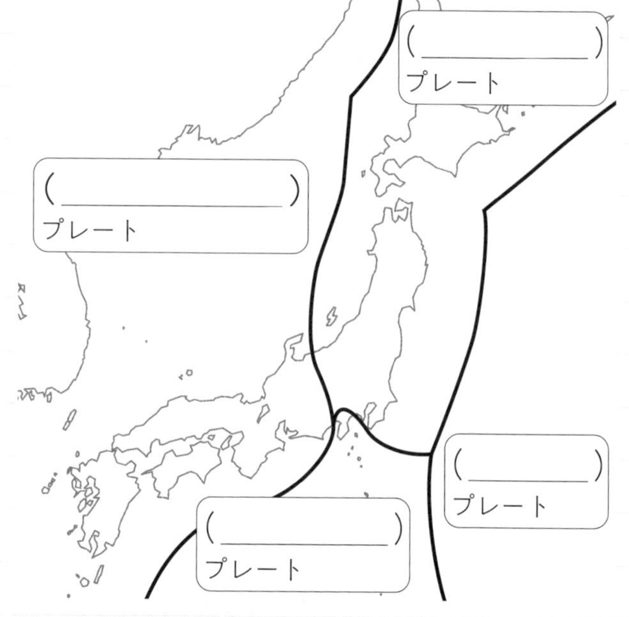

注：太線 ━ は、プレートの境界を表す。

✖ ＿＿＿…地震による海底の地形の変形で起こる波。

- ＿＿＿＿＿…入り組んだ地形の海岸。

TEST ※奥行きのある湾では、津波の被害が大きくなる。

(2) 日本の震災

✖ ＿＿＿＿＿…1923年9月1日に東京や横浜をふくむ地域で発生した大地震。＿＿＿＿によって多くの建物が焼け、10万人以上の被害者が出た。

MEMO
現在、9月1日は「防災の日」に定められ、各地で防災訓練が行われている。

✖ ＿＿＿＿＿＿＿…1995年1月17日に兵庫県南部で発生した大地震。

➡ 日本で＿＿＿＿＿＿活動がさかんになった。※被災者を助けるために全国各地から人が集まったため。

✖ ＿＿＿＿＿＿＿＿＿＿…2011年3月11日に東日本の太平洋の沖合いで発生した大地震。太平洋側の＿＿＿＿＿は入り組んだリアス海岸のため、とくに津波の被害が大きかった。

✖ ＿＿＿＿＿…西日本の太平洋側の海底にある深い溝。
近い将来に巨大な地震を起こすと予測されている。

(3) 日本のさまざまな自然災害

✖ 火山災害

- ＿＿＿＿や溶岩（ようがん）…火山の噴火とともにふき出る。
- ＿＿＿＿…火山からふき出た高温のガスや火山灰などが、高速で流れ下る。

✖ 土砂災害

- ＿＿＿＿…地震や大雨などで、斜面が突然くずれ落ちる。
- ＿＿＿＿…斜面の土地がすべり落ちる。
- ＿＿＿＿…大雨などで、土砂や石が高速で下流に流れ下る。

✖ 気象災害

- ＿＿＿＿…川の増水や堤防の決壊で、一帯に水があふれ出る（はんらん）。
- ＿＿＿＿…台風や低気圧の影響で、海水面が急に高くなる。
- ＿＿＿＿…夏の低温で、農作物の生育が悪くなる。
- ＿＿＿＿…水不足によって、農業などに悪影響が出る。
- 雪害…大雪のために交通網などに悪影響が出る。
  山岳地域で＿＿＿＿が発生すると建物や住民に被害が及ぶ。

(4) 自然災害への取り組み

✖ ＿＿＿＿…自然災害が発生したとき、国・都道府県・市区町村などが協力して被災者の保護を行うことを定めた法律。

※＿＿＿＿…電気、水道、ガスなど、住民の生活を維持するための施設。

※＿＿＿＿…必要なときに都道府県知事などが災害派遣を要請。

✖ ＿＿＿＿…自然災害による被害が及ぶのを防ぐこと。
✖ ＿＿＿＿…自然災害による被害をできるだけ少なくすること。

必要! そのうえで

- ＿＿＿＿…国、都道府県、市区町村が被災者の救助や支援を行う。
- ＿＿＿＿…地域の住民や身近な人が互いに助け合う。
- ＿＿＿＿…自分自身や家族を守る。

✖ ＿＿＿＿＿＿＿＿…予測される自然災害の種類と被害の範囲、避難場所の位置、避難ルートなどの情報をまとめた地図。

23 日本の人口

(1) 日本の人口構成

- 総人口…約＿＿＿＿億人（2022年現在）
- ＿＿＿＿＿＿…年齢と性別で人口構成を表すグラフ。

※日本は＿＿＿＿型 ➡ ＿＿＿＿型 ➡ ＿＿＿＿型 に変化。

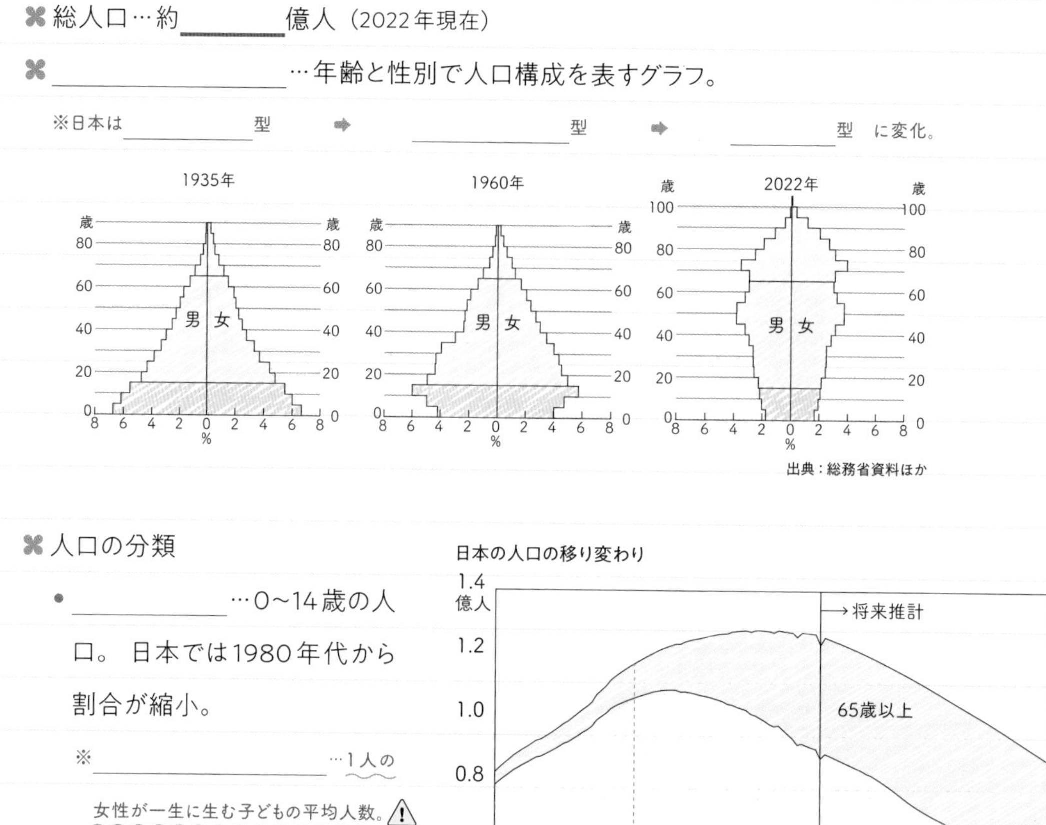

- 人口の分類
  - ＿＿＿＿…0～14歳の人口。日本では1980年代から割合が縮小。
    - ※＿＿＿＿＿＿…1人の女性が一生に生む子どもの平均人数。⚠
  - ＿＿＿＿…15～64歳の人口。生産活動の中心となる年代。日本ではゆるやかに割合が縮小。
  - ＿＿＿＿…65歳以上の人口。日本では割合が拡大。

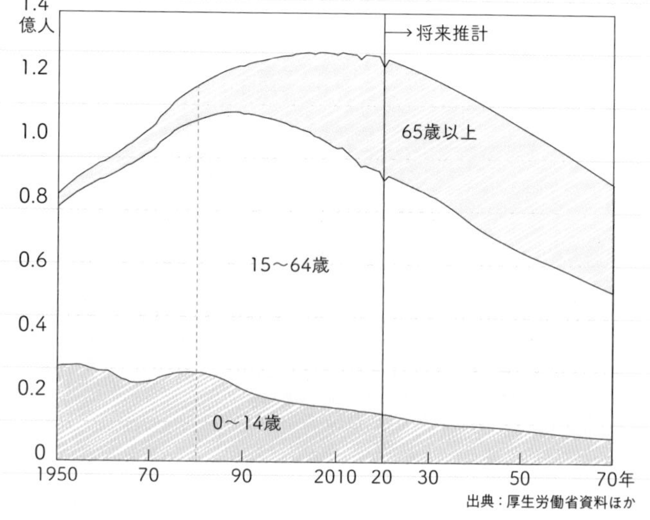

⬇

★ ＿＿＿＿＿＿の到来。

TEST ➡ 日本は2010年ごろから総人口が減少。

- ＿＿＿＿…1㎢当たりの人口。日本の人口密度は約335人／㎢

※地形別に見ると、平野や盆地（ぼんち）など標高の＿＿＿＿場所に人口が集中し、山地など標高の＿＿＿＿場所の人口は少ない。

(2) 人口の多い地域と少ない地域

三大都市圏への人口集中

	東京圏	大阪圏	名古屋圏	その他
1950年 8320万人	15.7%	11.7	7.7	64.9
2021年 1億2550万人	29.4	14.4	9.0	47.2

0 20 40 60 80 100 %

東京圏：東京都、埼玉県、千葉県、神奈川県
大阪圏：大阪府、京都府、兵庫県、奈良県
名古屋圏：愛知県、岐阜県、三重県

出典：データでみる県勢2023ほか

- ＿＿＿＿…ある地域に人口が集中すること。日本では＿＿＿＿の時期に農村から多くの人が都市へ移動。
  ➡ 交通渋滞や住宅不足などの問題。
  - ＿＿＿＿…＿＿＿＿、＿＿＿＿、＿＿＿＿でそれぞれ大都市圏を形成。⚠
  - ＿＿＿＿…各地方の中心都市。ex 札幌、広島
  - ＿＿＿＿…政府が指定した人口50万人以上の市。

MEMO
現在の政令指定都市は、札幌・仙台・さいたま・千葉・横浜・川崎・相模原・新潟・静岡・浜松・名古屋・京都・大阪・堺・神戸・岡山・広島・北九州・福岡・熊本の20市（2023年現在）。

- 過密地域の変化
  - 地価の高い都心部から、郊外の＿＿＿＿（=郊外に建設された計画的な住宅地）などへ人口が移動。
  ⬇
  - TEST ＿＿＿＿…都心部の人口が減少して、郊外の人口が増加。
  ⬇
  - ＿＿＿＿…都心部で新しいマンションなどを建設。
  ⬇
  - ＿＿＿＿…郊外からの移動などで、都心部の人口が再び増加。

- ★ ＿＿＿＿…人口が減って地域社会の維持が難しくなること。

※日本は＿＿＿＿部や＿＿＿＿で人口の減少が大きい。

- 過疎地域の再生…都市からの移住者を増やして地域を活性化。
  - ＿＿＿＿…地方で育った人が都市に進学・就職した後、故郷にもどって働く。
  - ＿＿＿＿…都市で育った人が、地方に移住して働く。
  - ＿＿＿＿…地方で育った人が都市で就職した後、故郷の近くの都市に移住して働く。

24 資源とエネルギー

(1) 世界のおもな資源

- ＿＿＿…工業原料やエネルギー源に使われる鉱物。
  - ＿＿＿…鉄鋼の原料や火力発電の燃料に使われる黒色の鉱物。世界最大の産出国は＿＿＿(2019年現在)。
  - ＿＿＿…機械の燃料や石油製品の原料に使われる液体の鉱物。西アジアに多く分布。世界最大の産出国は＿＿＿(2021年現在)。
  - ＿＿＿…二酸化炭素の排出量が他に比べて少ないので、クリーンなエネルギーとして利用される気体の化石燃料。世界最大の産出国は＿＿＿(2020年現在)。

    ※＿＿＿…輸送しやすくするために冷却して液体にした天然ガス。
  - ＿＿＿…鉄鋼の原料となる鉱物。世界で産出量が多い国は＿＿＿、＿＿＿、中国の順(2019年現在)。

おもな資源の産出国とその割合

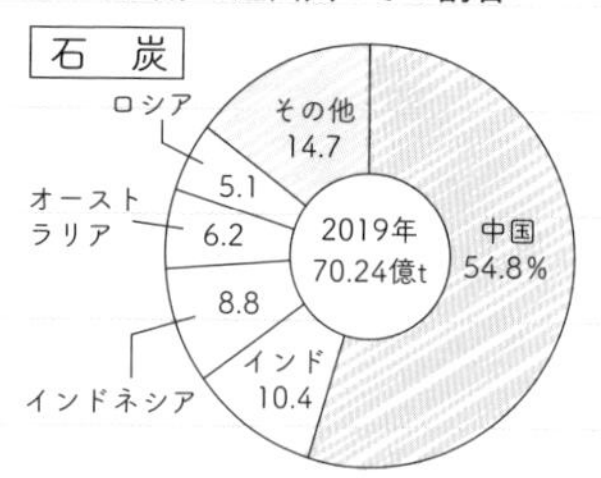

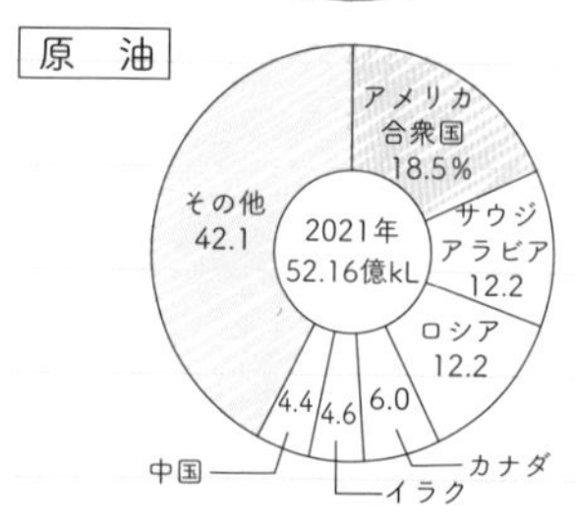

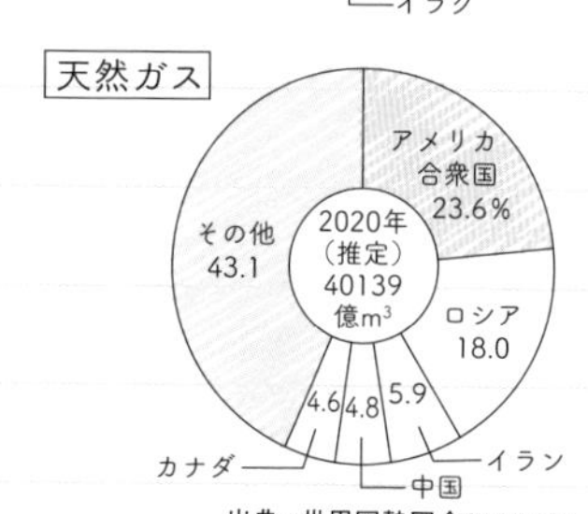

出典：世界国勢図会2022/23

(2) 資源輸入大国の日本

- 鉱山の閉鎖…国内の鉱産資源は＿＿＿が少なく、採掘の＿＿＿が高い。

↓

- 資源の輸入の増加…外国産の鉱産資源は＿＿＿が良く、価格が＿＿＿。

↓

- ＿＿＿の低下…日本で使われるエネルギー資源のうち、国内産の割合は約13.3%(2021年現在)。

日本のおもな鉱産資源の輸入相手国

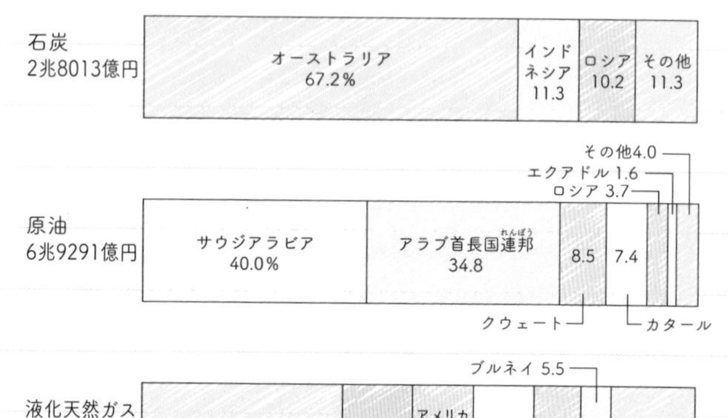

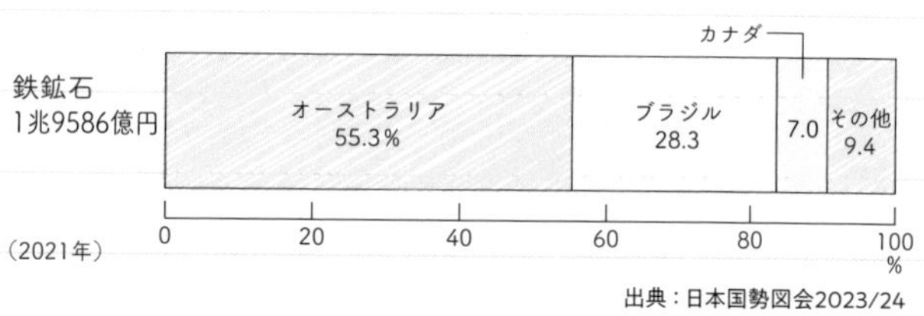

出典：日本国勢図会2023/24

(3) 日本の発電

日本の発電所の分布

※建設中
※第一・第二ともに全廃炉
● 火力
▲ 水力
■ 原子力
出典：データでみる県勢2023ほか

さまざまな発電方法

- ________…________を燃料にして電気を起こす。
  現在の日本の発電の中心。
  発電所は________や工業地域の近くに立地。
  ※________…地中で動植物の遺骸(がい)が長い時間をかけて変化してできた石炭、石油、天然ガスのこと。
- ________…燃料の________の核分裂反応で電気を起こす。火力発電とちがって、________の原因となる温室効果ガスを出さない。
  発電所は冷却水を得やすい________に立地。

TEST ※________…2011年に発生。福島県の発電所で事故が起こったため、原子力発電の利用が減少。

日本の発電の割合（2021年度）

種類	割合
火力	72.9%
太陽光	8.3
水力	7.5
原子力	6.9
その他	4.4

出典：経済産業省資料

________…くり返し利用できるエネルギー。化石燃料のような枯渇(こかつ)の心配がない。

※発電量が不安定なものが多い。⚠

- ________…山地につくられた________を利用して発電。1950年代ごろまでの発電の中心。
  ※発電所をつくるための開発や工事が________につながることが短所。
- ________…太陽電池を利用して発電。
- ________…牛のふんや廃材など、動植物に関わるものを利用して発電。
- ________…風車が回る力を利用して発電。
- ________…地中の熱水や蒸気を利用して発電。

25 日本の第一次産業

(1) 日本の農業

> **MEMO**
> 自然に直接働きかけて生産する農業、林業、漁業などを第一次産業という。

- ______…日本の農業の中心。雪どけ水が豊富な東北地方などで______の生産がさかん。
- ______栽培…日本の農業産出額で2番目に多い（いも類との合計）。
  - ______…大都市に近い地域で行われる農業。
  - ______…農作物の収穫時期を早める農業。
  - ______…農作物の収穫時期を遅らせる農業。

農業産出額の内訳（2020年）

地域	米	野菜	果実	畜産	その他
全国 8兆9370億円	18.4%	25.2	9.8	36.2	10.4
北海道 1兆2667億円	9.5%	16.9	0.5	57.9	15.2
東北 1兆4427億円	31.8%	18.3	15.2	30.6	4.1
関東 1兆6174億円	15.9%	37.7	3.1	32.0	11.3
中部 1兆3685億円	26.5%	25.5	16.1	20.0	11.9
近畿 5592億円	26.0%	22.2	18.5	24.2	9.1
中国・四国 8679億円	17.4%	28.2	16.1	31.2	7.1
九州 1兆8332億円	8.8%	24.3	7.3	46.7	12.9

出典：データでみる県勢2023

- 果樹栽培…日当たりの良い斜面や扇状地（せんじょうち）などで______を生産。

TEST ※涼しい地方は______、暖かい地方は______の生産量が多い。

- ______…家畜を飼育して肉や卵などを生産。日本の農業産出額で最も多い。

(2) 日本の農業の課題と対策

- 輸入______…外国産の安い農産物が多く輸入されるようになった。
- ______…日本で消費される食料に占める国内産の割合。

  ※2021年度は______%で、米をのぞいて、全体的に低下。

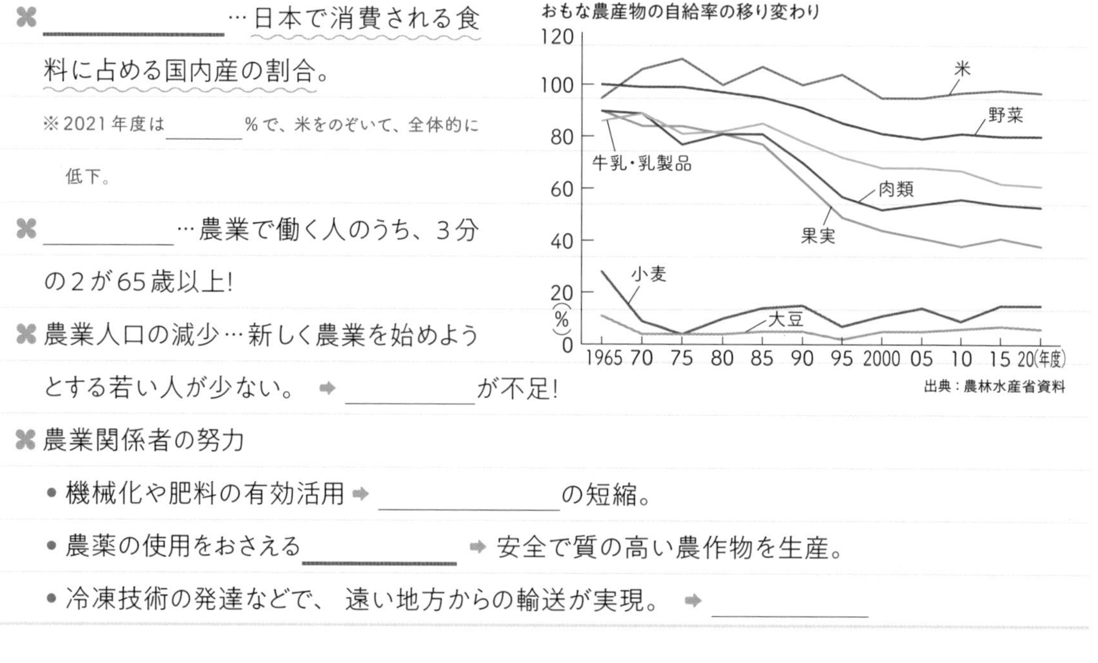

- ______…農業で働く人のうち、3分の2が65歳以上！
- 農業人口の減少…新しく農業を始めようとする若い人が少ない。➡______が不足！
- 農業関係者の努力
  - 機械化や肥料の有効活用➡______の短縮。
  - 農薬の使用をおさえる______➡安全で質の高い農作物を生産。
  - 冷凍技術の発達などで、遠い地方からの輸送が実現。➡______

(3) 日本の林業と課題

- 日本の森林…国土面積のおよそ3分の______を占める。
  - ______…自然のままの森林。森林面積全体のおよそ5割を占める。
    ※______（青森県）、______（秋田県）、______（長野県）が有名。
  - ______…人間がつくった森林。森林面積全体のおよそ4割を占める。
    ※______（静岡県）、______（三重県）、______（奈良県）が有名。
- 林業の課題
  - 林業人口の減少…働く人の______が進んで、______が不足。
  - ______材の増加…日本の木材______が大きく低下。
    ➡ 21世紀に入ってからは建築や燃料に使われる______材が増えた。
    ※______…木材を処理したときの端材（はざい）。紙の原料に使用。

(4) 日本の漁業

とる漁業

- ______…遠くの海域で、大型の船を使って行う漁業。
  TEST ※各国が______を設定したため、1970年代から漁獲量が減少。
- ______…近くの海域で、中型の船を使って行う漁業。
  ※海洋環境の変化による水産資源の枯渇（こかつ）や乱獲などが原因で、1980年代から漁獲量が減少。
- ______…陸地のそばの海域で、小型の船を使って行う漁業。
  ※漁業の規模が小さいので、漁獲量は少ない。

漁業部門別漁獲量の変化

万t

（______）漁業
（______）漁業
（______）漁業
海面養殖業

0 100 200 300 400 500 600 700

1965 70 75 80 85 90 95 2000 05 10 15 20（年）

出典：日本国勢図会2023/24

育てる漁業

- ______…卵からかえした魚や貝を成長させて出荷する漁業。
  ※______の発生で、いけすやいかだの魚や貝が被害を受けることがある。
- ______…卵からかえした稚魚や稚貝を放流して、自然の中で成長させてとる漁業。⚠

26 日本の第二次産業

(1) 工業の種類

✖ ＿＿＿＿

- ＿＿＿＿…糸や織物、衣類など。
- ＿＿＿＿…乳製品や缶詰（かんづめ）、菓子など。
- ＿＿＿＿…陶磁器やガラス、セメントなど。

※＿＿＿＿＿＿…窯業でつくられる高機能の製品。半導体や自動車などさまざまな使い道がある。

MEMO
自然から得られる原材料を加工する製造業や建設業などを第二次産業という。

✖ ＿＿＿＿

- ＿＿＿＿…鉄鋼やアルミニウム製品。
- ＿＿＿＿…自動車やテレビ、IC（集積回路）、産業用ロボットなど。
- ＿＿＿＿…ガソリンや灯油、プラスチック、医薬品など。

(2) 日本の工業

✖ 工業の中心…TEST 戦前は＿＿＿＿、戦後は＿＿＿＿。

※＿＿＿＿＿＿…半導体のように、高度な知識と技術が必要な製品をつくる産業。近年の日本でさかんになっている。

✖ 日本の工業地帯・地域…＿＿＿＿の時期に臨海部で発達。

★ ※＿＿＿＿＿＿…関東から九州の海沿いに形成された帯状の工業地域。

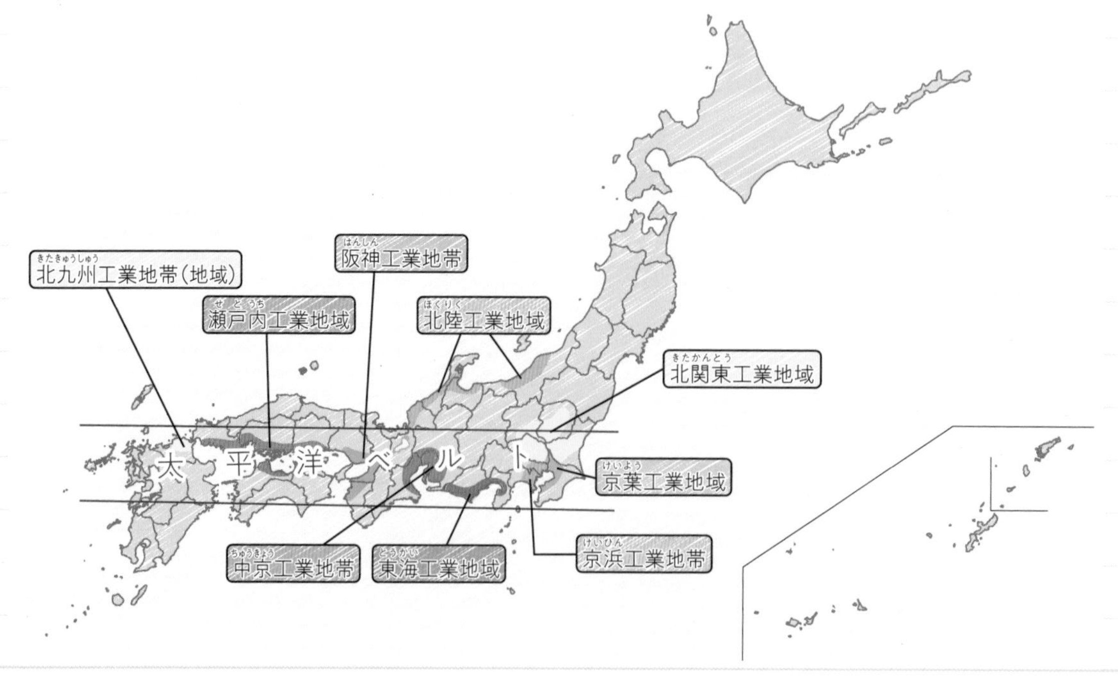

(3) 日本の貿易と工業の変化

- ＿＿＿＿…輸入した原料や燃料をもとにしてつくった工業製品を輸出。
  - 戦前：綿花を輸入して綿織物を輸出。
  - 戦後：鉄鉱石や石油を輸入して鉄鋼や自動車を輸出。

↓

- ＿＿＿＿…貿易が原因となって国と国との関係が悪くなること。

↓

- ＿＿＿＿＿＿…日本の企業が外国に進出して工場をつくり、そこで製品をつくること。
  - アメリカ合衆国やヨーロッパへの進出
    ※貿易摩擦を避けるため。
  - 中国や東南アジアへの進出
    ※賃金の安い＿＿＿＿や新しい＿＿＿＿を求めるため。⚠
  - ＿＿＿＿…日本の企業が外国の工場でつくった製品が日本に輸入されること。

↓

- ＿＿＿＿＿＿…日本の企業が外国に工場をつくったため、国内の産業が衰退すること。

※問題点：国内の工場が閉鎖されて＿＿＿＿が増える。産業に必要な＿＿＿＿が受け継がれなくなる。

↓

- 現在の日本の貿易（2022年現在）
  - 最も貿易額が多い州…＿＿＿＿州
  - TEST 貿易額が1位の国…＿＿＿＿
  - 貿易額が2位の国…＿＿＿＿

日本の貿易品目の変化

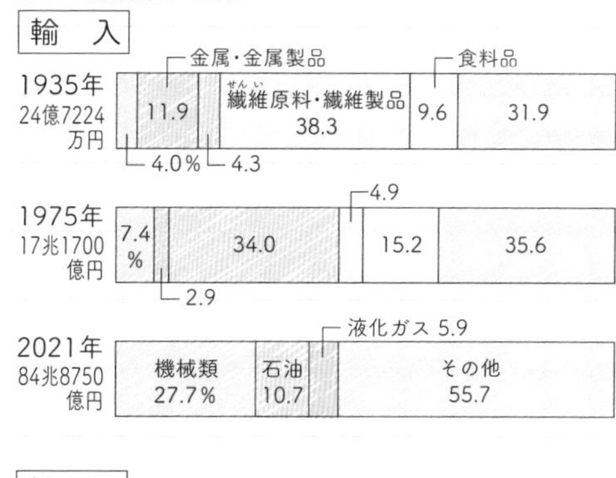

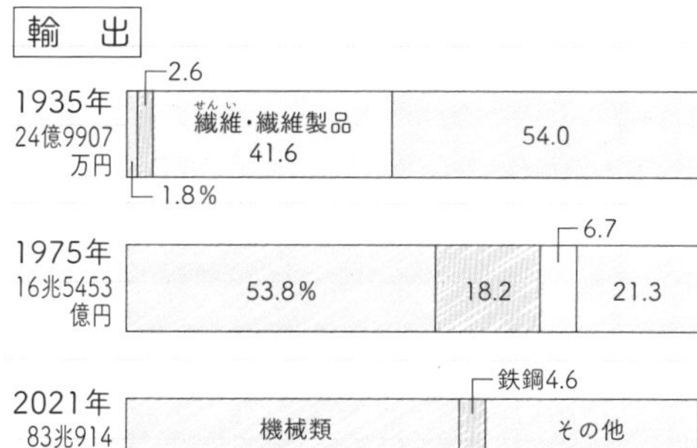

出典：財務省貿易統計ほか

日本の自動車生産の変化

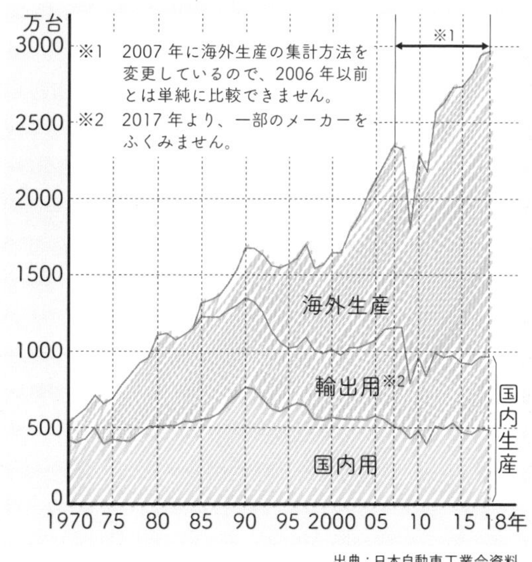

出典：日本自動車工業会資料

27 日本の第三次産業

(1) 産業構造の変化

MEMO
自然からの生産や加工を行わない商業やサービス業などを第三次産業という。

✖ 経済の発展…産業別の人口で大きな割合を占めるものが
＿＿＿＿＿ ➡ ＿＿＿＿＿ ➡ ＿＿＿＿＿に変化。

※＿＿＿＿＿は第三次産業の割合が大きく、＿＿＿＿＿は第一次産業や第二次産業の割合が大きいのが一般的。

日本の産業別人口割合の推移

	第一次産業	第二次産業	第三次産業
［1960年］	28.7％	28.0％	43.3％
［1980年］	9.6	34.8	55.6
［2020年］	3.2	23.4	73.4

出典：データでみる県勢2023ほか

第三次産業就業者数の県別割合（2020年）

75％以上
70～75％
65～70％
65％未満
※数値を示したのは割合の高い上位5都県。
全国 73.4％
①東京都 84.6％
②沖縄県 81.7％
③神奈川県 79.0％
④千葉県 78.5％
⑤福岡県 77.7％

出典：データでみる県勢2023

✖ 日本の第三次産業…地域による＿＿＿＿＿が大きい。

第三次産業で働く人が多い地域

- ＿＿＿＿＿…東京都・大阪府・愛知県とその周辺は＿＿＿＿が多い大消費地で、経済活動が活発。
- 北海道や沖縄県…国内外から訪れる人が多く、＿＿＿＿＿がさかん。⚠

(2) 日本の商業

✖ ＿＿＿＿…生産者がつくった商品が消費者に届くまでの流れ。

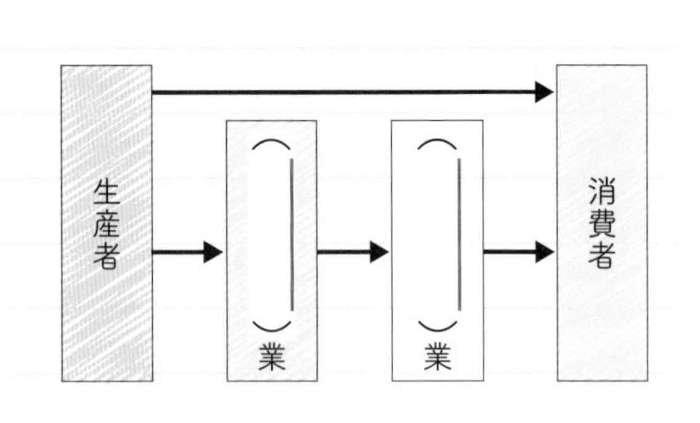

商業が大きな役割を果たしている。

- ＿＿＿＿＿…生産者から商品を買いつけて小売店に売る業種。問屋や商社など。
- ＿＿＿＿＿…消費者に直接商品を販売する業種。規模はさまざま。

※近年、生産者が消費者に直接商品を売ることが増えている。

商業の変化

- 商店街や＿＿＿＿＿＿
  …駅前や都市の中心部に出店。

↓

- ＿＿＿＿の普及で車社会になる。

↓

- 大型の＿＿＿＿＿＿＿＿やショッピングセンター
  …郊外の幹線道路沿いに進出。広い＿＿＿＿と多様な品ぞろえ。
  ➡駅前の商店街などが衰退。

↓

- ICTを活用した商業が拡大。
  - ★＿＿＿＿＿＿＿＿…24時間営業が多い小型のスーパーマーケット。＿＿＿＿＿＿を通じて、商品の販売や配送などのデータをまとめて管理することで、全国各地に多くの店舗（てんぽ）を展開。
  - ＿＿＿＿＿＿＿＿…インターネットを通じた商品やサービスの売買。高齢などで外出が不自由な人や小売店が少ない地域に住む人にも便利。

(3) 日本のサービス業

✖＿＿＿＿＿＿
…客のために働くことを商品とする業種。
医療や教育、福祉、観光など。

MEMO
商業で働く人は減っているが、サービス業で働く人は増えている。

✖情報サービス業
…＿＿＿＿＿＿＿＿＿＿＿の発達のために大きく成長。
多くの人や情報が集まる＿＿＿＿＿＿＿に報道機関や企業が集中。

- ＿＿＿＿、＿＿＿＿、＿＿＿＿…古くからある報道機関。
- ＿＿＿＿＿＿
  …通信回線を経由して世界中のコンピューターをつなげるしくみ。
  ※＿＿＿＿＿＿…コンピューターが行う知的な活動。開発が進行中。

28 交通、通信

(1) 日本の交通

✖ ＿＿＿＿＿＿…都市間の移動時間が短くなるように整備された交通機関の総称。

＿＿＿＿＿＿の時期から高速道路、新幹線、空港の建設が進む。

※＿＿＿＿＿＿…複数の道路をつなげる施設。周辺に工業団地や流通団地がつくられたため、働き口ができて＿＿＿＿が増えた地域もある。

※＿＿＿＿＿＿…超電導磁石を利用して時速500kmで走行する新しい鉄道。品川（しながわ）－名古屋（なごや）間で2027年以降に開業予定。

✖ 旅客輸送…TEST 距離によって、利用される交通機関が異なる。

- 近距離（300km未満）…＿＿＿＿や鉄道、バスの利用が多い。
- 中距離（300～500km）…＿＿＿＿の利用が多い。
- 長距離（500km以上）…＿＿＿＿の利用が多い。

※＿＿＿＿地域…利用者が少ないために鉄道やバスの路線廃止。

➡ 地域の公共交通機関がなくなって生活が不便になる問題が発生。

✖ 貨物輸送…TEST 運ぶ品物によって、よく使われる交通機関が異なる。

- 軽くて高価な品物
- 鮮度が重要な品物

} 運賃は高いが速く運べる＿＿＿＿の利用が多い。

- 重くて大きな品物…大量に安く輸送できる＿＿＿＿の利用が多い。

→ 全体的に、個別配送ができるので便利な＿＿＿＿の利用が多い。

※＿＿＿＿＿＿…貨物をおさめる箱。大きさが決まっているので、船・鉄道・トラックの間での積みかえが容易。

※＿＿＿＿＿＿…環境への影響が小さい交通機関を使った輸送に切り替えること。⚠

ex 二酸化炭素の排出量が多い自動車→排出量が少ない鉄道での輸送へ。

国内の旅客輸送・貨物輸送の内訳の変化

旅客（りょかく）

年度	鉄道	自動車	船	航空機
1960年度	75.8%	22.8	1.1	0.3
2020年度	24.7%	72.2	0.1	3.0

貨物

年度	鉄道	自動車	船	航空機
1960年度	39.0%	15.0	46.0	0.1未満
2020年度	4.7%	55.4	39.7	0.1

出典：日本国勢図会2023/24ほか

日本と世界の人の移動

✖ ＿＿＿＿州…訪日外国人の出身地、日本人の海外旅行先で最も多い。

※＿＿＿＿＿＿…外国人の訪日旅行のこと。

訪日外国人の出身国・地域と日本人の海外旅行者の訪問国・地域

	訪日外国人		日本人の海外旅行者	
	出身国・地域	訪問者数	訪問国・地域	旅行者数
1位	（＿＿＿＿）	838万人	（＿＿＿＿＿＿）	349万人
2位	韓国（かんこく）	754万人	韓国	295万人
3位	台湾（たいわん）	476万人	中国	269万人
4位	ホンコン	221万人	台湾	197万人
5位	アメリカ合衆国	153万人	タイ	166万人
	世界全体	3119万人	世界全体	1895万人

（2018年）

出典：日本政府観光局（JNTO），令和元年版『観光白書』ほか

(2) 日本の通信

✖ ＿＿＿＿＿…通信ケーブルや通信衛星を利用して、大量の情報をやり取りできるようにしたしくみ。

✖ ＿＿＿＿＿…光ファイバーを使ったケーブル網の整備によって、短時間で容量の大きい情報を送れるようにしたしくみ。

➡ インターネットを利用する機会が増えて、さまざまな情報通信機器が普及。

- ＿＿＿＿＿＿…個人用の小型コンピューター。
- ＿＿＿＿＿＿…タッチパネルを備えた携帯（けいたい）電話で、さまざまな機能を持つ。

✖ ＿＿＿＿＿…無線通信の規格。各地で無線通信のための施設の整備が進んでいるため、データの送受信ができる地域が拡大。

✖ ＿＿＿＿＿…ICT（情報通信技術）を利用できる人とできない人との間の格差。利用できない人は生活に必要なサービスや就職などで不利。

地図にまとめよう!

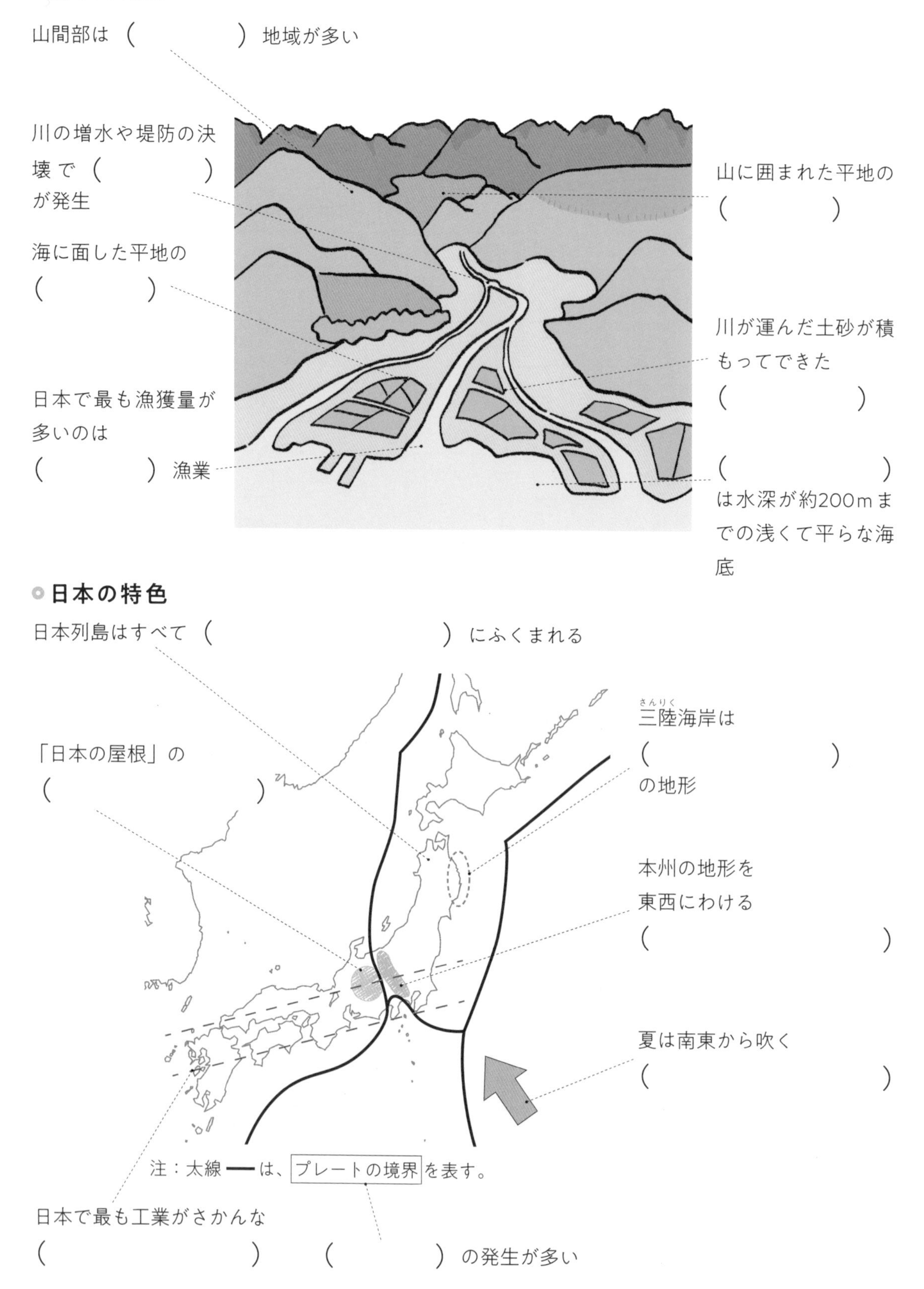

日本の地形
山間部は（　　　）地域が多い
川の増水や堤防の決壊で（　　　）が発生
海に面した平地の（　　　）
日本で最も漁獲量が多いのは（　　　）漁業
山に囲まれた平地の（　　　）
川が運んだ土砂が積もってできた（　　　）
（　　　）は水深が約200mまでの浅くて平らな海底
日本の特色
日本列島はすべて（　　　）にふくまれる
「日本の屋根」の（　　　）
三陸海岸は（　　　）の地形
本州の地形を東西にわける（　　　）
夏は南東から吹く（　　　）
注：太線━は、プレートの境界を表す。
日本で最も工業がさかんな（　　　）
（　　　）の発生が多い

月　日（　）

確認テスト④

／50点

次の問いに答えましょう（5点×10）。

(1) 次の問いに答えなさい。

❶ 国土地理院が発行する土地の地図を何といいますか。（　　　）

❷ 地図上で実際の距離を縮めた割合を何といいますか。（　　　）

❸ 5月から7月にかけて雨が多く降る時期を何といいますか。（　　　）

(2) 次の**A〜D**の雨温図が示す気候区分を、あとの**ア〜エ**からそれぞれ選び、記号で答えなさい。

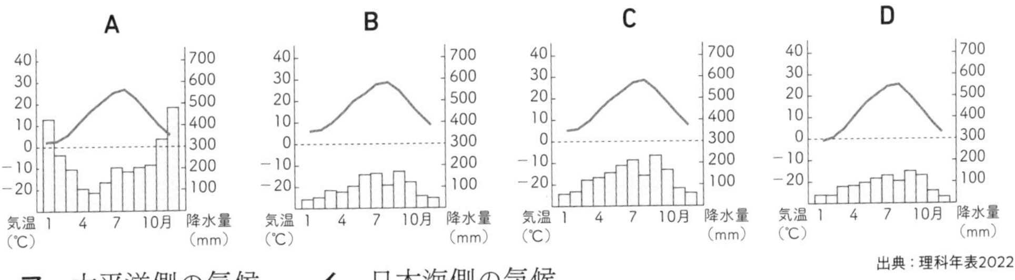

出典：理科年表2022

ア　太平洋側の気候　　**イ**　日本海側の気候

ウ　瀬戸内（せとうち）の気候　　**エ**　中央高地（内陸）の気候

A（　　）　**B**（　　）　**C**（　　）　**D**（　　）

(3) 右のグラフを見て、次の問いに答えなさい。

❶ 最大の割合を占める**E**の国名を答えなさい。（　　　）

❷ 天然ガスを冷却して液体にしたものを何といいますか。アルファベットの略称で答えなさい。

（　　　）

天然ガスの日本のおもな輸入相手国（2021年）

E	マレーシア	アメリカ合衆国	カタール	ロシア	ブルネイ	その他
36.0%	12.5	11.0	11.0	8.7	5.5	15.3

出典：日本図勢図会2023/24

❸ 天然ガスがクリーンなエネルギーとされているのは、燃やした時に出る何の排出量が少ないからですか。（　　　）

ここまでお疲れさま！　今回はさまざまな角度から日本全体の姿をながめてきたよ。日本がどんな特色を持つ国なのかがだんだんわかってきたんじゃないかな？　次からは日本の地域ごとの特色を学習するよ。ラストスパートだね、がんばろう！

29 九州地方①

九州地方の自然環境

九州の地形

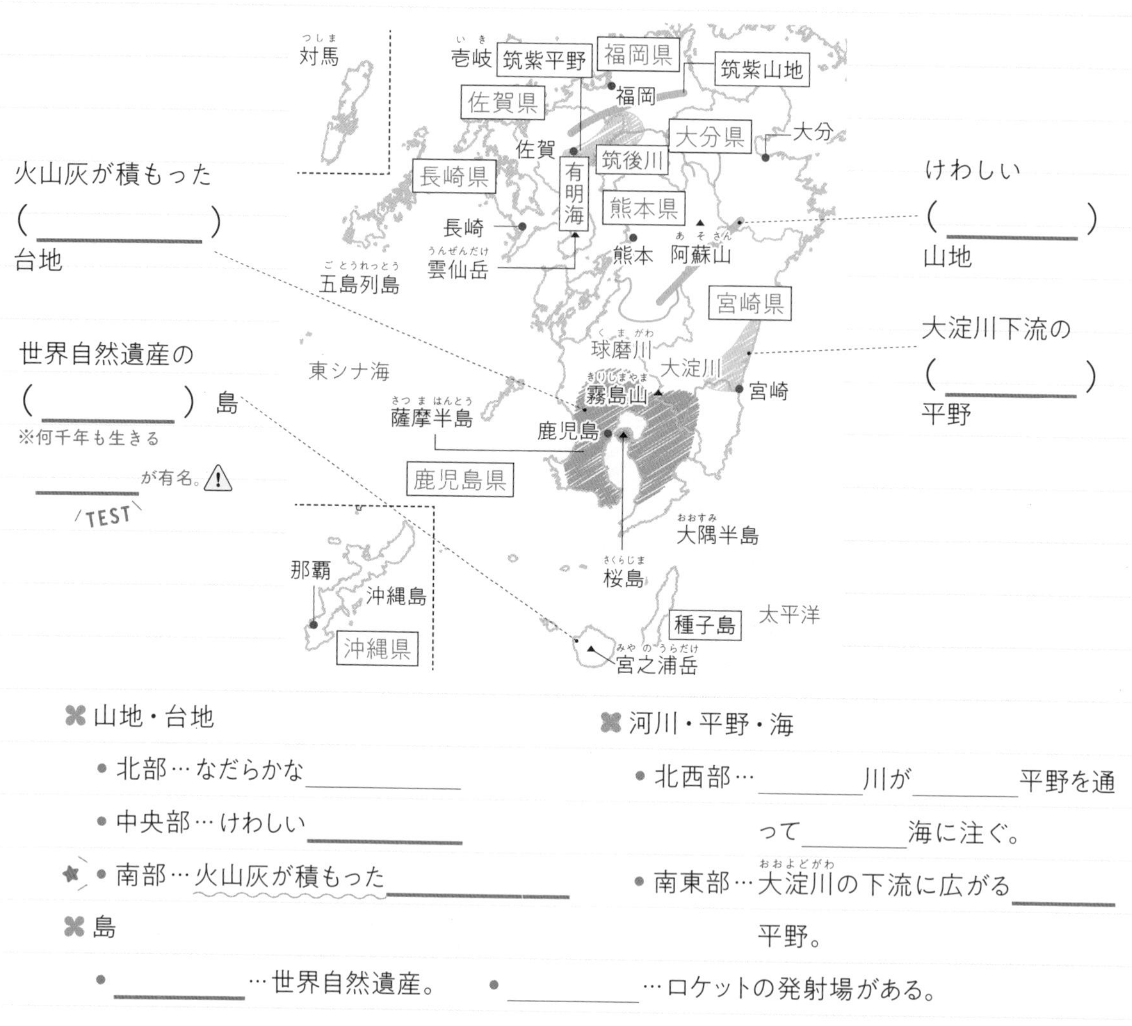

火山灰が積もった（＿＿＿＿＿）台地

けわしい（＿＿＿＿＿）山地

世界自然遺産の（＿＿＿＿＿）島
※何千年も生きる＿＿＿＿＿が有名。
TEST

大淀川下流の（＿＿＿＿＿）平野

✤ 山地・台地

- 北部…なだらかな＿＿＿＿＿
- 中央部…けわしい＿＿＿＿＿
- 南部…火山灰が積もった＿＿＿＿＿

✤ 河川・平野・海

- 北西部…＿＿＿＿川が＿＿＿＿平野を通って＿＿＿＿海に注ぐ。
- 南東部…大淀川の下流に広がる＿＿＿＿＿平野。

✤ 島

- ＿＿＿＿＿…世界自然遺産。
- ＿＿＿＿＿…ロケットの発射場がある。

九州の気候

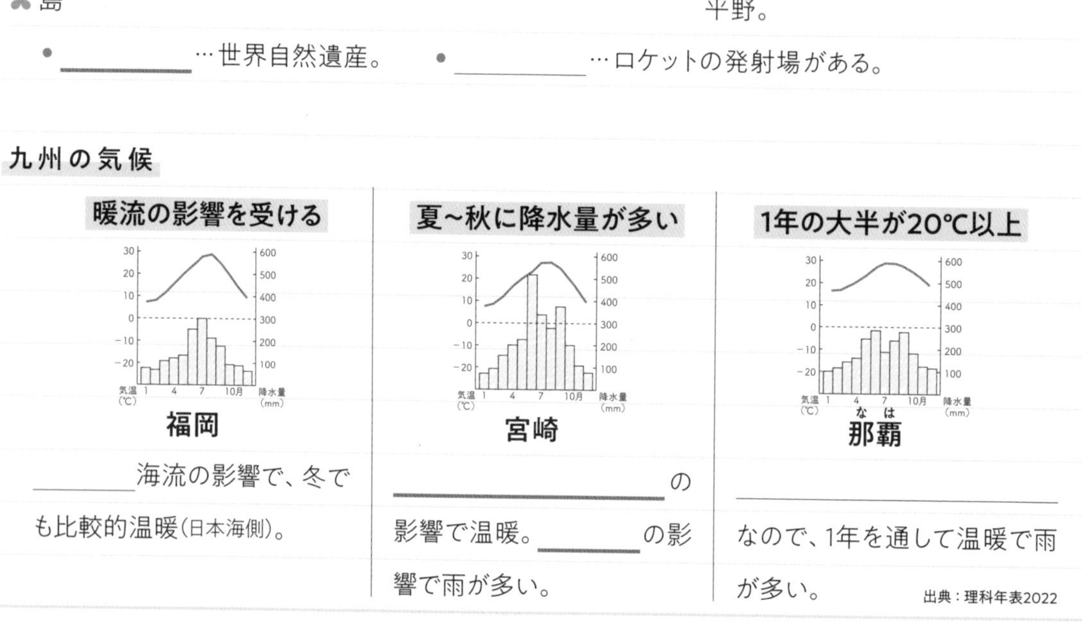

暖流の影響を受ける（福岡）
＿＿＿＿海流の影響で、冬でも比較的温暖（日本海側）。

夏～秋に降水量が多い（宮崎）
＿＿＿＿＿＿＿＿の影響で温暖。＿＿＿＿の影響で雨が多い。

1年の大半が20℃以上（那覇）
＿＿＿＿＿＿＿＿なので、1年を通して温暖で雨が多い。

出典：理科年表2022

火山と共生する九州

TEST

- ＿＿＿＿＿…火山の噴火によって火口の周辺にできたくぼ地。
  ＿＿＿＿のカルデラは世界最大級。
- 火山による被害
  - ＿＿＿＿流（りゅう）…危険が大きい。
  - 火山灰…＿＿＿＿（鹿児島県）から大量に降る。人々の生活に影響。
- 火山の恵み
  - ＿＿＿＿…観光資源。九州は源泉が多い。
  - ＿＿＿＿発電…地中の熱水や蒸気で電気を起こす。大分県の八丁原（はっちょうばる）など。

自然災害に備える人々

- ＿＿＿＿＿…梅雨（ばいう）前線や台風などの影響で短時間に多くの雨が降ること。
  ➡ 土砂や石が高速で流れ下る＿＿＿＿が起こる。
  都市部では＿＿＿＿＿＿のために、短時間で洪水が発生。

さまざまな対策

- ＿＿＿＿の監視体制を強化。
- ＿＿＿＿ダムの建設…川の上流からの土砂の流出を防ぐ。
- ＿＿＿＿＿＿＿＿＿＿＿＿＿
  …自然災害の被害の範囲の予測や避難場所の位置、避難経路などを示した地図。

土砂や流木を止めるので、下流は水だけが流れる。

南西諸島の自然と生活

- ＿＿＿＿＿＿＿…水温が温かくて浅い海で、
  生物の石灰質の骨格が積み重なってできた地形。
- 伝統的な住宅の台風対策
  - ＿＿＿＿＿…住宅の周りを囲む。暴風から住宅を守る。
  - ＿＿＿＿＿…屋根瓦を固定。風で飛ばされないようにする。⚠
- 水不足への対策…降水量は多いが、大きな川や湖がないため、降った雨がすぐに海へ流れ出てしまって、水不足が起こりやすい。（TEST）
  - ＿＿＿＿＿…住宅の屋根に備える。おもに生活用水に使用。
  - ＿＿＿＿＿の建設…地下水を貯める。おもに農業用水に使用。

30 九州地方②

(1) 九州地方の農業

九州北部の農業

筑紫(つくし)平野は九州最大の_____地帯。⚠

- _____…同じ耕地で1年間に2種類の農作物をつくること。筑紫平野では冬でも温暖な気候を利用して、稲作の裏作として冬に_____や大麦などを栽培している。
- _____…九州北部で生産がさかん。「あまおう」や「さがほのか」などのブランド品種が有名。

九州南部の農業

- 宮崎平野の農業
  - _____…冬でも温暖な気候で_____という施設を利用して、野菜などの出荷時期を早める農業。

    宮崎県は_____やきゅうりの生産量が全国有数。

    ※熊本平野でも_____などの野菜の生産がさかん。

- シラス台地の農業
  - シラス台地…多くの_____が積もってできた台地。

    TEST 水はけが良く栄養分が少ない土地なので_____に向かない。
  - シラス台地の畑作
    - _____…鹿児島県で古くから生産がさかんないも類。
    - _____…第二次世界大戦後のダムや農業用水の整備によって、薩摩(さつま)半島南部などで生産がさかんになった工芸作物。
  - シラス台地の畜産

    _____や_____が有名。

    ※宮崎県は_____（＝食用のにわとり）の飼育数が全国有数。

    外国産の安い肉に対抗して、高品質で安全な肉を_____化。

    ex かごしま黒豚（鹿児島県）、みやざき地頭鶏(じとっこ)（宮崎県）

肉牛、豚の飼育数の県別割合

肉牛
261万頭
北海道 21.2%
鹿児島 12.9
宮崎 9.7
熊本 5.1
岩手 3.4
その他 47.7
（2022年）

豚
895万頭
鹿児島 13.4%
宮崎 8.5
北海道 8.1
群馬 6.8
千葉 6.5
その他 56.7
（2022年）

出典：データでみる県勢2023

(2) 九州地方の工業

- ________________…1901年に操業を開始した官営の__________を中心として鉄鋼業などが発達した工業地帯。

- ________から________へ
  - ________炭田の閉山…1960年代から相次ぐ。北九州工業地帯が衰退。
    ↓
  - ____________…1970年代から工場が急増し、電気機械工業が発達。
    ↓
  - ________…福岡県宮若市や大分県中津市に組み立て工場が進出。
    ➡ 現在は輸送機械工業がさかん。

九州地方の工業出荷額の内訳の変化

	機械	金属	化学	繊維	食品	その他
1960年 1兆484億円	12.0%	30.1	18.1	2.7	18.4	18.7
2019年 25兆1585億円	40.0%	15.2	13.7	1.1	20.5	10.6

出典：データでみる県勢2023ほか

MEMO
北九州工業地帯は地位が低下して、現在は北九州工業地域と呼ばれることが多い。

(3) 九州地方の課題

- ______…水質汚濁や大気汚染などで、自然や人間が被害を受けること。
  - 北九州市（福岡県）…1960年代に________の沿岸で公害が発生。
    ※__________…廃棄物をゼロにすることを目指す地域。水俣市やリサイクル工場を集めた北九州市も国から選定。
  - 水俣市（熊本県）…八代海でとれた魚に蓄積した________________を原因物質とする公害病の________が発生。TEST
    ※__________…二酸化炭素の排出量削減など環境の保全に取り組む都市。公害に取り組んできた水俣市も選定。

沖縄県の課題

- __________…第二次世界大戦の終結から1972年まで沖縄県を統治。
  ➡ 現在も沖縄島のおよそ15%が米軍基地などの専用施設。
- __________…観光客が楽しむ施設や場所。
  ➡ 観光業がさかんな沖縄県で開発が進む。
    ➡ 土砂が海に流れ出て日光をさえぎり、__________が死滅する問題が発生。⚠

31 中国・四国地方①

(1) 中国・四国地方の自然環境

中国・四国地方の地形

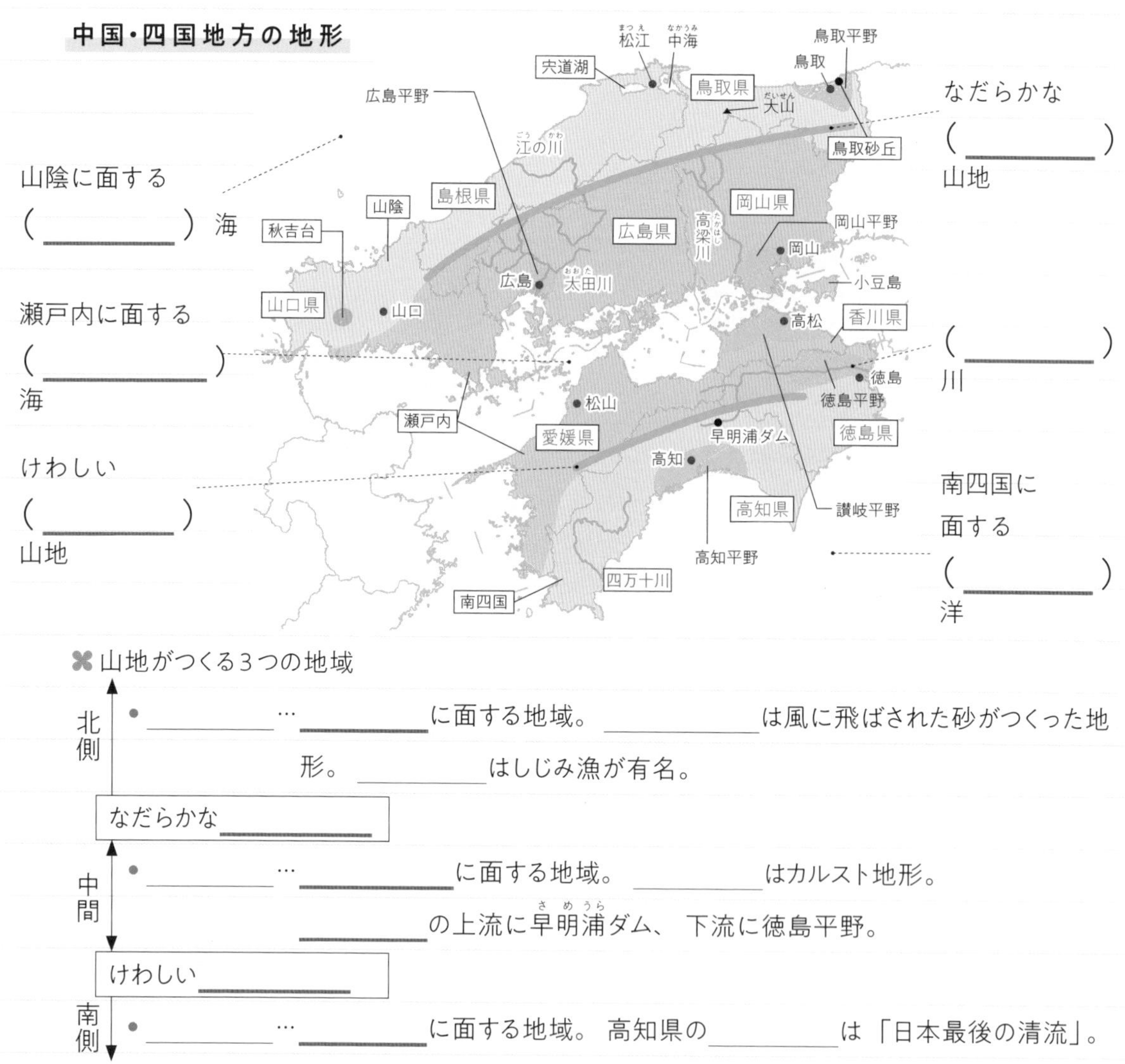

山陰に面する（＿＿＿）海

瀬戸内に面する（＿＿＿）海

けわしい（＿＿＿）山地

なだらかな（＿＿＿）山地

（＿＿＿）川

南四国に面する（＿＿＿）洋

✖ 山地がつくる3つの地域

北側
- ＿＿＿…＿＿＿に面する地域。＿＿＿は風に飛ばされた砂がつくった地形。＿＿＿はしじみ漁が有名。

なだらかな＿＿＿

中間
- ＿＿＿…＿＿＿に面する地域。＿＿＿はカルスト地形。＿＿＿の上流に早明浦ダム、下流に徳島平野。

けわしい＿＿＿

南側
- ＿＿＿…＿＿＿に面する地域。高知県の＿＿＿は「日本最後の清流」。

中国・四国地方の気候

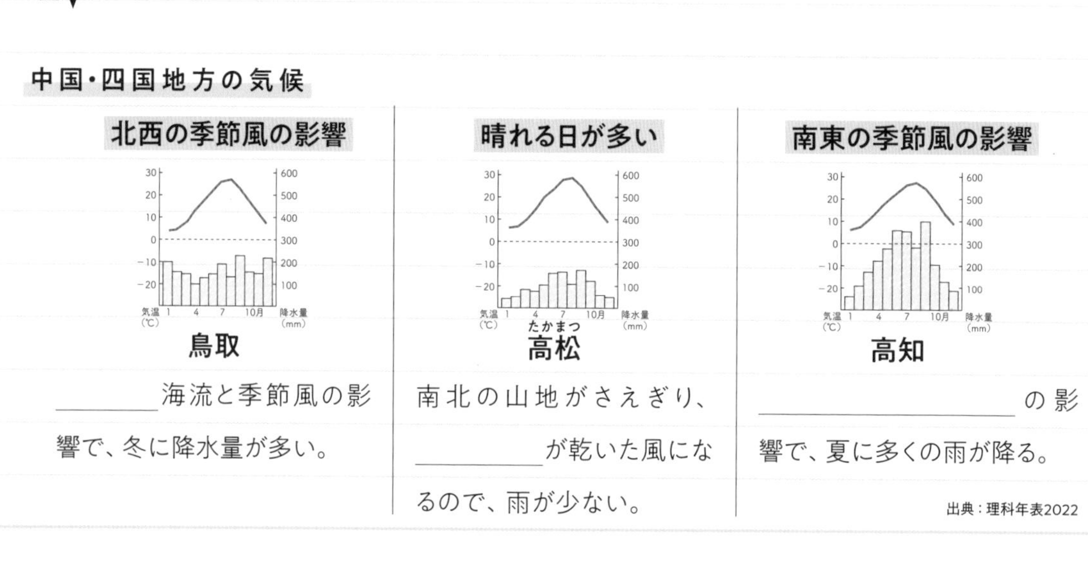

北西の季節風の影響

鳥取

＿＿＿海流と季節風の影響で、冬に降水量が多い。

晴れる日が多い

高松

南北の山地がさえぎり、＿＿＿が乾いた風になるので、雨が少ない。

南東の季節風の影響

高知

＿＿＿の影響で、夏に多くの雨が降る。

出典：理科年表2022

(2) 中国・四国地方の農業

✖ ______…農業や生活に使う水をためておく場所、讃岐(さぬき)平野に多い。

➡ 現在は吉野川の水を引く______で農業・生活用水を確保。

✖ ______…______平野でさかんな、農作物の収穫時期を早める農業。TEST

冬でも温暖な気候と______を利用して、______やピーマンなどの野菜を栽培。

➡ あまり出回らない冬から春にかけて出荷すれば、______価格で売れる!

※なすは夏が旬(しゅん)。

東京へ出荷されるなすの量と価格

東京の市場の取扱量(とりあつかいりょう)
高知県産
栃木県産
群馬県産
その他
1kgあたりの価格
t
6000
5000
4000
3000
2000
1000
0
円
600
500
400
300
200
100
0
1 2 3 4 5 6 7 8 9 10 11 12月

出典：東京都中央卸売市場

✖ 果樹栽培

- かんきつ類…______県はみかんの生産量が全国有数。日当たりの良い斜面につくられた______で生産がさかん。
- ______…広島県の生口島(いくちじま)や愛媛県の岩城島(いわぎじま)で生産がさかん。
- ______…香川県の小豆島(しょうどしま)で生産がさかん。
- ______…鳥取県で生産がさかん。「二十世紀」という品種が有名。
- 岡山県の果樹栽培…白桃や______という品種のぶどうの生産がさかん。

(3) 中国・四国地方の養殖業

✖ 養殖がさかんな理由…瀬戸内海は複雑な______に囲まれ、宇和海(うわかい)は______という地形のため、波がおだやかな海域が多い。⚠

- かき…食用や調味料に使われる貝。______県で養殖がさかん。
- まだい…高級魚。______県で養殖がさかん。
- ______…日本が最初に養殖に成功した宝石。宇和海のある______県で養殖がさかん。

32 中国・四国地方②

(1) 中国・四国地方の工業

✖ ＿＿＿＿＿＿…瀬戸内海（せとないかい）の沿岸に形成された工業地域。

TEST ＿＿＿＿のあと地や埋め立て地を工業用地に転換。

MEMO
約50年前から工場で塩をつくるようになったため、海水を乾燥させて塩を取るための塩田が廃止されていった。

- 鉄鋼業…岡山県＿＿＿＿市、広島県＿＿＿＿市など。
- 自動車工業…広島県＿＿＿＿市など。
- 造船業…愛媛県＿＿＿＿市や広島県＿＿＿市など。
- 石油化学工業…岡山県倉敷市＿＿＿＿地区、山口県＿＿＿＿市、愛媛県＿＿＿＿＿市など。

※＿＿＿＿＿＿＿＿＿…石油製品の生産に関わる工場や施設を集めた地域。

石油を輸送する＿＿＿＿＿が入る港湾の近くに形成。

⚠ 工場や施設は＿＿＿＿＿＿＿で結んで原料や燃料を効率良く輸送。

- 綿織物業…古くから瀬戸内海沿岸でさかんに行われてきた軽工業。
  - 愛媛県今治市は地域ブランドになっている＿＿＿＿＿の生産量が多い。
  - ＿＿＿＿県は学生服やジーンズの生産がさかん。

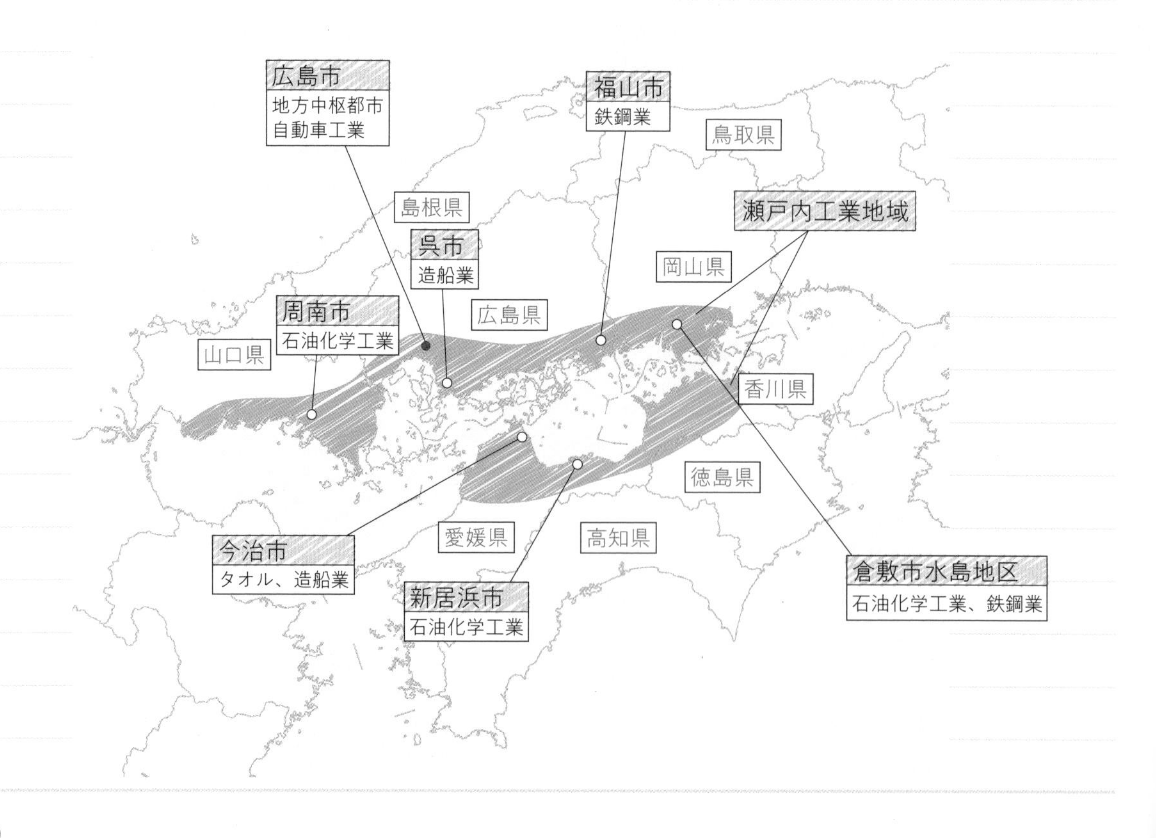

(2) 中国・四国地方の交通

✖ ＿＿＿＿＿＿＿＿…1980年代から1990年代にかけて建設された本州と四国をつなげる3本のルート。

- 児島（こじま）（倉敷）－＿＿＿＿ルート…1988年に＿＿＿＿＿が開通。
- 神戸（こうべ）－＿＿＿＿ルート…1985年に＿＿＿＿＿、1998年に＿＿＿＿＿＿が開通。
- ＿＿＿＿－今治ルート…1999年に瀬戸内海の島々を結ぶ＿＿＿＿＿＿が全通。

鳥取県
島根県
岡山県
広島県
山口県
瀬戸大橋
しまなみ海道
明石海峡大橋
香川県
尾道・今治ルート
大鳴門橋
徳島県
神戸・鳴門ルート
愛媛県
高知県
児島・坂出ルート

✖ 中国自動車道…中国地方の中央を走る高速道路。

✖ 山陽（さんよう）自動車道…中国地方の＿＿＿＿＿沿いを走る高速道路。

(3) 中国・四国地方の課題

✖ ＿＿＿＿＿…車や人を運ぶ連絡船。本州四国連絡橋の開通によって＿＿＿＿で移動する人が増え、廃止や減便が相次ぐ。

✖ ＿＿＿＿＿＿…交通網の整備によって、地方から大都市への移動や買い物客が増えること。地方経済の衰退につながる。

33 近畿（きんき）地方 ①

(1) 近畿地方の自然環境

近畿地方の地形

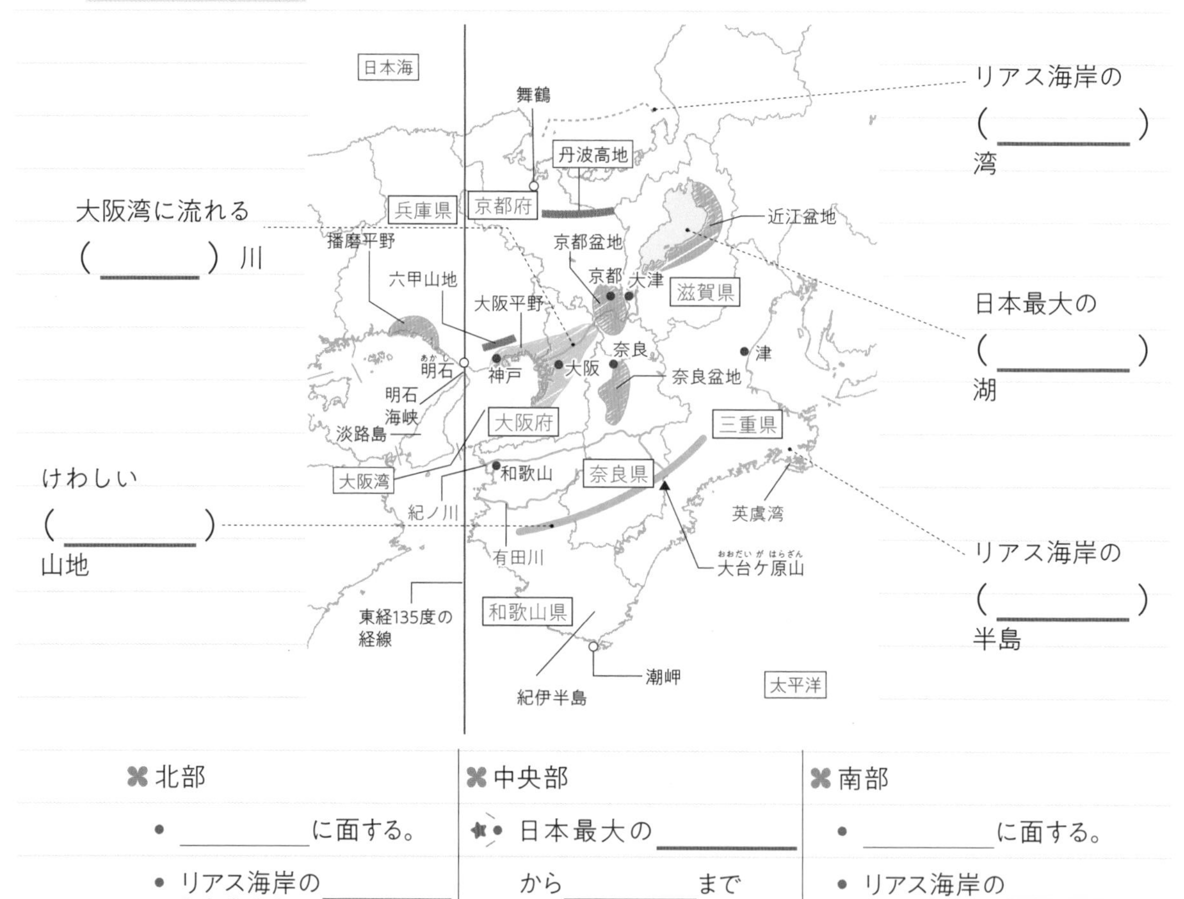

北部

- ＿＿＿＿に面する。
- リアス海岸の＿＿＿＿
- なだらかな＿＿＿＿高地

中央部

- 日本最大の＿＿＿＿から＿＿＿＿まで＿＿＿＿が流れる。
- ＿＿＿＿が点在。

南部

- ＿＿＿＿に面する。
- リアス海岸の＿＿＿＿
- けわしい＿＿＿＿が広がる。

近畿地方の気候

北西の季節風の影響

舞鶴（まいづる）

＿＿＿＿海流と季節風の影響で、冬に雨や雪が多い。

夏の暑さが厳しい

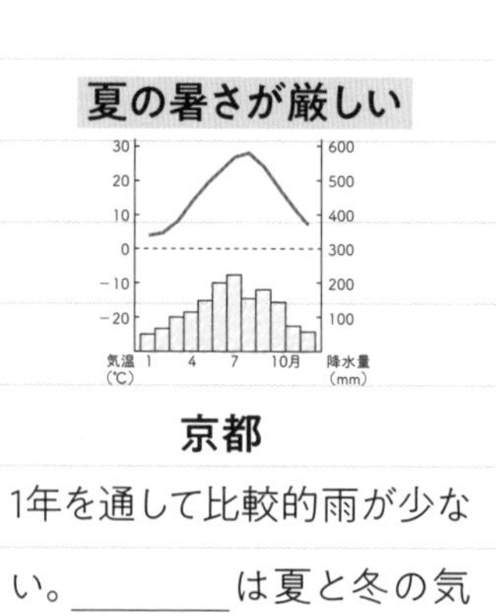

京都

1年を通して比較的雨が少ない。＿＿＿＿は夏と冬の気温差が大きい。

南東の季節風の影響

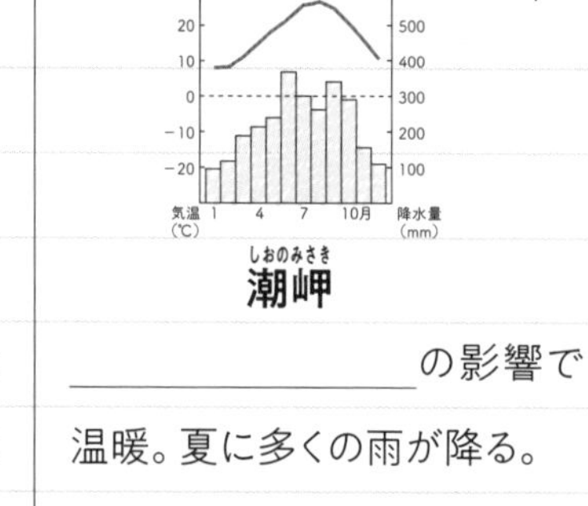

潮岬（しおのみさき）

＿＿＿＿の影響で温暖。夏に多くの雨が降る。

出典：理科年表2022、気象庁

(2) 近畿地方の農業

北部・中央部の農業

平地を中心にさまざまな農作物を生産。

✖ ＿＿＿＿…兵庫県にある瀬戸内海（せとないかい）で最大の島。たまねぎやレタスなどの生産がさかん。

✖ ＿＿＿＿…京都府南部の宇治（うじ）で生産がさかんな工芸作物。

南部の農業

冬でも温暖な和歌山県は果樹栽培がさかん。

✖ ＿＿＿＿…和歌山県が全国有数の生産量をほこる、かんきつ類。

✖ ＿＿＿＿…和歌山県で生産がさかん。

✖ ＿＿＿＿…和歌山県、奈良県で生産がさかん。

(3) 近畿地方の林業

✖ 紀伊山地…気候が＿＿＿＿で、南東の＿＿＿＿の影響で雨が非常に多い。

➡ 樹木の生長が早いので、古くから林業がさかん。奈良県の＿＿＿＿や三重県の＿＿＿＿は高品質で有名な木材。

※紀伊山地は「紀伊山地の霊場と参詣道（さんけいみち）」として＿＿＿＿に登録された。

林業の課題と対策

林業で働く人の＿＿＿＿が進んでいることや、若い＿＿＿＿が少ないことが大きな課題。

✖ ＿＿＿＿…国や自治体が、林業の知識や技能の習得を支援する制度。

✖ ＿＿＿＿…地球温暖化を防ぐため、地域全体で森林を保全する取り組み。

ex 防風林

(4) 近畿地方の漁業の課題と対策

✖ 水産資源の減少

- 日本海沿岸…とりすぎなどで＿＿＿＿が減少。

  ➡ とることが許される大きさや量、漁ができる時期などを制限。

- 志摩半島の英虞湾（あごわん）…過度の養殖などで＿＿＿＿をつくる貝が減少。

✖ ＿＿＿＿…プランクトンの大量発生で水中の酸素が不足すること。

琵琶湖や瀬戸内海の播磨灘（はりまなだ）などで魚が大量死。

34 近畿地方②

(1) 近畿地方の工業

★ ＿＿＿＿＿＿＿…大阪湾の周辺に形成された工業地帯。

- **第二次世界大戦以前** ＿＿＿＿＿＿などの軽工業を中心に発展。

↓

- **高度経済成長期** 大阪湾の埋め立て地に＿＿＿＿＿＿＿の工場が集中。

↓

- ＿＿＿＿の深刻化…大阪市などで地盤沈下や大気汚染が社会問題化。

↓

- **1980年代以降** 他地域や外国製品との競争が厳しくなる。
  埋め立て地で工場の移転や閉鎖が増加。
  ➡ 大阪市は臨海部の＿＿＿＿＿を進めて高層ビルやテーマパークを建設。

↓

- **2000年代以降** 工場のあと地にテレビなどをつくる工場が進出。
  ➡ 阪神工業地帯で＿＿＿＿＿＿の割合が一時期増加。

阪神工業地帯の工業生産の変化
（工業生産額は4人以上の事業所）

年（生産額）	金属	機械	化学	食料品	繊維	その他
1960年 3.2兆円	26.6%	26.7	9.1	9.8	12.0	15.8
2020年 32.5兆円	19.0%	39.7	15.8	11.6	1.3	12.6

出典：日本国勢図会2023/24ほか

✖ 近畿地方の工業都市

- ＿＿＿＿市…大阪市の南に位置。 臨海部の工場で石油製品などを生産。
- ＿＿＿＿市…兵庫県の県庁所在地。 業務用機械や食品などを生産。
- ＿＿＿＿市…兵庫県西部に位置。 鉄鋼業がさかん。

✖ ＿＿＿＿＿＿…製造業では、 資本金が3億円以下か従業員数が300人以下の企業。（TEST）
これより規模が大きい企業は＿＿＿＿＿。

- ＿＿＿＿＿市…中小企業の工場が密集している大阪府の都市。

※中小企業の工場は規模が小さいが、瀬戸大橋のボルトや人工衛星をつくっているように技術力が＿＿＿＿＿。⚠

- ＿＿＿＿＿といわれるように工場と住宅の距離が近い。
  ➡ ＿＿＿＿＿＿＿＿＿＿＿＿＿＿で騒音や振動を規制。
  ➡ 工場と住民が＿＿＿＿できるまちづくりが進められている。

(2) 近畿地方の大都市圏と課題

★ ✖ ______________…大阪市を中心として、人や物の移動で強いつながりを持つ地域。

- ______…民間の鉄道会社。大正時代から沿線に______を開発。
  - ➡ ターミナル駅（=起終点駅）に__________、郊外に保養地や行楽地をつくって乗客を増やす努力。
- ________…郊外の丘陵地などにつくられた新しい住宅地。1960年代以降の人口増加が原因。 ex 大阪府の千里、泉北

※兵庫県神戸市…平地が少ないため、ニュータウンをつくるためにけずった土砂を________やポートアイランドなどの______の建設に利用して市街地を広げる。

- ______…1970年代に赤潮や______と呼ばれるプランクトンの異常発生が起こる。
  - ➡ 滋賀県で______がふくまれる合成洗剤を使用禁止にする条例を制定。
    - ➡ 水質改善が進む。

MEMO
琵琶湖は淀川水系の流域の住民の生活を支えているので、「京阪神（近畿）の水がめ」と呼ばれる。

✖ 歴史的景観の保全

- ______…かつて政治や文化の中心だった都市。 ex 京都市、奈良市

※京都市は西陣織や清水焼、奈良市は奈良墨などの__________の生産がさかん。

⬇

京都市などで、歴史のある町並みや風景を後世に受け継ぐ取り組みが行われている。

- ________を地中に埋める。
- ______の高さやデザインを調整。
- 町並みに合わない色やデザインの______を規制。
- ________（=伝統的な住居）の外観を保存して、内部だけを改装。

景観に配慮した京都のコンビニ

出典：アフロ

35 中部地方①

(1) 中部地方の自然環境

中部の地形

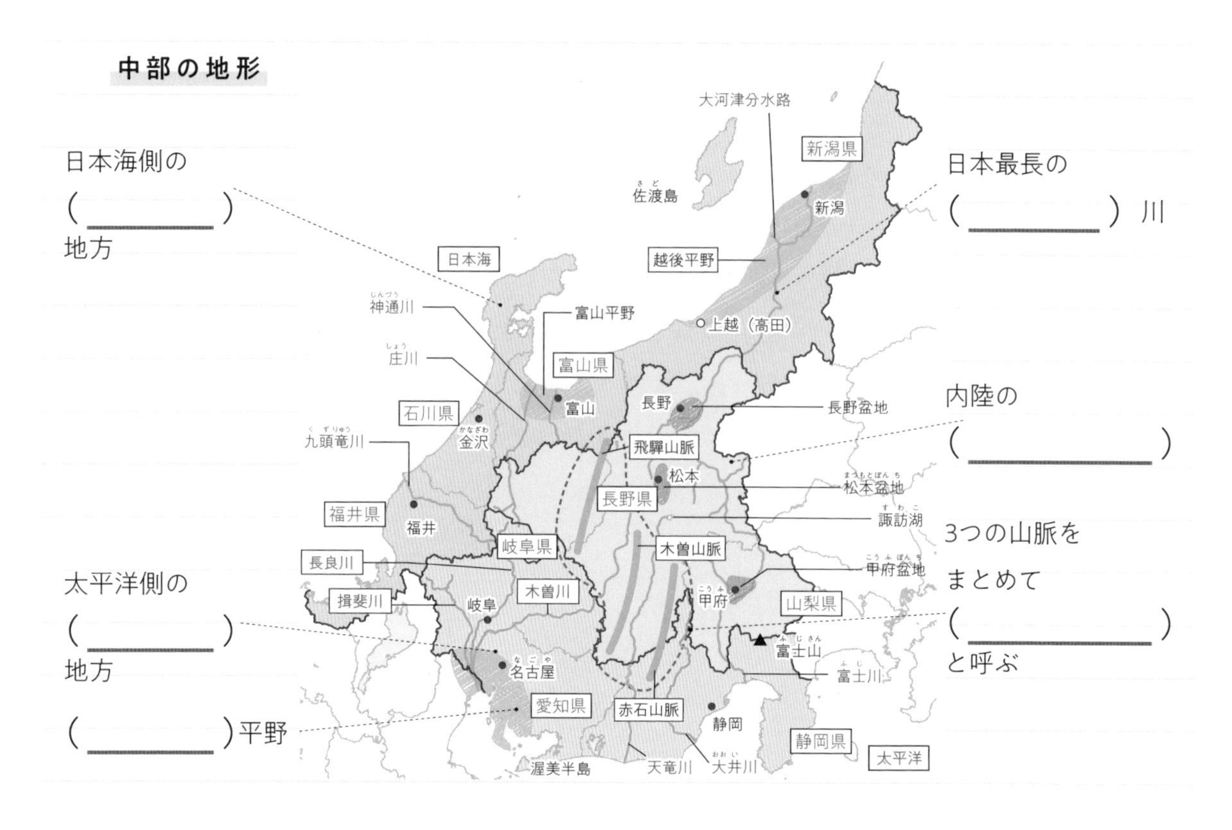

＿＿＿…日本海側
- 新潟県の＿＿＿平野などの水田地帯。
- 日本最長の＿＿＿
- ＿＿＿への対策としてつくられた雁木やアーケード

＿＿＿…内陸
- ＿＿＿
- 北アルプス＝＿＿＿
- 中央アルプス＝＿＿＿
- 南アルプス＝＿＿＿

＿＿＿…太平洋側
- 木曽三川（＿＿＿・＿＿＿・＿＿＿）の下流に＿＿＿平野。堤防で囲まれた＿＿＿地域は、＿＿＿への対策。

中部の気候

北西の季節風の影響

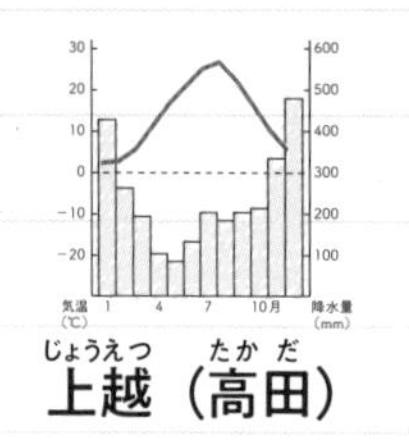

上越（高田）

＿＿＿海流と湿った季節風の影響で、冬の降雪や積雪が多い。

夏と冬の気温差が大きい

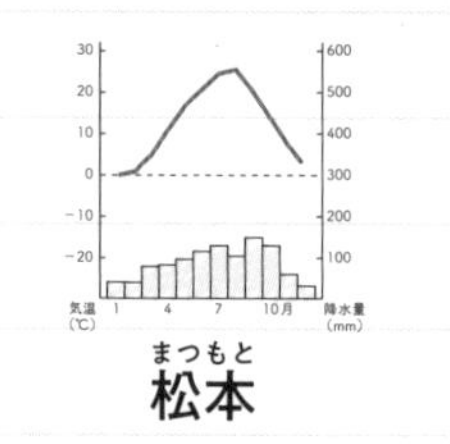

松本

1年を通して＿＿＿が少ない。冬は冷えこみが厳しい。

南東の季節風の影響

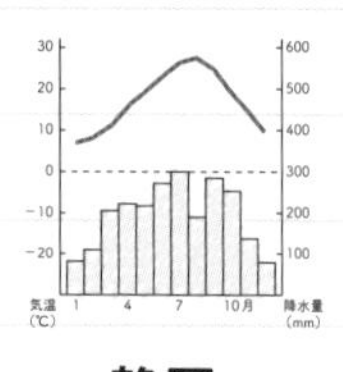

静岡

夏から秋にかけて雨が多い。冬は晴天が多く、＿＿＿する。

出典：理科年表2022

(2) 東海の農業

✖ ＿＿＿＿＿＿…都市向けに野菜や果樹、花などを栽培する農業。

✖ ＿＿＿＿＿＿…ビニールハウスや温室などを利用する園芸農業。⚠

- 温暖なので暖房に使う＿＿＿＿費がおさえられる。
- 東名(とうめい)＿＿＿＿＿など都市への輸送が便利である。

} 東海でさかんな理由!

↓

第二次世界大戦後に水不足が解消された、愛知県の知多(ちた)半島や渥美(あつみ)半島でとくにさかん。

- 知多半島…＿＿＿＿用水　※水源は＿＿＿＿＿。
- 渥美半島…＿＿＿＿用水　※水源は＿＿＿＿＿と＿＿＿＿。

↓

TEST
- ＿＿＿＿＿…温室の中で、夜間に照明を当てて開花の時期を調整する菊。

※冬から春にかけて出荷するために、菊の花が咲く時期を遅らせる。

＝＿＿＿＿栽培

- ＿＿＿＿＿…渥美半島とその周辺で生産がさかんな野菜。
愛知県の生産量は全国でも上位。

★
- ＿＿＿＿＿…温暖な気候と、日当たりや水はけの良い土地が適している工芸作物。
  - 静岡県…明治時代に開拓された＿＿＿＿＿や磐田原(いわたはら)などの台地で栽培。

※＿＿＿＿…霜が降りたために茶が育たなくなる被害。茶畑では空気を入れかえる＿＿＿＿＿を設置して霜を防いでいる。

(3) 東海の漁業

✖ ＿＿＿＿港…静岡県にあり、日本有数の漁獲量をほこる。

※＿＿＿＿＿＿の基地であるため、まぐろやかつおの漁獲量が多い。

✖ ＿＿＿＿＿＿…焼津港の周辺に、水揚げされた魚を缶詰(かんづめ)やかまぼこ、かつおぶしなどに加工する工場が集まっている。

36 中部地方②

(1) 東海(とうかい)の工業と大都市圏

★ ✖ ______…日本最大の工業地帯。伊勢湾(いせわん)の臨海部に工業原料を______する鉄鋼業や化学工業などの工場、内陸部に自動車などの______をつくる工場が集まる。

- 鉄鋼業…愛知県______市など。
- 石油化学工業…三重県______市など。
- 自動車工業…愛知県______市では、組み立て工場の周辺に、部品をつくる______が多く集まる。⚠ ➡ 自動車生産の効率が良い。
  - ➡ ______から輸送。
    - ➡ ______は自動車の輸出額が多い。⚠
- ______…陶磁器などをつくる工業。

愛知県______市や岐阜県______市では______と呼ばれる高機能の製品も生産。

瀬戸市・多治見市
陶磁器やファインセラミックス
名古屋市
名古屋大都市圏を形成
石川県
新潟県
富山県
中京工業地帯
東海市
鉄鋼業
福井県
岐阜県
長野県
山梨県
富士市
紙・パルプ工業
四日市市
石油化学工業
愛知県
静岡県
東海工業地域
豊田市
自動車工業
浜松市
楽器・オートバイ

✖ ______…静岡県の太平洋沿岸に広がる工業地域。

- 静岡県西部の______市とその周辺…オートバイや楽器を生産。
- 静岡県東部の______市とその周辺…紙・パルプ工業がさかん。

✖ ______…愛知県の県庁所在地を中心にして、岐阜県や三重県などの周辺地域が結びついて形成された大都市圏。

- 発展を支える交通網…東京駅と結ぶ______、愛知県小牧(こまき)市を結節点として東京都世田谷(せたがや)区と結ぶ______と兵庫県西宮(にしのみや)市とを結ぶ______、知多(ちた)半島の沖合いに建設された______など。

(2) 中央高地の農業

扇状地

✖ ______…山間部から平地に出る川が運んできた土砂が積もったためにできた三角形の地形。

- ______…蚕を飼ってまゆを取る農業。かつては扇状地で______を栽培して、葉を蚕のえさに使うことがさかん。
  ➡ 製糸業が衰退して桑畑が減少。

↓

TEST

- 果樹栽培…扇状地の______の良さや______の気温差を利用してぶどうやももなどを生産。

※______…ぶどうを原料としてつくられる酒。山梨県で生産がさかん。

★ ✖ ______…標高が高いために夏でも涼しい地域でつくられる野菜。レタスやキャベツなど葉を食べる野菜が多い。

- ______…八ケ岳のふもとに広がる長野県の高原。涼しい気候を利用してレタスなどの成長を遅らせる______を行う。
  ➡ 他の産地の出荷量が______夏に多く出荷。

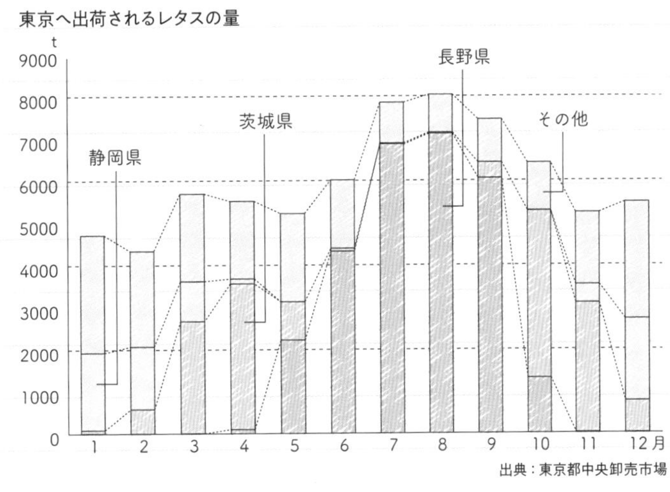

出典：東京都中央卸売市場

TEST 野辺山原で高原野菜の栽培がさかんになった理由

❶日本人の食の______によって野菜の需要が高まった。

❷______の整備によって、早朝に収穫した高原野菜を、短時間で都市部の消費地に届けることができるようになった。

❸______が普及して、高原野菜を新鮮なまま輸送できるようになった。

37 中部地方③

(1) 中央高地の工業

✖ ______…長野県の諏訪湖の周辺に広がる盆地。時代によって工業が変化。

- **明治時代** 養蚕と、蚕のまゆから生糸をつくる______が発達。

⬇

- **大正~昭和時代** 1920年代ごろから製糸業が衰退。
  - ➡ 第二次世界大戦中、______から機械工業の工場が疎開。

⬇

- **第二次世界大戦後** 技術を受け継いだ地元の企業や人々によって、時計やレンズをつくる______が発達。

⬇

- **1980年代以降** 高速道路が整備され、コンピューター関連の電子部品や産業用ロボットなどをつくる______が進出。

(2) 北陸の農業

✖ 稲作…北陸の農業の中心。

春の豊富な______を利用。

- ______…米などの穀物の貯蔵や乾燥を行うための施設。

✖ ______…同じ耕地で1年間に1種類だけ農作物をつくること。

✖ ______…すぐれた品質を持ち、産地や品種が登録された米。

越後平野で生産がさかんな______など。

- ______…異なる品種の稲をかけ合わせて、新しい品種の米をつくり出すこと。
- 土地改良事業…越後平野では干拓や排水によって、田の土がぬかるんだままの______を______に改良。➡ 水や機械の有効活用で生産力が向上。

✖ ______…秋の長雨を避けて、出荷時期を早める米。

✖ ______…富山県や新潟県で球根の栽培がさかん。

✖ 新潟県の食品工業…______を原料とする菓子や餅、日本酒の生産が多い。

全国と新潟県・長野県・愛知県の農業産出額（2020年）

	米	野菜	果実	畜産	その他
全国 8兆9370億円	18.4%	25.2	9.8	36.2	10.4
新潟 2526億円	59.5%	12.7	3.6	19.2	5.0
長野 2697億円	15.3%	33.0	33.1	10.0	8.6
愛知 2893億円	9.5%	34.9	6.7	28.7	20.2

出典：データでみる県勢2023

(3) 北陸の工業

✖ 水力発電

…豊富な雪どけ水を利用。 富山県の＿＿＿＿の流域などで開発。

TEST ✖ ＿＿＿＿＿

…古くからの伝統的な技術と技法で、製品をつくる産業。

- 福井県越前(えちぜん)市…＿＿＿＿＿
- 石川県＿＿＿＿市…加賀友禅(かがゆうぜん)
- 石川県＿＿＿＿市…輪島塗(ぬり)
- 富山県＿＿＿＿市…銅器や漆器(しっき)
- 新潟県小千谷(おぢや)市 …＿＿＿＿＿＿＿＿＿＿

金沢市 加賀友禅
輪島市 輪島塗
燕市 洋食器などの金属製品
高岡市 銅器や漆器
石川県
新潟県
小千谷市 小千谷縮
富山県
北陸工業地域
鯖江市 眼鏡フレーム
越前市 越前和紙
福井県
岐阜県
長野県
山梨県

TEST ✖ ＿＿＿＿＿

…ある地域と密接に結びついて発展した産業。

- 福井県＿＿＿＿市…眼鏡フレーム（眼鏡枠）
- 富山県…＿＿＿の製造や販売。
- 新潟県＿＿＿市…洋食器などの金属製品を生産。

※北陸は豪雪地帯が多く、冬場は屋外の＿＿＿＿＿が不可能。 ➡ 屋内でできる産業が発達。

(4) 中部地方の観光業など

✖ ＿＿＿＿＿…世界文化遺産に登録されている日本最高峰(さいこうほう)。多くの登山客が訪れるため、ごみの処理やトイレの維持などが課題。

✖ ＿＿＿＿＿…手を合わせたような形の屋根を持つ建築様式。＿＿＿＿県の白川郷(しらかわごう)や＿＿＿＿県の五箇山(ごかやま)の集落が世界文化遺産に登録されている。

✖ ＿＿＿＿＿…1997年に東京－長野間で開業し、2015年に金沢まで延伸した新幹線。2024年に敦賀(つるが)（福井県）まで延伸予定。

地図にまとめよう！

中部～近畿地方

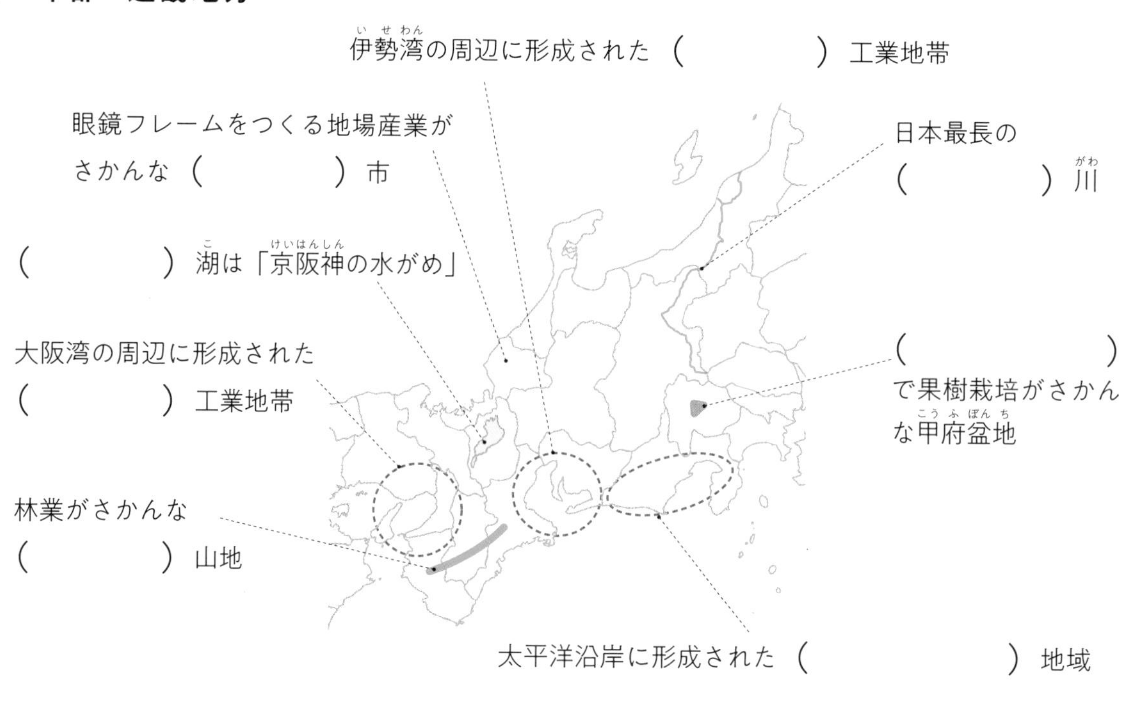

中国・四国～九州地方

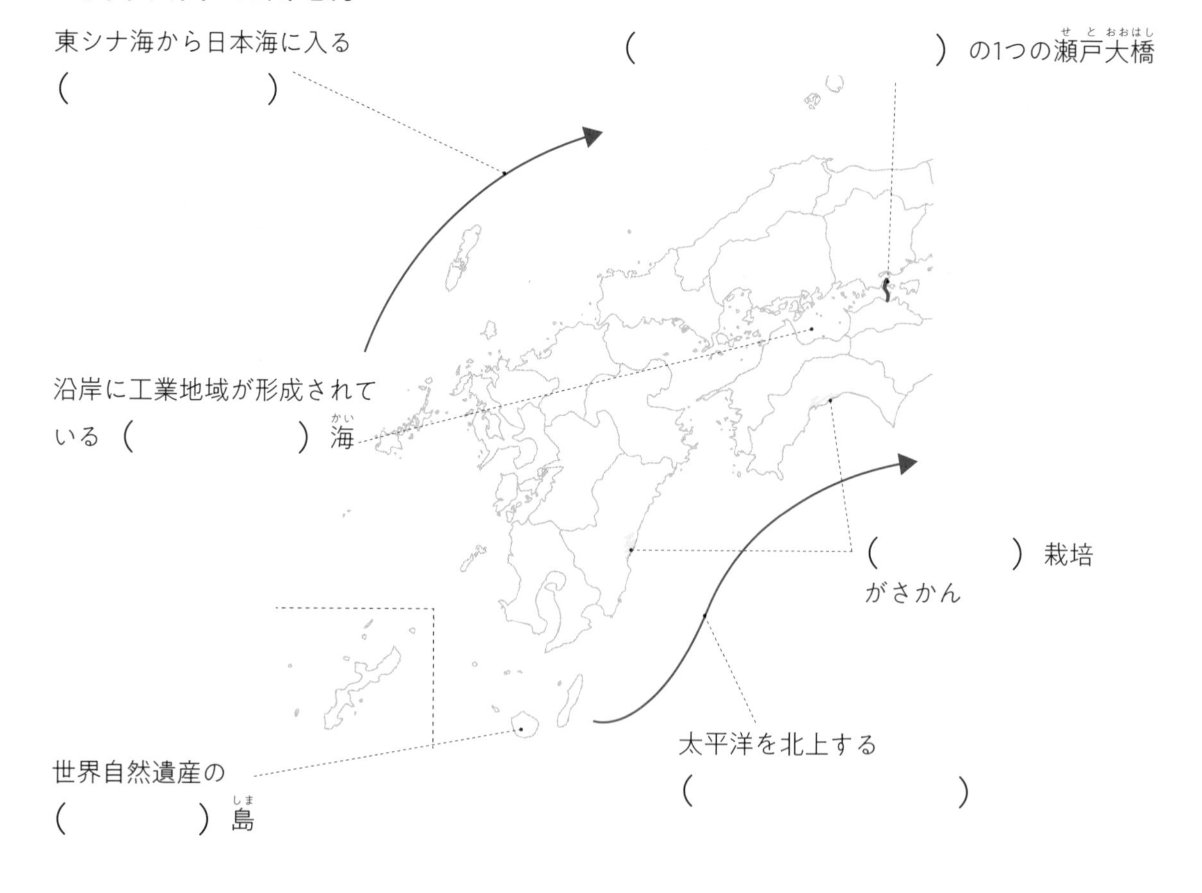

月　日（　）

確認テスト⑤

/50点

次の問いに答えましょう（5点×10）。

⑴ 次の❶・❷の地方にある大都市圏の名前をそれぞれ答えなさい。

❶ 中部地方　❷ 近畿地方

❶（　　　　　）大都市圏　❷（　　　　　）大都市圏

⑵ 右の地図を見て、次の問いに答えなさい。

❶ シラス台地が広がっている地域を、地図中のア〜エから選び、記号で答えなさい。

（　　）

❷ 地図中の●は火山の活動を利用して電気をつくっている発電所です。●は何の発電所ですか。（　　　）発電所

❸ 地図中の■は石油製品を生産する工場や施設が集まった地域です。この地域を何といいますか。

（　　　　　　　）

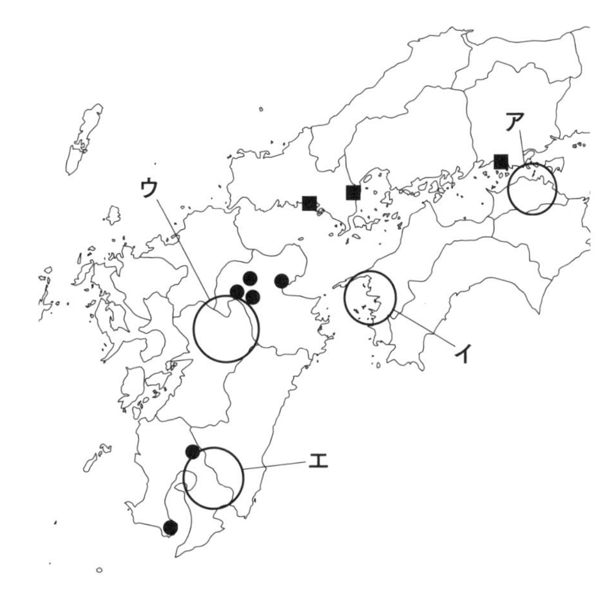

❹ 地図中には過疎化（かそか）が進んでいる地域が多く見られます。このような地域を活性化するために行われているさまざまな取り組みをまとめて何といいますか。

（　　　　　　　　　）

⑶ 次の❶〜❹の山や川に深い関わりがあるものを、あとの**ア〜エ**からそれぞれ選び、記号で答えなさい。

❶ 阿蘇山（あそさん）　❷ 八ケ岳（やつがたけ）　❸ 吉野川（よしのがわ）　❹ 淀川（よどがわ）

ア 香川用水　**イ** 琵琶湖　**ウ** カルデラ　**エ** 高原野菜

❶（　　）❷（　　）❸（　　）❹（　　）

これで日本の西半分の学習ができたよ。がんばったね！
それぞれの地方の気候や地形、産業の発達、人々の生活はきちんと理解できたかな？　次は日本の東半分をやっていくよ！

38 関東地方①

(1) 関東地方の自然環境

関東の地形

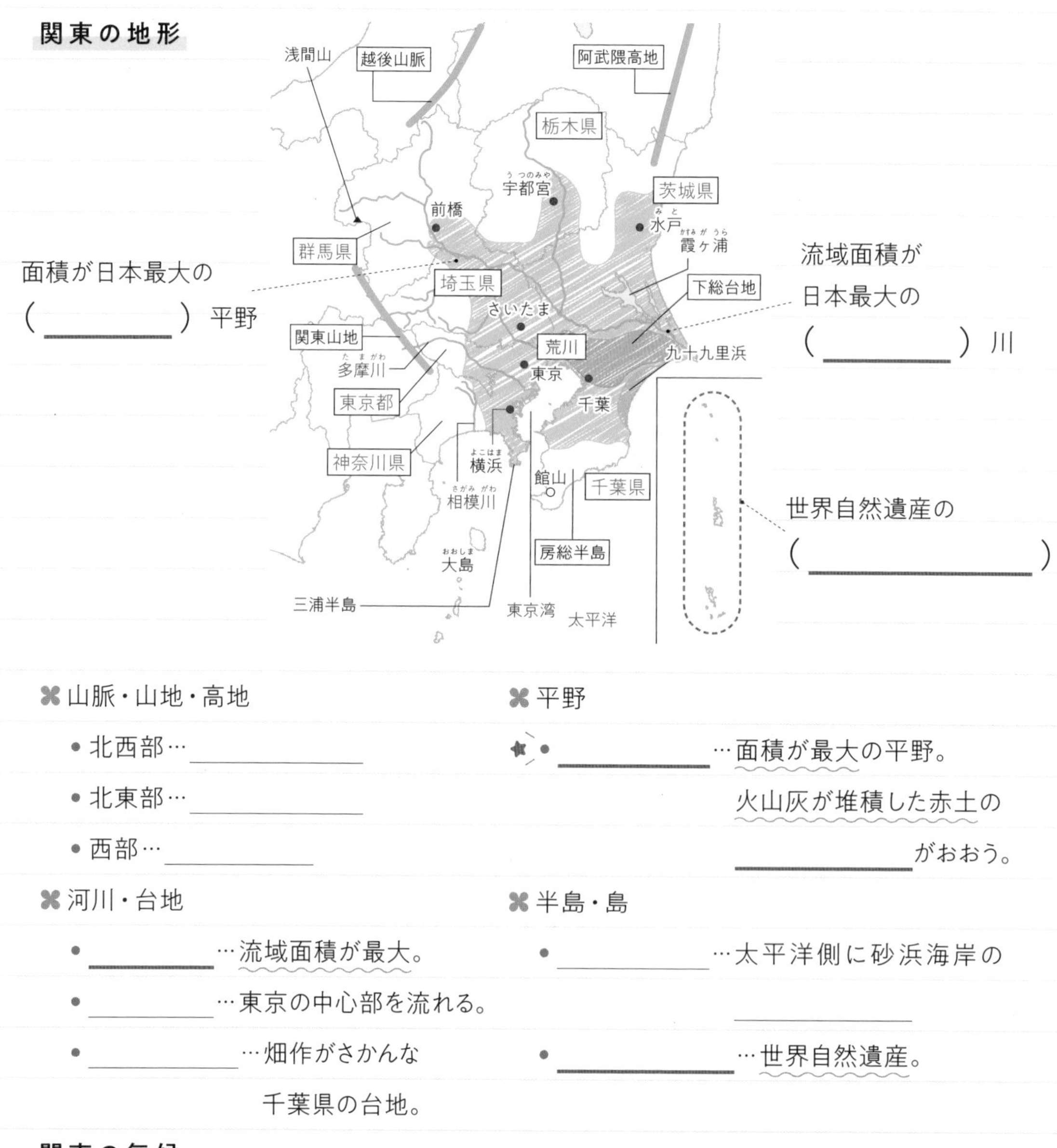

✖ 山脈・山地・高地

- 北西部…＿＿＿＿＿＿
- 北東部…＿＿＿＿＿＿
- 西部…＿＿＿＿＿

✖ 河川・台地

- ＿＿＿＿＿…流域面積が最大。
- ＿＿＿＿＿…東京の中心部を流れる。
- ＿＿＿＿＿…畑作がさかんな千葉県の台地。

✖ 平野

- ＿＿＿＿＿…面積が最大の平野。火山灰が堆積した赤土の＿＿＿＿＿がおおう。

✖ 半島・島

- ＿＿＿＿＿…太平洋側に砂浜海岸の＿＿＿＿＿
- ＿＿＿＿＿…世界自然遺産。

関東の気候

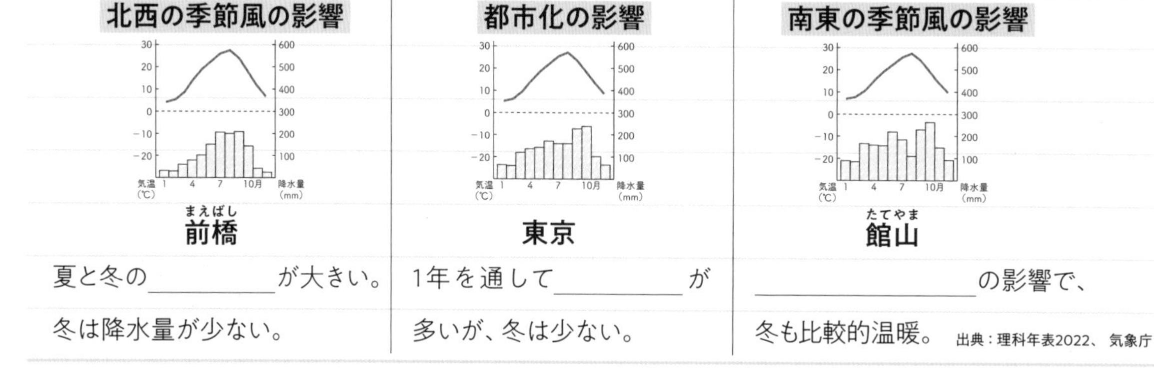

北西の季節風の影響	都市化の影響	南東の季節風の影響
前橋	東京	館山
夏と冬の＿＿＿＿＿が大きい。冬は降水量が少ない。	1年を通して＿＿＿＿＿が多いが、冬は少ない。	＿＿＿＿＿＿の影響で、冬も比較的温暖。

出典：理科年表2022、気象庁

関東各地の自然と生活

✖ ＿＿＿＿＿＿…冬に吹く冷たい北西の乾いた季節風。

※日本海から越後山脈などにぶつかって＿＿＿＿を降らせた後、

乾いた風となって関東平野に吹き下ろす。⚠

- ＿＿＿＿＿＿…この風から住宅を守るために植えられた防風林。関東地方ではおもに群馬県や栃木県で見られる。

✖ ＿＿＿＿＿＿＿＿＿＿…周辺よりも気温が高くなる現象。＼TEST／

※東京の中心部のように都市化が進んでいる地域で起こりやすい。

✖ ＿＿＿＿＿＿＿…ごく狭い地域に、短時間で多くの雨が降る局地的大雨。

※地面が＿＿＿＿＿＿＿＿＿＿＿＿でおおわれている都市部では、下水道から水があふれて水害につながりやすい。

(2) 関東地方の農業

✖ ＿＿＿＿＿＿…都市向けに新鮮な野菜などを出荷する農業。人口が多い大消費地に近いので＿＿＿＿にかかる時間や費用をおさえられることが利点。

- ＿＿＿＿＿＿…茨城県で生産がさかんな野菜。
- ＿＿＿＿＿＿…関東地方の埼玉県・茨城県・千葉県などで生産がさかんな野菜。
- ＿＿＿＿＿＿…栃木県で生産がさかん。「とちおとめ」などのブランド品種が有名。
- ＿＿＿＿＿＿…新鮮さが求められるため、養鶏がさかんな茨城県や千葉県から都市部に出荷される畜産物。

✖ ＿＿＿＿＿＿…標高が高いために夏でも涼しい地域でつくられる野菜。関東地方では、浅間山（あさまやま）のふもとにある群馬県の＿＿＿＿＿などでキャベツやレタスの生産がさかん。

✖ ＿＿＿…冬でも温暖な房総半島や三浦（みうら）半島で、1年中栽培されている。

39 関東地方②

(1) 関東地方の工業

✖ 工業地域の拡大

◎ **明治時代** 東京湾西部の臨海部に＿＿＿＿＿＿＿＿が形成。

➡ 現在の東京都・神奈川県・埼玉県にまたがって発展。

⬇

◎ **第二次世界大戦後** 東京湾東部の臨海部に＿＿＿＿＿＿＿＿が形成。

➡ 千葉県の埋め立て地に石油化学工業などが進出。

⬇

◎ **高度経済成長期以降** 関東地方の内陸部に＿＿＿＿＿＿＿＿が形成。

➡ 自治体がつくった＿＿＿＿＿＿（＝計画的に造成された工業地区）にさまざまな工場が進出。

✖ 京浜工業地帯の特徴

- 東京…＿＿＿＿＿がさかん。⚠

  ※日本の中心として情報が集まりやすく、新聞社や出版社が多いため。

- 東京都＿＿＿＿区…中小企業の工場が密集している。
- 神奈川県＿＿＿＿市…石油化学工業など。
- 神奈川県横浜(よこはま)市・横須賀(よこすか)市…＿＿＿＿＿工業など。

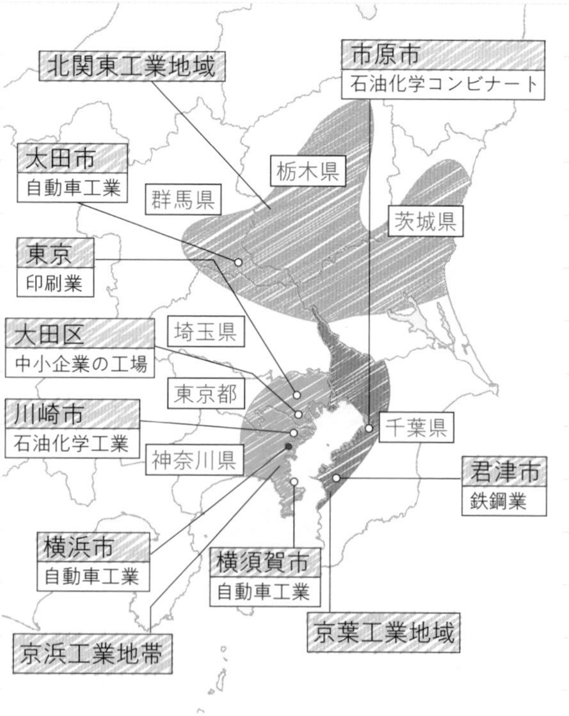

北関東工業地域
市原市
石油化学コンビナート
太田市
自動車工業
群馬県
栃木県
茨城県
東京
印刷業
大田区
中小企業の工場
埼玉県
東京都
川崎市
石油化学工業
千葉県
神奈川県
君津市
鉄鋼業
横浜市
自動車工業
横須賀市
自動車工業
京葉工業地域
京浜工業地帯

✖ 京葉工業地域の特徴

- ＿＿＿＿＿＿＿＿＿＿＿＿…石油製品の生産に関わる工場や施設を集めた地域。千葉県＿＿＿＿市など。

  ※京葉工業地域は化学工業中心。

- 鉄鋼業…千葉県＿＿＿＿市に製鉄所がつくられている。

京浜工業地帯と京葉・北関東工業地域の工業出荷額とその内訳（2020年）

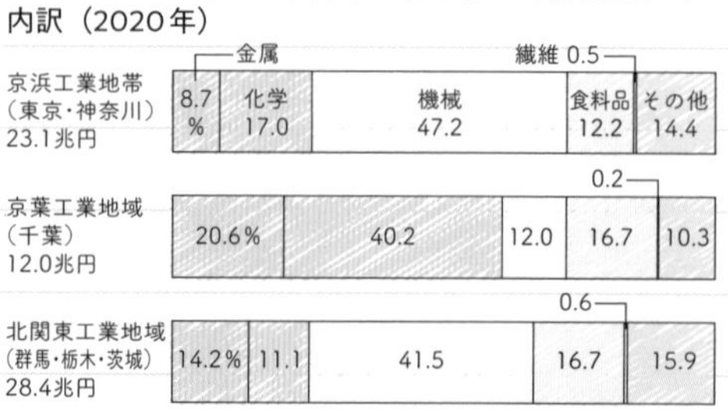

	金属	化学	機械	食料品	繊維	その他
京浜工業地帯（東京・神奈川）23.1兆円	8.7%	17.0	47.2	12.2	0.5	14.4
京葉工業地域（千葉）12.0兆円	20.6%	40.2	12.0	16.7	0.2	10.3
北関東工業地域（群馬・栃木・茨城）28.4兆円	14.2%	11.1	41.5	16.7	0.6	15.9

出典：日本国勢図会2023/24

✤ 北関東工業地域の特徴

- ＿＿＿＿の工業地域…高速道路などを利用して原材料や工業製品を輸送。電気機械や自動車の組み立てのように多くの＿＿＿＿を必要とする工場が進出。
- 群馬県＿＿＿＿市…自動車工業がさかん。その南にある大泉町（おおいずみまち）には関連工場で働く日系の＿＿＿＿が多く住む。
- ＿＿＿＿…2011年に全線開通した高速道路。この高速道路で茨城県ひたちなか市にある＿＿＿＿港に工業製品を送り、船で外国へ輸出する動きが進む。

(2) 関東地方の交通と貿易

✤ 旅客輸送…関東地方は、航空路線などさまざまな交通機関が充実。

- ＿＿＿＿…国内線の中心になっている空港。旅客数が日本最大。
- ＿＿＿＿…千葉県にあり、日本の国際線の中心になっている空港。

旅客数が多い国内の航空路線

出典：航空輸送統計年報2022

✤ 貨物輸送…関東地方は輸出入がさかんな貿易港が多い。

- ＿＿＿＿…日本最大の貿易港。TEST 貿易品は軽くて高価な電子機器や医薬品などが多い。
  ※速く運ぶことができるが運賃は＿＿＿＿航空機向き。
- ＿＿＿＿…衣類や食料品の輸入が多い。
  ※＿＿＿＿が多くて大消費地に近いため。
- ＿＿＿＿…自動車や自動車部品の輸出が多い。
  ※自動車工業がさかんな横浜市や＿＿＿＿市がある神奈川県に位置するため。
- その他の関東地方の貿易港
  - 千葉港…石油の輸入や石油製品の輸出が多い。
    ※化学工業がとくにさかんな＿＿＿＿に位置するため。
  - 鹿島（かしま）港…茨城県のY字型の掘りこみ港。

日本の貿易額の割合（2021年）

出典：日本国勢図会2023/24

40 関東地方③

(1) 東京が持つ性格

> MEMO
> 国会議事堂がある永田町（ながたちょう）や、中央省庁が集まる霞が関（かすみがせき）などの東京の地名は、それぞれの代名詞として使われることが多い。

✖ ________
…国の政府が置かれている都市。
- ________…天皇が居住する場所。
- ________…国の政治を行う場所。
  周辺に最高裁判所や首相官邸、中央省庁などが集中。
- ________…日本の金融機関の中心。

✖ ________
…ニューヨークやロンドンのように、東京は世界との結びつきが強い都市。
- ________…外交使節が相手国で公務を行う場所。東京都港区（みなと）に多い。
- ________…外交や仕事、留学、文化活動などさまざまな理由で日本に暮らしている外国人。
  ※東京をふくむ関東地方の居住者が、日本全体の居住者の半分近くを占める。

- ________…千葉県にある空港。
  ※九州地方にある福岡空港は地理的に近い________諸国の利用者が大半。
  成田国際空港は「日本の玄関口」として________やヨーロッパ諸国の利用者も多い。

✖ ________の発達
…東京は日本最大の消費地であり、文化や流行の発信地でもある。
- ________…卸売業（おろしうりぎょう）や小売業の販売額が多い。
- サービス業…インターネットに関わる________関連産業で働く人が多い。
  広告や娯楽（ごらく）に関連した産業も東京に集中。

(2) 東京を中心とする生活圏の拡大と課題

✖ ＿＿＿＿＿＿…総人口のおよそ4分の1が集まる大都市圏。多くの人が通勤・通学で東京に移動。

TEST ➡ 東京都では＿＿＿＿＿が＿＿＿＿＿(=その地域に住んでいる人口)よりも多い。周辺地域はその逆。

東京大都市圏の昼間人口と夜間人口（2020年）

（万人）
2000
1500
1000
500
0
昼間人口
夜間人口
東京都
埼玉県
千葉県
神奈川県
出典：データでみる県勢2023

- ＿＿＿＿＿＿…昼間は他の地域への通勤・通学のために住民が少なくなる都市。大都市の周辺に多い。
- ＿＿＿＿…東京の中心部。ex 皇居の周辺
- ＿＿＿＿…都心に次ぐ重要な機能を持つ区域。都心と郊外を結ぶ＿＿＿＿＿＿(=起終点駅)などに形成。ex 新宿(しんじゅく)、渋谷(しぶや)、池袋(いけぶくろ)など

MEMO
東京の中心部には23の特別区があり、東京23区と総称される。特別区は、市と同じような権限を持つ。

✖ 過密問題の対策

- ＿＿＿＿＿＿…郊外につくられた住宅地。ex 多摩(たま)、海浜(かいひん)、港北(こうほく)

※近年は建物の老朽化や住民の＿＿＿＿＿＿などが課題。⚠

- 東京の機能の分散…神奈川県の＿＿＿＿＿＿＿＿、千葉県の＿＿＿＿＿＿、埼玉県の＿＿＿＿＿＿に人が集まる新都心を建設。茨城県の＿＿＿＿＿＿＿＿には東京から大学や研究機関が移転。
- ＿＿＿＿…古い建物を取り壊して、計画的に地域をつくり直すこと。都心で大型商業施設、臨海部で住宅地などの開発が進む。

41 東北地方①

(1) 東北地方の自然環境

東北の地形

✖山脈・山地・高地

- 中央…＿＿＿＿＿＿
- 太平洋側…＿＿＿＿＿＿
- 日本海側…＿＿＿＿＿＿

※世界自然遺産…＿＿＿＿＿＿

✖海岸の地形

- 太平洋側…＿＿＿＿＿海岸が多い。
- 日本海側…＿＿＿＿＿海岸が多い。

✖平野や盆地（ぼんち）と河川

- ＿＿＿＿＿＿…岩木川（いわきがわ）
- ＿＿＿＿＿＿…雄物川（おものがわ）
- ＿＿＿＿盆地・仙台（せんだい）平野…＿＿＿＿川（がわ）
- 山形盆地・＿＿＿＿平野…＿＿＿＿川（がわ）

（＿＿＿＿＿）平野

世界自然遺産の（＿＿＿＿＿）山地

（＿＿＿＿＿）山脈

（＿＿＿＿＿）川

青森県
日本海
岩木川
八甲田山（はっこうださん）
青森
十和田湖
やませ
秋田県
田沢湖（たざわこ）
八郎潟（はちろうがた）
岩手県
北上高地
秋田平野
秋田
盛岡
出羽山地
北上盆地
鳥海山（ちょうかいさん）
雄物川
北上川
庄内平野
蔵王山（ざおうさん）
宮城県
山形県
山形
仙台
山形盆地
仙台平野
三陸海岸
阿賀野川（あがのがわ）
阿武隈高地（あぶくまこうち）
磐梯山（ばんだいさん）
福島
福島盆地
猪苗代湖
阿武隈川（あぶくまがわ）
福島県
太平洋
越後山脈（えちごさんみゃく）

✖湖

- ＿＿＿＿＿＿…青森県と秋田県の県境。火山の噴火でできた湖。
- ＿＿＿＿＿＿…福島県の会津（あいづ）盆地と郡山（こおりやま）盆地の間に位置する湖。

東北の気候

北西の季節風の影響

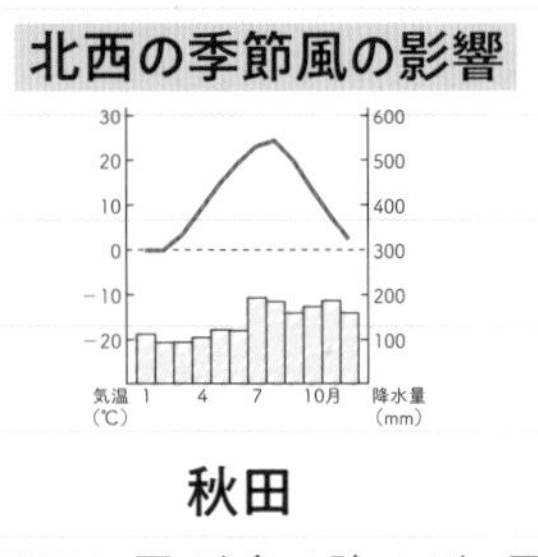

秋田

冬は雨や雪が多く降るが、夏は晴天が続き＿＿＿＿が高くなる。

やませの影響

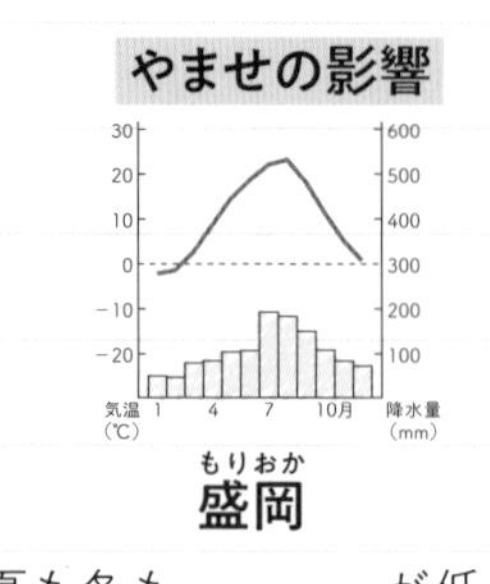

盛岡（もりおか）

夏も冬も＿＿＿＿が低くなる。

東北地方内では緯度（いど）が低い

30 20 10 0 −10 −20 気温（℃） 1 4 7 10月 600 500 400 300 200 100 降水量（mm）

仙台（せんだい）

盛岡と比べて降水量の変化は似ているが、平均気温は＿＿＿＿。

出典：理科年表2022

(2) 東北地方の農業

稲作

…おもに＿＿＿＿でさかん。

- ＿＿＿＿＿…東北地方の太平洋側で夏に吹く、冷たい北東の風。
  この風が吹くと霧や雲が多くなって＿＿＿＿時間が減少。
  ➡ 稲が育たなくなる＿＿＿＿が起こる。
- ＿＿＿＿＿…1970年代から行われていた米の生産量を減らす政策。
  日本人の食生活の変化による＿＿＿＿＿への対策。
  ※2018年に廃止。
- ＿＿＿＿＿…すぐれた品質を持ち、産地や品種が登録された米。
  ※岩手県や宮城県では、冷害に強い品種の＿＿＿＿＿＿が主流。⚠

果樹栽培

…おもに＿＿＿＿でさかん。

- ＿＿＿＿＿…山形県で生産がさかん。「佐藤錦」や「紅秀峰」などのブランド品種が有名。
- ＿＿＿＿＿…山形県で生産がさかん。
- ＿＿＿＿＿…青森県で生産がさかん。＿＿＿＿＿などで栽培。
- ＿＿＿＿＿…福島県で生産がさかん。＿＿＿＿＿などで栽培。

(3) 東北地方の漁業

＿＿＿＿＿＿＿＿

TEST …寒流の＿＿＿＿＿＿＿＿と
暖流の＿＿＿＿＿＿＿＿がぶつかる場所。
➡ 多くの魚が集まる好漁場。

親潮（千島海流）
黒潮（日本海流）

＿＿＿＿＿

…魚や貝を成長させて出荷する漁業。波の穏やかな海域に適している。

- 陸奥湾…＿＿＿＿＿の養殖。
- ＿＿＿＿＿…かき、わかめ、こんぶの養殖。

42 東北地方②

(1) 東北地方の工業

✖ ______

…計画的に造成された工業地区。東北地方では______や空港の近くに多い。

➡ 工場が進出して働く場所が増加。➡ 冬季の______が減少。

✖ ______

…経済産業大臣が指定した工芸品。

- 漆器（しっき）…青森県の______や福島県の______など。
- 木工品…秋田県の______や山形県の______など。
- 鉄器…岩手県の______など。

※古くからの技術を受け継いで生産する______産業、地域と密接に結びついた______産業になっているものが多い。

(2) 東北地方の文化

✖ ______

…地域に受け継がれてきた行事。東北地方の県庁所在地では、農家の生活と結びついた夏祭りが行われる。

◎ 東北三大祭り

- 青森______祭（まつり）
- 秋田______まつり
- 仙台（せんだい）______まつり

✖ ______

…地域に受け継がれてきた習慣や芸能のうち、国が重要なものとして指定したもの。

ex ______県の「男鹿（おが）のナマハゲ」

✖ 食文化

…冷涼な気候に対応した食文化が根づく。

- ______…秋田県のいぶりがっこなど。冬は______が積もり、外出が難しいため、保存食を作った。
- ______…岩手県のわんこそばなど。寒さに強い。

(3) 自然災害の克服を目指して

✖ ＿＿＿＿

…地震による海底の地形の変形で起こる波。

※東北地方の三陸(さんりく)海岸は＿＿＿＿＿＿という入り組んだ地形のために被害が大きくなりやすい。

※大津浪(おおつなみ)記念碑(ひ)…2度の三陸地震で津波の被害にあった岩手県宮古(みやこ)市重茂姉吉(おもえあねよし)地区の住民が、未来の人々への＿＿＿＿を刻んだ自然災害伝承碑。

【碑文の内容】
- 高台にある家は子孫に平和と幸福をもたらす。
- 大津波の災いを忘れるな。
- 此処(ここ)より下に家を建てるな。
- 明治29（1896）年にも昭和8（1933）年も津波はここまで来て、集落が全滅した。
- 生存者はわずかに前（明治時代）が2人、後（昭和時代）が4人のみだった。
- いつまでも津波を警戒せよ。

◎ **1960年** チリ地震津波

…南アメリカのチリで地震が発生し、津波が＿＿＿＿を横断して日本に到達。

◎ **2011年** ＿＿＿＿＿＿＿＿＿＿＿＿

…太平洋沿岸をおそった大きな津波により被害が拡大。

※＿＿＿＿＿＿…東北地方の方言をもとにした、「津波が来たら、各自でにげる」という心構えを表す言葉。

✖ 自然災害に強いまちづくり

- ＿＿＿＿…津波の侵入を防ぐ堤防。震災後に建設や補強が進む。
- 高台への＿＿＿＿…標高が高く津波が到達できないと考えられる場所に、新しい住宅や集落をつくる。
- ＿＿＿＿の向上…＿＿＿＿＿＿＿＿の確認や＿＿＿＿＿への参加などを通じて、一人ひとりが自然災害に備える努力をする。

43 北海道地方①

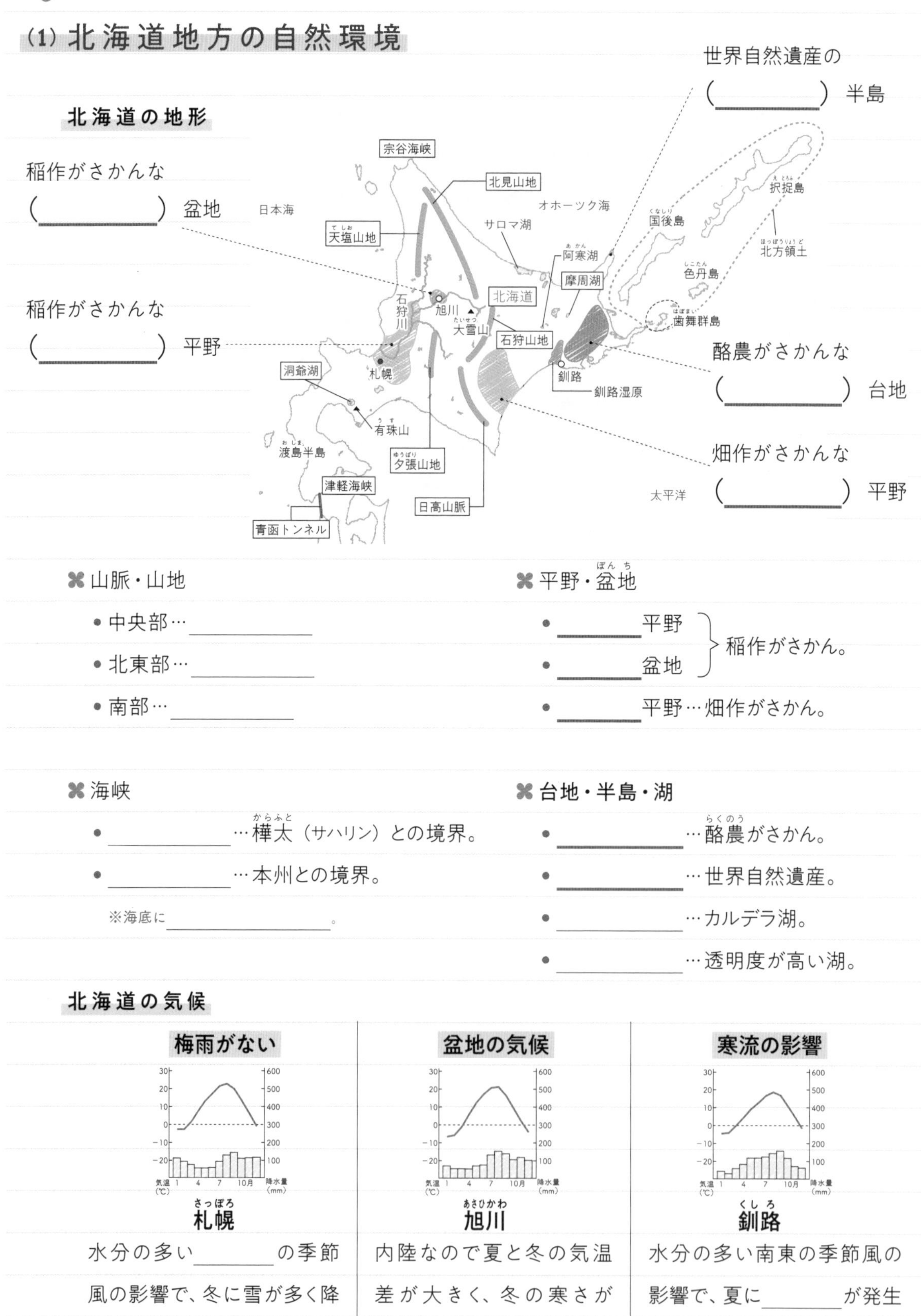

(1) 北海道地方の自然環境
北海道の地形
稲作がさかんな
(　　　　　) 盆地
稲作がさかんな
(　　　　　) 平野
世界自然遺産の
(　　　　　) 半島
酪農がさかんな
(　　　　　) 台地
畑作がさかんな
(　　　　　) 平野
宗谷海峡
北見山地
日本海
オホーツク海
天塩山地
サロマ湖
阿寒湖
摩周湖
北海道
石狩川
旭川
大雪山
石狩山地
札幌
洞爺湖
有珠山
渡島半島
夕張山地
津軽海峡
青函トンネル
日高山脈
釧路
釧路湿原
太平洋
国後島
択捉島
北方領土
色丹島
歯舞群島
山脈・山地
中央部…
北東部…
南部…
平野・盆地
平野
盆地
稲作がさかん。
平野…畑作がさかん。
海峡
…樺太（サハリン）との境界。
…本州との境界。
※海底に　　　　　。
台地・半島・湖
…酪農がさかん。
…世界自然遺産。
…カルデラ湖。
…透明度が高い湖。
北海道の気候
梅雨がない
盆地の気候
寒流の影響
気温(℃)
降水量(mm)
1
4
7
10月
札幌
旭川
釧路
水分の多い　　　　の季節風の影響で、冬に雪が多く降る。
内陸なので夏と冬の気温差が大きく、冬の寒さが　　　　。
水分の多い南東の季節風の影響で、夏に　　　　が発生する。
出典：理科年表2022

(2) 北海道地方の農業

✖ 稲作…＿＿＿＿の下流に広がる、石狩平野などでさかん。

- ＿＿＿＿…明治時代に、北海道の開拓と防備を行った人達。
- ＿＿＿＿…炭化した植物が堆積(たいせき)した湿地。かつての石狩平野。
- ＿＿＿＿…農業に適した土を運び入れて、土地を改良すること。⚠
  - ➡ 石狩平野が日本有数の稲作地帯に変化。
- ＿＿＿＿…新しい品種の作物をつくること。熱帯の植物の稲を＿＿＿＿の北海道で栽培するための努力が続けられる。

✖ 畑作…＿＿＿＿が積もった、十勝平野などでさかん。

TEST
- 輪作(りんさく)…年ごとに異なる作物を順番につくる方法。畑の＿＿＿＿の低下を防ぐ目的。
  - ➡ 北海道は＿＿＿＿(=砂糖大根・ビート)、＿＿＿＿、＿＿＿＿、＿＿＿＿、小豆(あずき)などの生産量が日本一。

✖ 酪農…牧草などを栽培して＿＿＿＿を飼育し、生乳や乳製品を生産する農業。北海道東部の＿＿＿＿は日本有数の酪農地帯。

※北海道は東京などの大消費地から遠いので、＿＿＿＿に出荷される生乳、他の都府県は＿＿＿＿に出荷される生乳の割合がそれぞれ大きい。

農産物の生産量に占める北海道の割合（2021年）

てんさい 406万t	北海道 100%
ばれいしょ 218万t	北海道 77.5%、鹿児島 4.2、長崎 3.8、その他 14.5
小麦 110万t	北海道 66.4%、福岡 7.1、その他 26.5
たまねぎ 109万t	北海道 60.6%、佐賀 9.2、兵庫 9.2、その他 21.0

出典：データでみる県勢2023

✖ 特徴と課題

- 大規模な生産…北海道の農家一戸当たりの耕地面積は、全国平均よりも＿＿＿＿。
  - ➡ 北海道の農家は＿＿＿＿によって農業の大規模化を実現。
    - ➡ 安価な＿＿＿＿農作物との競争のために利益が減少。

44 北海道地方②

(1) 北海道地方の漁業

✖ ＿＿＿＿＿＿＿…ベーリング海やオホーツク海などで、さけ・すけとうだらを取る漁業。
基地は北海道の＿＿＿＿＿港や根室(ねむろ)港など。
➡ 各国が＿＿＿＿＿＿＿＿＿＿＿を設定したため、自由に漁ができなくなって衰退。

✖ ＿＿＿＿＿＿＿…こんぶやほたての養殖業、さけの栽培漁業がさかん。

※襟裳岬(えりもみさき)の漁業…乱獲などの影響で岬周辺の漁獲量が激減。➡ えりも町の人々が＿＿＿＿＿を行う。➡ 森林の栄養分が海に流れこむ。➡ ＿＿＿＿＿が育って多くの魚が集まる。➡ 漁獲量が増加。

(2) 北海道地方の工業

✖ 北海道の工業の特徴…地元でとれる原材料を＿＿＿＿＿する製造業が中心。

- ＿＿＿＿＿市…生乳からバターやチーズなどの乳製品をつくる工場が多い。
- ＿＿＿＿＿市…水揚げされた魚介類を加工する缶詰(かんづめ)工場が多い。
- ＿＿＿＿＿市…日本で初めてつくられた掘りこみ港がある。木材を原料とする紙・パルプ工業がさかん。
- ＿＿＿＿＿市…鉄鋼業がさかん。

北海道
室蘭市
鉄鋼業
根室市
水産加工業
帯広市
乳製品
苫小牧市
紙・パルプ工業、石油化学工業

(3) 北海道地方の文化

✖ ＿＿＿＿＿＿＿＿＿＿＿＿＿＿…北海道の先住民族。おもに漁や狩りで生活し、自然と結びついた文化を築く。

- 北海道の地名…「乾いた大きな川」という意味を持つアイヌ語の「サッポロペッ」に由来する＿＿＿＿＿など。
- ＿＿＿＿＿＿＿＿＿＿＿＿＿＿＿…平取町二風谷(びらとりちょうにぶたに)でつくられるアイヌの人々の伝統的な織物。国の伝統的工芸品に指定。

(4) 寒さに適応した北海道地方の生活

✖ 寒さへの対策

- 玄関や窓… ＿＿＿＿ にして寒い空気が室内に入らないようにする。⚠
- ＿＿＿＿ …壁の中に熱を伝えにくい材料を入れて室温を保つ。
- ＿＿＿＿＿＿＿＿ …暖房を切らさないための工夫。

✖ 雪への対策

- 屋根… ＿＿＿＿＿＿ をつけて、雪が積もりにくくする。
- TEST ＿＿＿＿＿＿＿＿ …地中に埋めた電熱線や温水パイプの熱で道路の雪をとかすしくみ。
- ＿＿＿＿ …雪が積もった道路で路肩(ろかた)を示すための標識。
- ＿＿＿＿ …道路に雪が吹きこまないようにする柵。

※ ＿＿＿＿ …雪を生活に役立てようという考え。雪室(ゆきむろ)による低温での貯蔵や、雪冷房(ゆきれいぼう)システムによる建物の冷却など。

(5) 北海道地方のさまざまな観光資源

✖ ＿＿＿＿＿＿＿＿ …夏に咲く紫色の花。富良野盆地(ふらのぼんち)などの観光資源。

✖ ＿＿＿＿＿＿＿＿ …毎年2月に札幌で開かれる。多くの雪像が人気。

✖ ＿＿＿＿ …冬のオホーツク海沿岸に押し寄せる多くの氷。観光船が出る。

✖ ＿＿＿＿ …北海道の世界自然遺産。

※ ＿＿＿＿＿＿＿＿ …観光と自然環境の保全の両立を目指すこと。知床五湖(ごこ)周辺では高架木道(こうかもくどう)を設置して、貴重な植物が踏み荒らされないように守っている。

✖ ＿＿＿＿ …洞爺湖(とうやこ)の近くにある火山。2000年の噴火の後、火山による被害の様子や防災・減災について学ぶことができる観光地として整備。

45 SDGs（エスディージーズ）

(1) SDGsのあらまし

TEST ✖ SDGs…＿＿＿＿＿＿＿＿の略称。2015年に＿＿＿＿＿＿で採択。

- SDGsの目的…＿＿＿＿＿＿＿＿を実現して、現代の世代から将来の世代にわたって発展できる社会にすること。
- SDGsの内容…＿＿＿＿年までに世界の国々が解決することをめざす17の目標。

✖ SDGsの目標

① 「(＿＿＿＿)をなくそう」	⑩ 「人や国の(＿＿＿＿)をなくそう」
② 「(＿＿＿＿)をゼロに」	⑪ 「住み続けられる(＿＿＿＿＿＿)を」
③ 「すべての人に(＿＿＿＿)と(＿＿＿＿)を」	⑫ 「つくる(＿＿＿＿)つかう(＿＿＿＿)」
④ 「質の高い(＿＿＿＿)をみんなに」	⑬ 「(＿＿＿＿＿)に具体的な対策を」
⑤ 「(＿＿＿＿＿＿)平等を実現しよう」	⑭ 「(＿＿＿)の豊かさを守ろう」
⑥ 「安全な(＿＿＿)とトイレを世界中に」	⑮ 「(＿＿＿)の豊かさも守ろう」
⑦ 「(＿＿＿＿＿＿)をみんなにそして (＿＿＿＿＿)に」	⑯ 「平和と(＿＿＿＿)をすべての人に」
⑧ 「働きがいも(＿＿＿＿＿)も」	⑰ 「(＿＿＿＿＿＿＿＿)で目標を達成しよう」
⑨ 「産業と技術革新の(＿＿＿＿)をつくろう」	

(2) SDGsの達成を目指して

発展途上国の取り組み

- ＿＿＿＿＿＿＿＿…発展途上国で生産された農作物などを適正な価格で取り引きすること。⚠

SDGsとの関係

貧しさから抜け出すことが目的なので、左ページの17の目標のうち、おもに＿＿番目の目標に当てはまる取り組みである。

発電に関する取り組み

- ＿＿＿＿＿＿…地中の熱水や蒸気で電気を起こすこと。右の順位表を見ると、トルコ以外は、太平洋を取りまく＿＿＿＿＿＿＿＿に位置している国々であることがわかる。

地熱発電量の多い国

1位	アメリカ合衆国
2位	インドネシア
3位	フィリピン
4位	トルコ
5位	ニュージーランド

出典：世界国勢図会2022/23

SDGsとの関係

二酸化炭素の排出量が少なく、くり返し利用できる＿＿＿＿＿＿＿＿＿＿を使うので、左ページの17の目標のうち、おもに＿＿番目、13番目の目標に当てはまる取り組みである。

徳島県の取り組み

- 上勝町（かみかつちょう）…高齢者が「つまもの」（=料理に添える素材）を生産し、インターネットを通じて大都市の料理店などに販売。
- 神山町（かみやまちょう）…光ファイバーを使った＿＿＿＿＿＿＿を整備して、大都市の企業のサテライトオフィス（=遠隔拠点）を誘致。

SDGsとの関係

	人口増減率（2015-2020年）
上勝町	-10.7%
神山町	-12.3%

出典：総務省資料

この2つの町は四国山地にあり、右の表から＿＿＿＿が進んでいる地域だとわかる。この2つの町で行われていることは、ICTを活用した＿＿＿＿＿＿＿＿＿＿＿＿＿＿なので、左ページの17の目標のうち、おもに＿＿番目の目標に当てはまる取り組みである。

地図にまとめよう!

関東～北海道地方

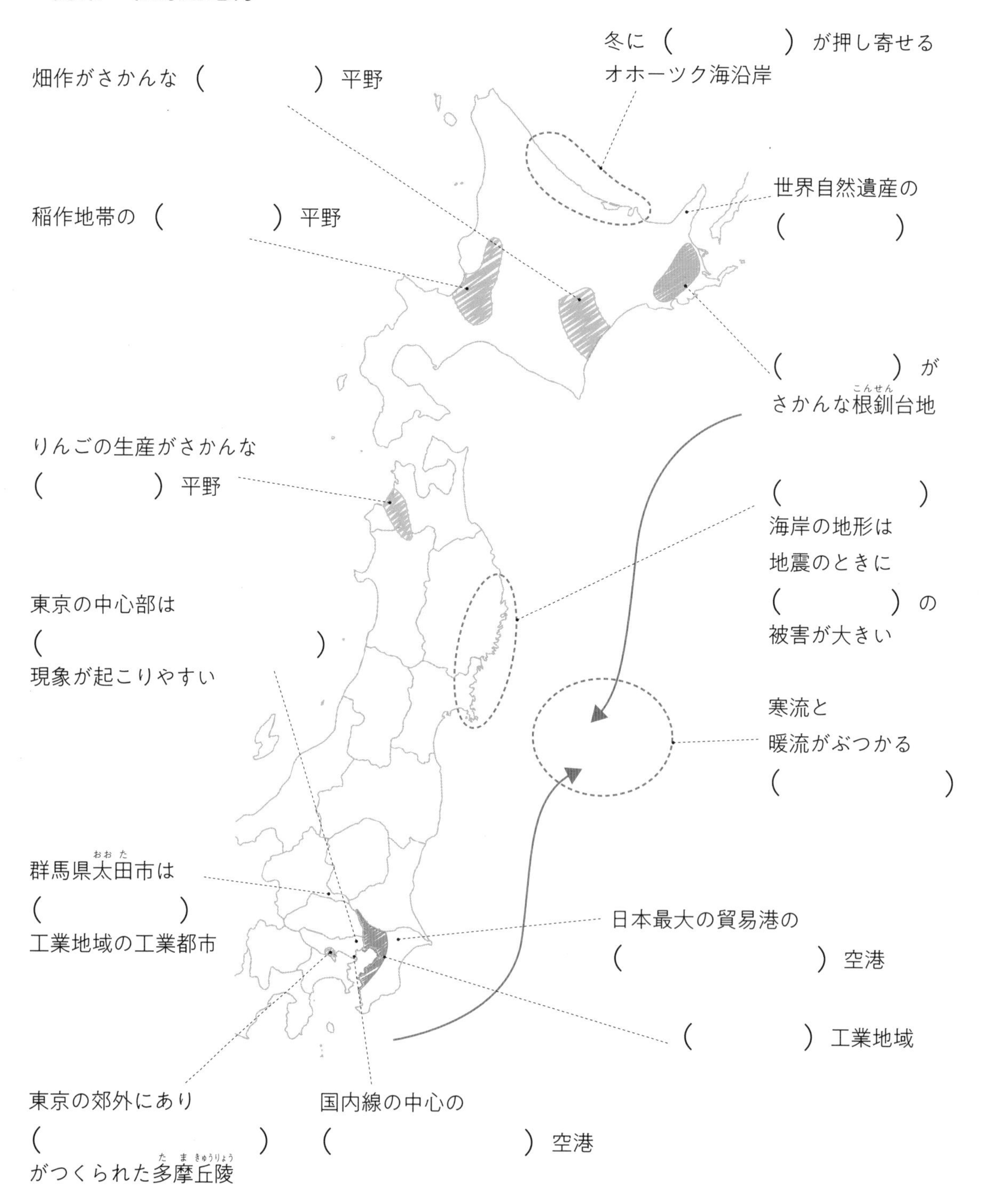

月　日（　）

確認テスト⑥

／50点

次の問いに答えましょう（5点×10、(2)の③は完答）。

(1) 次の問いに答えなさい。

❶ アイヌの人々は日本のどの地方の先住民族ですか。　（　　　　）地方

❷ 東京都は昼間(ちゅうかん)人口と夜間(やかん)人口のどちらが多いですか。　（　　　　）人口

❸ 国際連合が採択した持続可能な開発目標の略称をアルファベットで何といいますか。　（　　　　）

(2) 各地方の生活や文化について、次の問いに答えなさい。

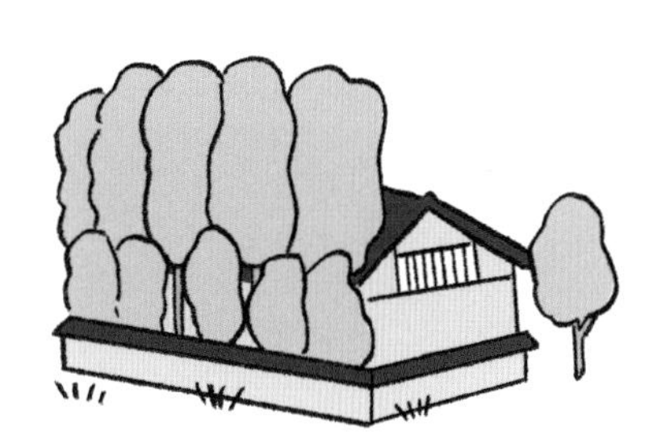

❶ 右は、関東地方で見られる屋敷森(やしきもり)です。この屋敷森が防いでいる、冬の冷たい北西の季節風を何といいますか。　（　　　　）

❷ 東北地方では、青森ねぶた祭・秋田竿燈(かんとう)まつり・仙台七夕(せんだいたなばた)まつりが「東北三大祭り」と呼ばれ、多くの人が参加してにぎわいます。この「東北三大祭り」は、どの季節に開かれる伝統行事ですか。漢字1字で答えなさい。　（　　）

❸ 北海道地方などで見られる、寒さや雪への対策や工夫として当てはまらないものを、次のア～オから2つ選び、記号で答えなさい。

ア　給水タンク　　イ　断熱材が入った壁　　ウ　二重の窓
エ　屋根瓦のしっくい　　オ　ロードヒーティング　　（　　，　　）

(3) 次の❶～❹の農作物の生産量が全国1位（2021年）の道県を、あとのア～エからそれぞれ選び、記号で答えなさい。

❶ いちご　❷ さくらんぼ　❸ てんさい　❹ はくさい

ア　北海道　イ　山形県　ウ　茨城県　エ　栃木県

❶（　　）❷（　　）❸（　　）❹（　　）

これで日本の東半分とSDGsの学習も終わりだよ。よくがんばったから疲れたでしょう。ゆっくり休んでね。
これで地理はおしまいだけど、はじめに学習した内容はまだ覚えているかな？ 「あっ忘れているところがあるぞ」と思ったらもう一度見直そう。復習はとっても大切だよ♪

監修（デザイン）：みおりん
勉強法デザイナー。
「すべての人にごきげんな勉強法を」をコンセプトに活動。地方から東京大学を受験するも、大差で不合格に。１年間の自宅浪人生活を経て東京大学文科三類に合格し、その後法学部へ進学。３年生修了と同時にカナダでのワーキングホリデー留学に挑戦し、2019年３月に同大学を卒業。YouTubeチャンネル「みおりんカフェ」（チャンネル登録者数15万人/2024年２月時点）でも、ノート術や勉強法を動画で楽しく紹介。著書に『東大女子のノート術 成績がみるみる上がる教科別勉強法』（エクシア出版）や、『やる気も成績もぐんぐんアップ！ 中学生のおうち勉強法入門』（実務教育出版）、『大学合格を引き寄せる！ 東大卒がおしえる 逆転おうち勉強法』（KADOKAWA）などがある。
・YouTubeチャンネル：『みおりんカフェ』
・ブログ：『東大みおりんのわーいわーい喫茶』
・Instagram：@miorin2018
・X（旧Twitter）：@miori_morning
・TikTok：@miorincafe

監修（教科）：玉田　久文（たまだ　ひさあき）
スタディサプリ講師。
1980年兵庫県生まれ。大学時代から兵庫県の学習塾で教壇に立つ。大学卒業後は外食産業に就職するが、数年後に香川県で塾業界に戻る。2006年より中学受験専門塾の社会科講師として、首都圏の学習塾で活躍。2010年に独立し、現在は神奈川県横浜市で少人数制の中学受験専門塾を経営している。2015年からスタディサプリ小学講座で社会科を担当。「社会は興味を持てばすぐに得意科目になる」という考えのもと、生徒が興味を持つ楽しい授業を展開し、好評を得ている。著書・監修書に、『中学社会のなぜ？が１冊でしっかりわかる本』（かんき出版）、『高校入試 ７日間完成 塾で教わる 中学３年分の総復習 社会』（KADOKAWA）などがある。

ポイント整理でテストの点数超アップ！
中学地理のまとめノート

2024年３月29日　初版発行
2024年８月10日　再版発行

監修／みおりん、玉田 久文

発行者／山下 直久

発行／株式会社KADOKAWA
〒102-8177　東京都千代田区富士見2-13-3
電話　0570-002-301（ナビダイヤル）

印刷所／株式会社加藤文明社印刷所

製本所／株式会社加藤文明社印刷所

●お問い合わせ
https://www.kadokawa.co.jp/（「お問い合わせ」へお進みください）
※内容によっては、お答えできない場合があります。
※サポートは日本国内のみとさせていただきます。
※Japanese text only

定価はカバーに表示してあります。

ISBN 978-4-04-606330-4　C6025

ポイント整理でテストの点数超アップ！

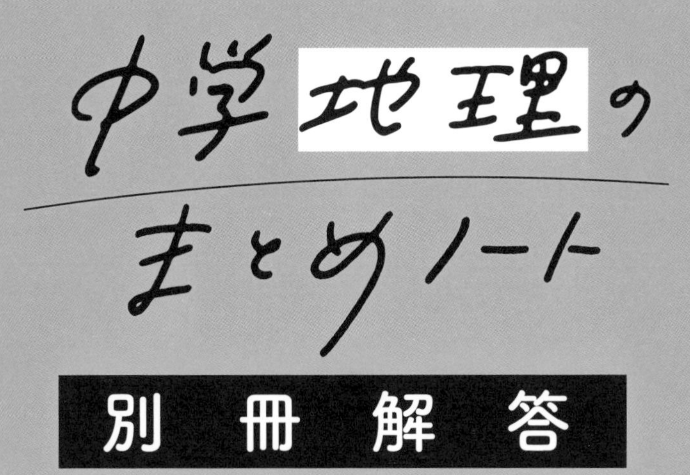

別冊解答

2～29ページ
本冊の解答

30～31ページ
スケジュール管理表、
確認テスト 点数記録表

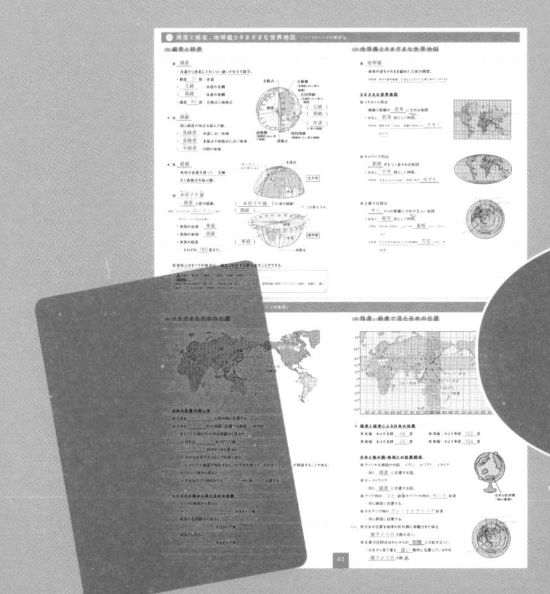

解答は赤シートで
隠せるから、
別冊だけで
暗記用にも使える！

この別冊を取り外すときは、本体からていねいに引き抜いてください。なお、この別冊抜き取りの際に損傷が生じた場合のお取り替えはお控えください。

KADOKAWA

第1章

世界と日本の姿

1 六大陸と三大洋、さまざまな国々 (10~11ページの解答)

(1) 六大陸と三大洋・6つの州

✖ 六大陸の大きさ

TEST
- 最大…ユーラシア大陸
- 最小…オーストラリア大陸

✖ 陸地と海洋の大きさ

…地球全体で広いのは 海洋

➡「水の惑星(わくせい)」と呼ばれる。

※三大洋だけで地球の総面積の半分以上!

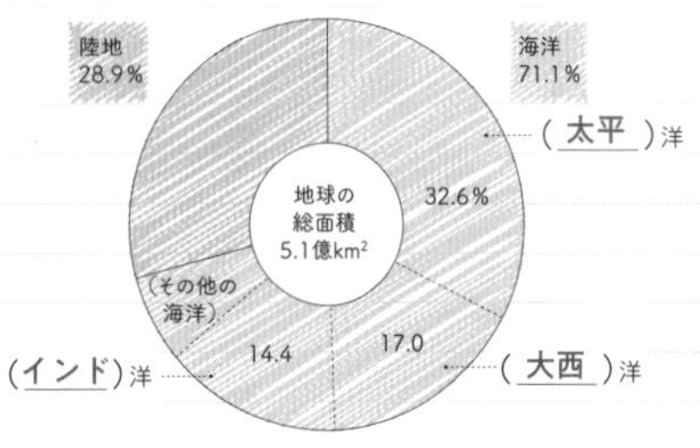

(2) さまざまな国々

海に囲まれた国と海に面していない国

✖ 島国(海洋国)

…国の全体が海に囲まれている国。 ex 日本

✖ 内陸国

…国の全体がほかの国と陸続きになっていて、まったく海に面していない国。 ex モンゴル

面積の大きい国と面積の小さい国

✖ 国土の面積が世界で最も大きい国

… ロシア ※日本のおよそ 45 倍!

✖ 国土の面積が世界で最も小さい国

… バチカン市国 (イタリアの首都ローマにある)

MEMO
面積の大きい国ベスト5 (2020年現在)
①ロシア……約1710万km²
②カナダ……約999万km²
③アメリカ合衆国……約983万km²
④中国……約960万km²
⑤ブラジル……約852万km²
(出典:世界国勢図会2022/23)

TEST ✖ 日本の国土の面積はおよそ 38 万km²

※世界に190ほどある国々の中で、60 番目くらいの大きさ。

世界の人口の推移と人口の多い国

✖ 世界全体の人口…約 80 億人 (2023年現在)

✖ 州の人口
- 人口が最も多い州… アジア州
- 人口が最も少ない州…オセアニア州
- この50年ほどの間で最も人口が増えるペースが速かった州… アフリカ州 ⚠

✖ 人口が最も多い国

… インド

MEMO
人口の多い国ベスト5 (2023年現在)
①インド……約14.28億人
②中国……約14.25億人
③アメリカ合衆国…約3.4億人
④インドネシア……約2.7億人
⑤パキスタン……約2.4億人
(出典:世界人口白書2023)

緯度と経度

✖ 緯度

…赤道から南北にどれくらい遠いかを示す数字。

- 緯度 0 度…赤道
- 北緯（ほくい） …赤道の北側
- 南緯（なんい） …赤道の南側
- 緯度 90 度…北極点と南極点

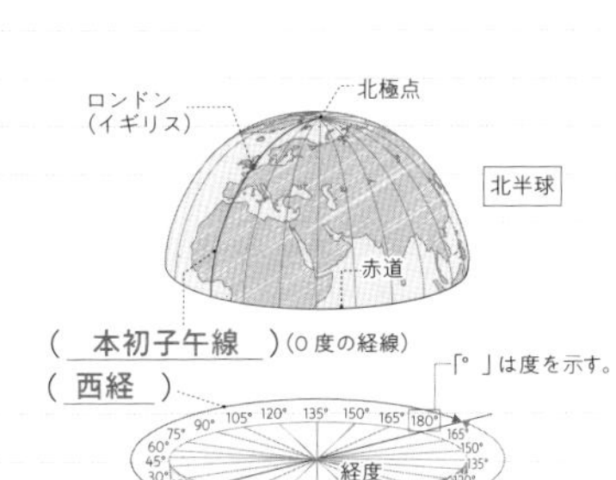

✖ 緯線（いせん）

…同じ緯度の地点を結んだ線。

- 低緯度（ていいど） …赤道に近い地域
- 高緯度（こういど） …北極点や南極点に近い地域
- 中緯度（ちゅういど） …中間の地域

✖ 経線

…地球の表面を通って、北極点と南極点を結ぶ線。

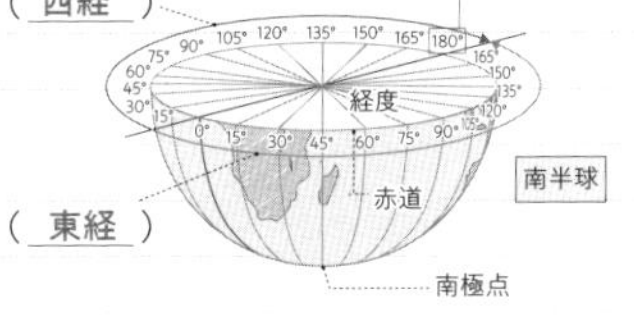

✖ 本初子午線（ほんしょしごせん）

… 経度 0度の経線。

TEST ※イギリスの ロンドン にある旧グリニッジ天文台を通る。

- 東側の地域… 東経
- 西側の地域… 西経
- 東西の経度…それぞれ 180 度まで。

（ 本初子午線 ）（0度の経線）

（ 西経 ）

「°」は度を示す。

経度

赤道

南半球

（ 東経 ）

南極点

✖ 地球上のすべての地点は、緯度と経度で位置を表すことができる。

⚠ ○緯度 ×偉度 ×維度　○経度 ×径度 ×継度

MEMO
織物に使われる縦糸を「経（糸）」、横糸を「緯（糸）」ということから、地球を縦に輪切りしているような線を「経線」、横に輪切りしているような線を「緯線」と呼ぶようになった。

(2) 地球儀とさまざまな世界地図

✖ 地球儀

…地球の姿をそのまま縮めた立体の模型。

※陸地・海洋の形や面積、方位などをすべて正確に表すことができる！

さまざまな世界地図

✖ メルカトル図法

…緯線と経線が 直角 に交わる地図

- おもに 航海 図として利用。TEST

※短所：緯度が高くなるほど、面積が実際よりも 大きく 表される。

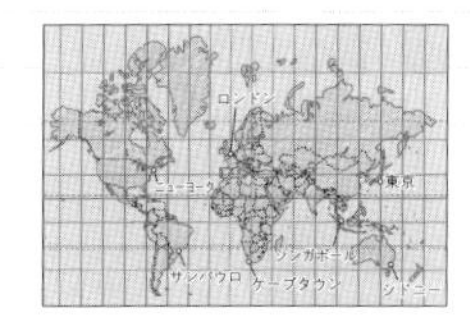

✖ モルワイデ図法

… 面積 が正しく表される地図

- おもに 分布 図として利用。

※短所：赤道からはなれるほど、陸地の形が ゆがむ 。

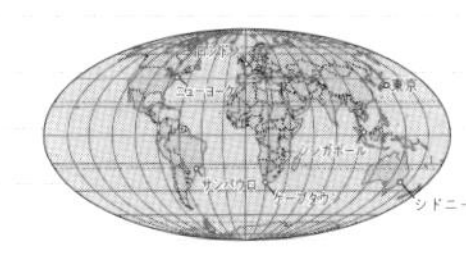

✖ 正距方位図法

… 中心 からの距離と方位が正しい地図

- おもに 航空 図として利用。TEST

※理由：目的地に直接行くことができる 最短 のルートがわかるから。

※短所：中心以外の地点どうしでは距離と 方位 が正しく表されない。

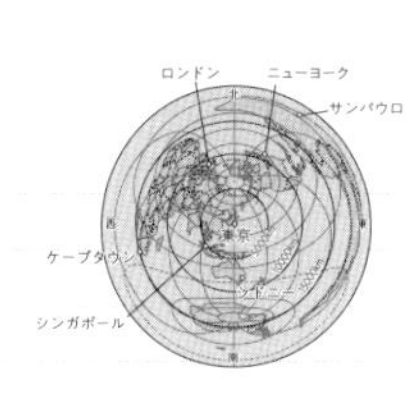

さまざまな日本の位置

日本の位置の表し方

✖ 日本は ユーラシア 大陸の東に位置する。

✖ 日本は 太平洋 の北西部に位置する島国（＝海洋国）。

- 北アメリカ州のアメリカ合衆国から見ると…
  - ➡ 日本は 太平洋 をへだてた国。
- 南アメリカ 州のチリから見ると…
  - ➡ 日本は太平洋をはさんで対岸にある。
    - ➡ チリで大地震が発生すると、太平洋を渡って、日本まで 津波（つなみ） が到達することがある。
- ヨーロッパ州から見ると…
  - ➡ 日本はアジア州の中でも 極東 （＝東の端（はし）っこ）に位置する。

さまざまな国から見た日本の位置

- ロシアの東部から見ると…
  - ➡ オホーツク海や日本海 をはさんで南。
- 韓国（かんこく）や北朝鮮（きたちょうせん）から見ると…
  - ➡ 日本海 をはさんで東。
- 中国から見ると…
  - ➡ 東シナ海 をはさんで東。

(2) 緯度、経度で見た日本の位置

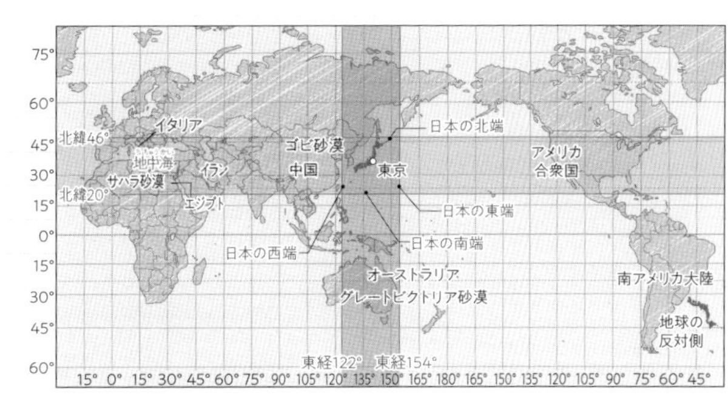

緯度と経度による日本の位置

✖ 北端…およそ北緯 46 度　✖ 西端…およそ東経 122 度

✖ 南端…およそ北緯 20 度　✖ 東端…およそ東経 154 度

日本と他の国・地域との位置関係

✖ アメリカ合衆国や中国、イラン、エジプト、イタリア

…同じ 緯度 に位置する国。

✖ オーストラリア

…同じ 経度 に位置する国。

✖ アジア州の ゴビ 砂漠（さばく）やアフリカ州の サハラ 砂漠

…同じ緯度に位置する。

✖ オセアニア州の グレートビクトリア 砂漠

…同じ経度に位置する。

TEST ✖ 日本の位置を地球の反対側に移動させた場合

… 南アメリカ 大陸の近く。

✖ 正距方位図法は中心からの 距離 と方位が正しい。

…日本から見て最も 遠い 場所に位置しているのは 南アメリカ 大陸 ⚠

日本の反対側
（球の裏側）

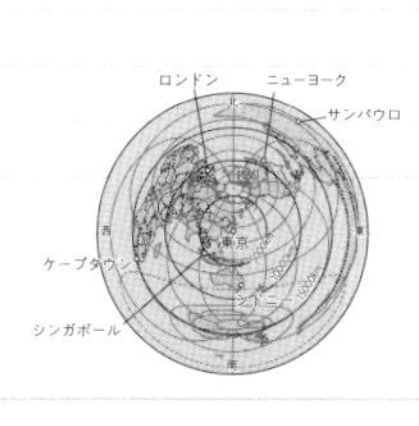

4 時差 (16～17ページの解答)

(1) 標準時

- 標準時子午線…各国の時刻の基準となる経線(=子午線)。
  ※この経線の真上に太陽が来る時刻が 正午 (=午後0時)。
  日本の標準時子午線…兵庫県 明石 市を通る 東経135 度の経線。
  ※国土が東西に長い国は 複数 の標準時がある。ex アメリカ合衆国やロシア

(2) 時差が生じる理由

- 地球は球体である。
  ↓
  太陽 の光を受けている部分と受けていない部分がある。

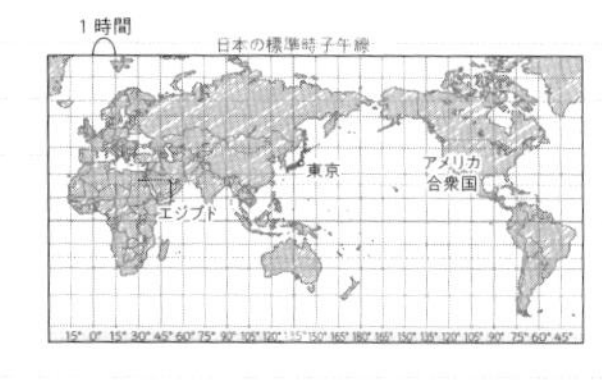

- 経度との関係で考えると…
  - 地球は1日に約 360 度自転している(=東経・西経の合計)。
    ↓
  - 1日は24時間。
    ➡ 1時間当たりで(360÷24=)約 15 度自転していることになる。
    ↓
  - 経度15度ごとに約 1時間 の時差が生じる!

(3) 日付の調整

- 地球を一周すると24時間の時差が生じる。
  ↓
- 調整しないままだと各地の日付が合わなくなる。
  ↓
- 日付変更線…日付を調整するための線。ほぼ経度180度の経線に沿って設けられている。⚠
  ※この線を西から東へこえるときに日付を1日 遅らせる。
  反対に、この線を東から西へこえるときに日付を1日 進める。

MEMO 日付変更線を1日のスタートラインと考える。

(4) 時差の計算

東経どうし、西経どうしの場合

- 東京とカイロ(エジプト)の時差の求め方
  1. 東京とカイロの標準時子午線を確認する。
     ➡ 東京は、東経135 度。
     ➡ カイロは、東経30 度。
  2. 東京とカイロの標準時子午線の経度の差は135－30で、105 度。
  3. 経度 15 度ごとに1時間の時差が生じるから…
     ➡ 東京とカイロの時差は、105÷15という計算から、7 時間。

東経と西経にまたがる場合 ⚠

- 東京とニューヨーク(アメリカ合衆国)の時差の求め方
  1. 東京とニューヨークの標準時子午線を確認する。
     ➡ 東京は、東経135度。
     ➡ ニューヨークは、西経75 度。
  2. 本初子午線を利用して経度の差を求める。
     ➡ 東京の標準時子午線と本初子午線の経度の差は、135 度。
     ➡ ニューヨークの標準時子午線と本初子午線の経度の差は、75 度。
     ➡ 東京とニューヨークの標準時子午線の経度の差は、135＋75で、210 度。
  3. 東京とニューヨークの時差は、210÷15という計算から、14 時間。
  4. 日付変更線 から見て、西にはなれるほど時刻が遅い。
     ➡ 東京とニューヨークを比べると、日付変更線に近いのは 東京。
     ➡ 東京から見ると、ニューヨークの時刻は14時間 遅れている。
     ➡ ニューヨークから見ると、東京の時刻は14時間 進んでいる。

5 日本の領域と都道府県 (18～19ページの解答)

(1) 日本の領域

- 国の領域…3つの要素がある。
  - 領土 (=陸地部分)
  - 領海 (=日本では領土に接する12海里以内の海域)
  - 領空 (=大気圏内の領土と領海の上空部分)

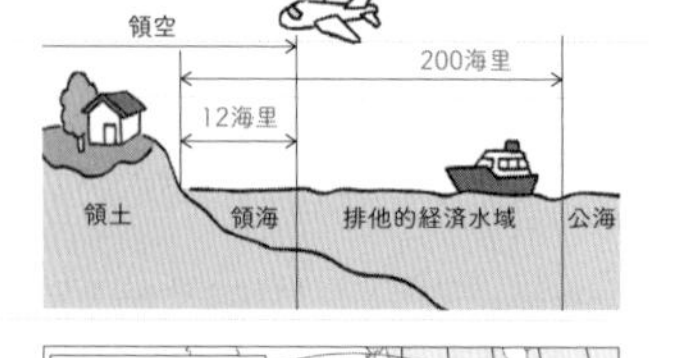

- 日本の領域の特徴
  - 国土(領土)面積…約 38万 km²
  - 領土… 4 つの大きな島と多くの小さな島々からなる(計14,125)。
  - 排他的経済水域…国際法で海岸線から200海里までの範囲と定められている水域。
    ※この水域と領海を合わせると国土面積の10倍以上!
  - 国境線…すべて海の上。
    ※島国(海洋国)で、他の国と接する陸地がないため。
  - 国土の東西南北の端…すべて 島 (離島)。
    ※南端は 沖ノ鳥島。

TEST ➡ この島が水没すると広大な排他的経済水域が失われるので 護岸工事 が行われた。

日本の排他的経済水域(領海もふくむ):(北方)領土、(竹)島、(尖閣)諸島、(沖ノ鳥)島

(2) 海の区分

	海岸線からの距離	他国の船の航行	水産・鉱産資源
領海	(12)海里(=約22km)	制限あり	沿岸国のもの
排他的経済水域	(200)海里(=約370km)	自由	TEST 沿岸国に利用する権利あり
(公海)	－	自由	利用は原則自由

(3) 日本の領土をめぐる問題

- 北方領土…北海道にある 択捉 島・国後 島・色丹 島・歯舞 群島。日本固有の領土。ロシア が不法に占拠。
- 竹島…島根県にある日本固有の領土。韓国 が不法に占拠。
- 尖閣 諸島…沖縄県にある日本固有の領土。
  領土問題はないが周辺の海域に資源がある可能性がわかった後に 中国 などが領有権を主張。

(4) 都道府県と県庁所在地

- 都道府県… 1 都 1 道 2 府 43 県。
- 県庁所在地…都道府県庁(=地方の政治の中心)が置かれている都市。
  ※都道府県名と都道府県庁所在地名が異なることがある。
  ex 北海道の 札幌 市、石川県の 金沢 市、愛媛県の 松山 市
- 都道府県の境界…山地や河川、海峡など地形に沿うものが多い。
  - 都道府県境が未確定 ex 山梨県と静岡県にまたがる 富士山 の山頂付近など
  - 飛び地 ex 奈良県と三重県に囲まれた和歌山県の北山村など

(5) 日本の地域区分

- 地域区分…共通点や関連性に注目して、地域ごとのまとまりにわけること。
  ※各地方の細かい区分。

中部地方	日本海側	(北陸)
	内陸部	(中央高地)
	太平洋側	(東海)
中国・四国地方	日本海側	(山陰)
	瀬戸内海沿岸	(瀬戸内)
	太平洋側	(南四国)
中国地方	瀬戸内海側	(山陽)

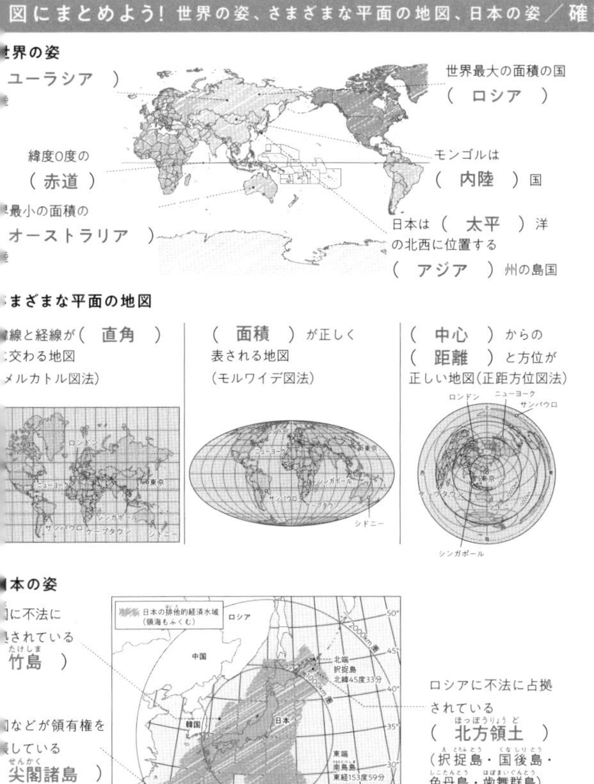

日本の姿

に不法に
されている
（ 竹島 ）

などが領有権を
している
（ 尖閣諸島 ）

の西端の
（ 与那国島 ）

日本の排他的経済水域（領海もふくむ）

ロシアに不法に占拠
されている
（ 北方領土 ）
（択捉島・国後島・
色丹島・歯舞群島）

日本の
（ 標準時子午線 ）
に定められている
東経135度の経線

月　日（　）

確認テスト①

／50点

次の問いに答えましょう（5点×10）。

(1) 次の問いに答えなさい。

❶ 三大洋のうち、最も面積が広いのはどれですか。　（ 太平洋 ）

❷ 世界で最も面積が小さい国は、何という国ですか。　（バチカン市国）

❸ 世界で最も人口が多い州は、何という州ですか。　（ アジア ）州

(2) 右の図を見て、次の問いに答えなさい。

❶図中のA・Bに当てはまる語句をそれぞれ答えなさい。

A（ 排他的経済水域 ）

B（ 公海 ）

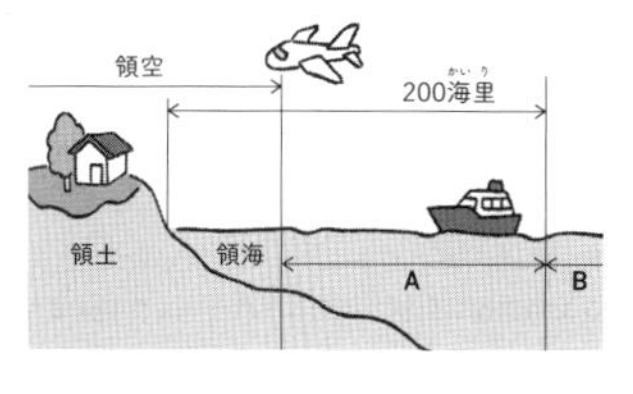

❷図中の領海にある水産資源や鉱産資源について正しく述べているものを、次のア～ウから1つ選び、記号で答えなさい。

ア どの国でも自由に資源を利用することができる。

イ 沿岸の国が資源を利用する権利を持たない。

ウ 資源は沿岸の国のものとしてあつかわれる。　（ ウ ）

❸図中の領土に関連して、日本の領土について述べた次の文中のC～Eに当てはまる数字や語句をそれぞれ答えなさい。

日本の領土の面積の合計はおよそ（C）万㎢であり、領土の南端の島は波の侵食から守るために護岸工事が行われた（D）島である。日本では領土を47の（E）にわけて地方の政治を行っている。

C（ 38 ）D（ 沖ノ鳥 ）E（都道府県）

(3) 本初子午線が通るイギリスのロンドンと東京の時差は何時間ですか。次の解答欄に当てはまるように、「～時間進んでいる」または「～時間遅れている」という形で答えなさい。ただし、サマータイムは考えないものとします。

東京はロンドンに比べて（ 9時間進んでいる ）。

最初の章の学習が終わったね、おつかれさま！
地理の学習では、地図とうまくつき合っていくのが大切ってことがわかったかな。あまり長時間勉強するのはかえって効率が悪くなるから、ちょっと一休みしようね！

第2章

世界のさまざまな特色

6 世界のさまざまな気候と雨温図 （22~23ページの解答）

(1) 世界の気候区分

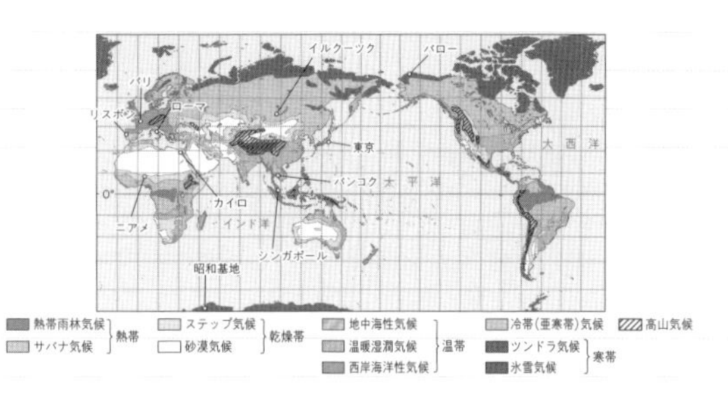

✖ 気候帯 …気温と降水量による気候の区分。
熱帯・乾燥帯・温帯・冷帯（亜寒帯）・寒帯の5つ。

TEST ✖ 気候帯の分布…赤道の近くは熱帯、その周辺に 乾燥帯 。
➡ 緯度が高くなると 温帯 から冷帯（亜寒帯）に変化。
➡ 北極や南極の周辺は 寒帯 。

✖ 気候区 …それぞれの気候帯の細かい区分。雨の降り方や気温の変化のちがいなどによる。

(2) 各気候の特徴と雨温図

✖ 雨温図 …気候の特徴を示すため、気温を折れ線グラフ、降水量を棒グラフで、月ごとに表したもの。

熱帯 …1年中気温が高い。

熱帯雨林 気候

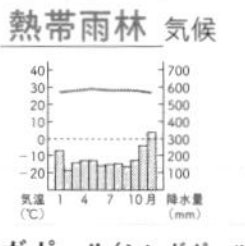

シンガポール（シンガポール）
1年中高温で 雨（降水量） が多いので、森林が育ちやすい。

サバナ 気候

バンコク（タイ）
TEST 雨が多い 雨季 と雨が少ない 乾季 の区別が明確。

MEMO
サバナ…雨季と乾季の区別がはっきりしている熱帯に広がる、まばらな樹木とたけの長い草原。

乾燥帯 …1年中雨が少ない。

砂漠 気候

カイロ（エジプト）
1年中雨が少ないので、岩や砂の砂漠が広がる。

ステップ 気候

ニアメ（ニジェール）
少しだけ雨が降る時期があるので 草原 が広がる。

MEMO
ステップ…わずかに雨が降る乾燥帯のたけの短い草原。

温帯 … 四季（季節） の変化がはっきりしている。

温暖湿潤 気候

東京（日本）
1年中雨が多く、夏と冬の気温の差が大きい。

西岸海洋性 気候

パリ（フランス）
1年を通して、気温や降水量の変化が少ない。

地中海性 気候

リスボン（ポルトガル）
夏に雨が少なくて乾燥し、冬に比較的雨が多い。⚠

冷帯 …冬の寒さが厳しい。

冷帯（＝ 亜寒帯 ）

イルクーツク（ロシア）
短い夏と長い冬があり、夏と冬の気温の差が大きい。

寒帯 …1年中気温が低い。

ツンドラ 気候

バロー（アメリカ合衆国）
短い夏だけ雪や氷がとけて、わずかに草やこけ類が生える。

氷雪 気候

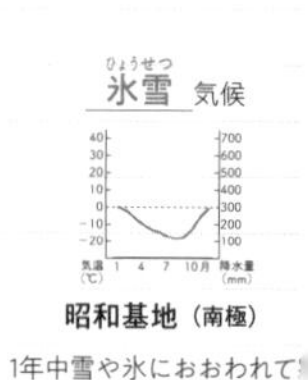

昭和基地（南極）
1年中雪や氷におおわれて、寒さが厳しいため、樹木が育たない。

出典：理科年表2022

(3) 高山気候 … 標高 （＝土地の高さ）が条件。5つの気候帯と別にあつかう。

✖ 高山気候がある理由…標高が高くなるほど 気温 が下がるから。
※ 赤道 付近でも周辺より涼しくて過ごしやすい地域がある。

7 世界各地の暮らし （24~25ページの解答）

(1) 熱帯の暮らし

✖ 特徴…年間を通して暑く、降水量が多い。1日の 天気 がよく変化する。
強風をともなう激しい雨の スコール が降る。
✖ 自然…常緑樹で高い樹木が多い 熱帯雨林（熱帯林） やサバナが広がる。
河口や入り江の周辺に マングローブ と呼ばれる森林。
✖ 住居…柱や壁に木材、屋根に草や葉を利用。
TEST ※ 高床 …家の中に熱や湿気がこもらないようにするためのしくみ。

出典：アフロ

(2) 乾燥帯の暮らし

✖ 特徴…年間を通して降水量が少ないので乾燥する。
✖ 自然…植物がほとんど育たない 砂漠 が広がる。
★ ※水を得ることができる オアシス は貴重な存在！
✖ 農業…樹木を切って燃やした灰を肥料として使う 焼畑農業 。
羊やラクダなどの家畜を飼いながら移動する 遊牧 。
✖ 住居…木材が少ないので、土をこねてつくった 日干しれんが を利用。

(3) 温帯の暮らし

✖ 特徴… 四季 の変化がある。

地中海性気候の暮らし
✖ 特徴… 夏 は少雨、 冬 は多雨。
✖ 農業…乾燥に強い作物を栽培。
- オリーブ …オイルや酢漬け。
- ぶどう …ワインの原料。

✖ 住居…厚い石の壁や白い壁。

出典：アフロ（2点ともに）

(4) 冷帯（亜寒帯）の暮らし

✖ 特徴…長くて寒さが厳しい冬と、短くて暖かい夏。
✖ 分布… 北半球 の高緯度の地域。
※ シベリア …ユーラシア大陸の北に広がる地域。とくに寒さが厳しい！
★ ✖ 森林…広大な針葉樹の森林の タイガ 。
※夏は気温が高くなるので森林が育つ。
✖ 土壌…1年中凍ったままの 永久凍土 。
TEST ✖ 住居… 高床 ＝建物から出る熱が伝わって、永久凍土がとけないようにするためのしくみ。

MEMO
南半球には、冷帯（亜寒帯）の地域はない。

出典：ア

(5) 寒帯の暮らし

✖ 特徴…1年のほとんどが雪や氷におおわれる。
※緯度が高い地域…夏に太陽が一日中しずまない 白夜 、冬に太陽が一日中のぼらない 極夜 が見られる。
✖ 住居…北アメリカ大陸北部に住む イヌイット の人々は、冬になると雪を積み上げたドーム型の イグルー をつくっていた。

出典：ア

(6) 高山気候の暮らし

✖ 特徴…年間の気温差が 小さく 、1日の気温差が 大きい 。
✖ 南アメリカ大陸のアンデス山脈の暮らし
- 住居より標高の高い場所で家畜の 放牧 、それより低い場所で農業。
- けわしい山道で荷物を運ぶ時に家畜の リャマ を利用。⚠
- 家畜の アルパカ の毛を材料にした衣服を着て寒さを防ぐ。⚠
- 人々の主食は じゃがいも 。➡ 保存食のチューニョにも使用。

6000 m / 5000 / 4000 / 3000 / 2000 / 1000 / 0 太平洋
氷雪
リャマ・アルパカの放牧
いも類の栽培
とうもろこし
かんきつ類・熱帯作物の

世界の宗教 （26~27ページの解答）

世界のさまざまな宗教

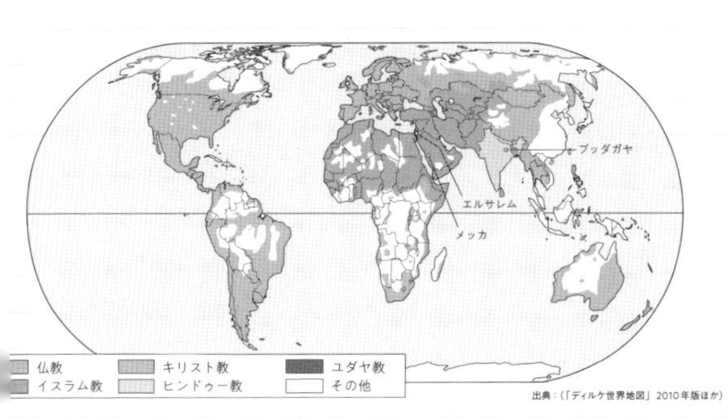

出典：(『ディルケ世界地図』2010年版ほか)

- 仏教 …おもに東南アジアや東アジアに信者が多い。
- キリスト教 …おもにヨーロッパや南北アメリカ、オセアニアに信者が多い
- イスラム教 …おもに西アジアや北アフリカ、中央アジアに信者が多い。

（以上三大宗教）

- ヒンドゥー教 …インドに信者が多い。
- ユダヤ教 …イスラエルに信者が多い。

MEMO
三大宗教は「世界各地に広がっている宗教」、ヒンドゥー教やユダヤ教は「特定の民族や地域と結びついた宗教」というちがいがある。

キリスト教

- 世界で最も信者が 多い 宗教。
- 教典…「 聖書 」
- 聖地… エルサレム（イスラエル）
- 信者…日曜日は 教会 に行って礼拝することが多い。
- 行事：
  - クリスマス …キリスト教の開祖キリスト（イエス）の誕生を祝う行事。
  - イースター …キリストの復活を祝う復活祭。

世界の宗教別人口割合

宗教	割合(%)
キリスト教	31.1
イスラム教	24.9
ヒンドゥー教	15.2
仏教	6.6
その他	22.2

出典：世界国勢図会2022/23

(3) イスラム教

祈る信者の様子

- 教典…「 コーラン 」
- 聖地… メッカ （サウジアラビア）
- 信者…1日に5回 聖地（メッカ）に向かって祈ることがきまり。
  - モスク …寺院（礼拝堂）
- 決まり：けがれた動物である 豚 の肉を食べない⚠、 酒 を飲まないなど。
  - ※⚠ ハラル …イスラム教の決まりを守っている食品や料理の認証マーク。
- 暦…イスラム暦という独自の暦を使用。
  - ➡イスラム暦の9月に日中の飲食をやめる 断食（ラマダーン）を行う。

(4) 仏教

- 教典…「 経 」 聖地… ブッダガヤ（インド）
- 宗派：
  - 大乗仏教 …チベットから日本にかけて信者が多い。
  - 上座部仏教 …スリランカから東南アジアにかけて信者が多い。
- タイの信者…男性は一生に一度 出家 して修行を積むのが一般的。

(5) ヒンドゥー教

- インド のおよそ8割の人々が信仰する宗教。※信者たちは、聖なる ガンジス 川で沐浴をする。
- 決まり：神聖な動物である 牛 の肉を食べない。⚠
- カースト …インドの身分制度。職業の選択や結婚などに影響が根強く残る。

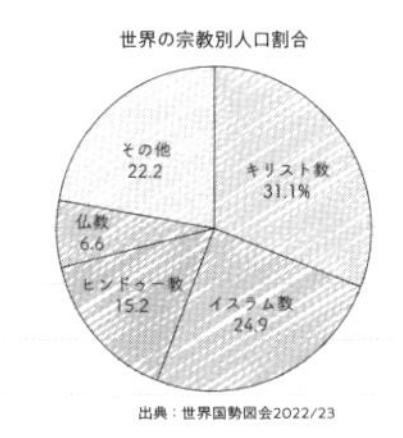
沐浴の様子

(6) 日本の年中行事

- 現在の日本の年中行事…さまざまな宗教の影響を受けている。
  - 初詣や七五三… 神道 の影響
  - お盆や除夜の鐘… 仏教 の影響
  - クリスマスなど… キリスト教 の影響

図にまとめよう！ 世界の気候帯、世界各地の住居、世界各地の宗教／確認テスト② （28~29ページの解答）

世界の気候帯

- アフリカ大陸の北部やアラビア半島は（ 乾燥 ）帯
- シベリアは（ 冷（亜寒） ）帯
- 赤道の近くは（ 熱 ）帯
- 南アメリカ大陸のアンデス山脈などで（ 高山 ）気候が見られる
- 南極大陸は（ 寒 ）帯
- 日本は大部分が（ 温 ）帯

世界各地の住居

暑い地域の高床は内部に（ 熱（湿気） ）をこもらせない。

寒い地域の高床は（ 永久凍土 ）をとかさないための工夫。

乾燥している地域は（ 日干しれんが ）の住居。

イヌイットの人々は雪を積み上げた（ イグルー ）という住居に住む。

世界各地の宗教

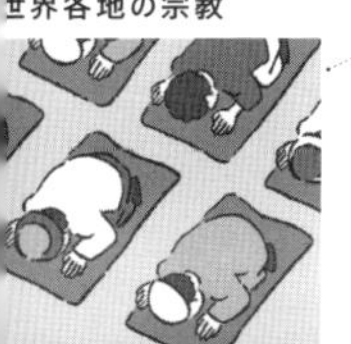

モスクに集まって祈りをささげる（ イスラム ）教の信者たちの様子。

ガンジス川で沐浴をする（ ヒンドゥー ）教の信者たちの様子。

月　日（　）

確認テスト②

／50点

次の問いに答えましょう（5点×10）。

(1) 次の問いに答えなさい。

❶ 1年中気温が高くて降水量が多い地域で見られる、常緑樹の高い樹木が多い森林を何といいますか。 （熱帯雨林（熱帯林））

❷ 1年中降水量が少ない地域に広がる砂漠の中で、わき水や井戸などで水が得られる場所を何といいますか。 （ オアシス ）

❸ シベリアに広がる、針葉樹の大森林を何といいますか。 （ タイガ ）

(2) 次のA～Dの雨温図が示す気候区を、あとのア～エからそれぞれ選び、記号で答えなさい。

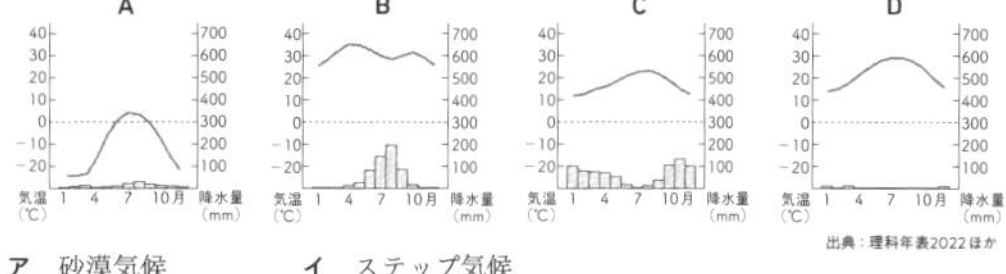

出典：理科年表2022ほか

ア 砂漠気候　イ ステップ気候
ウ 地中海性気候　エ ツンドラ気候

A（ エ ） B（ イ ） C（ ウ ） D（ ア ）

(3) 次の説明に当てはまる三大宗教の名前をそれぞれ答えなさい。

❶ 教典は「経」と呼ばれ、東アジアや東南アジアに信者が多い。 （ 仏教 ）

❷ 豚肉を食べない、1年の決まった月に断食を行うなどの決まりがある。 （イスラム教）

❸ 世界で最も信者が多く、クリスマスなどの行事が日本の年中行事に取り入れられている。 （キリスト教）

この章では世界の気候と宗教について学習したよ。ちゃんと理解できたかな？ もし理解できていないと思ったら、もう一度見直して復習しよう。休憩をはさみながら、じっくりやっていこうね。せっかくだから、世界の珍しい飲み物を試すのもいいかも♪

第3章

世界の諸地域

9 アジア州① （30～31ページの解答）

(1) アジアの自然環境

(ヒマラヤ)
山脈

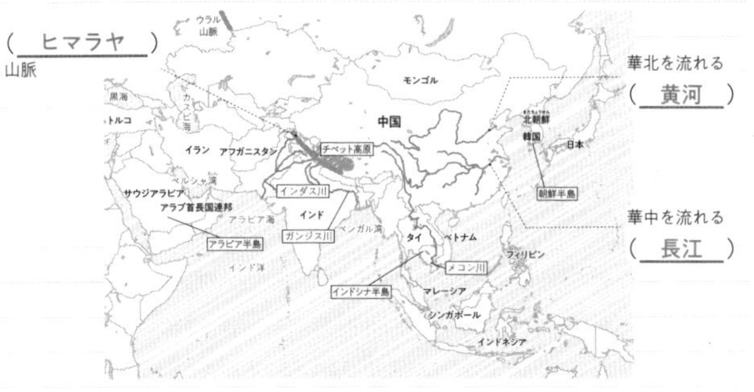

華北を流れる
(黄河)

華中を流れる
(長江)

アジアの地形

✖ 中央部＝「世界の屋根」
- ヒマラヤ 山脈
- チベット 高原

✖ 半島
- 東アジア … 朝鮮 半島
- 東南アジア … インドシナ 半島
- 西アジア … アラビア 半島

✖ 河川

水源 ➡
- 中国 … 華北を流れる 黄河 と華中を流れる 長江 。⚠
- 東南アジア … メコン 川
  （ラオスとタイの国境など）
- 南アジア … ベンガル湾に注ぐ ガンジス 川と
  アラビア海に注ぐ インダス 川。

アジアの気候

✖ モンスーン（季節風）

TEST … 半年ごとに向きが変わる風。
- 夏はインド洋から大陸に吹く湿った風
  ➡ 沿岸部は 雨季 。
- 冬は大陸からインド洋に吹く乾いた風
  ➡ 沿岸部は 乾季 。

✖ 大陸の内陸部 … 乾燥帯

✖ 北部の シベリア … 冷帯（亜寒帯）や寒帯。

アジア州の地域区分

シベリア
中央アジア
西アジア
東アジア
南アジア
東南アジア
赤道

(2) アジアの文化

✖ 東アジア： 漢字 … 中国の文化の影響。　宗教 … 仏教の 大乗仏教 が多い。

✖ 東南アジア：中国系の 華人 … 中国の文化を広める。
宗教 … 仏教の 上座部仏教 の信者が多い。
インド系の人々が ヒンドゥー教 を広める。
西アジアの商人が イスラム教 を広める。
TEST ＋ フィリピン はキリスト教の信者が多い。

✖ 南アジア … インド やネパールはヒンドゥー教の信者が多い。
パキスタンやバングラデシュは イスラム教 の信者が多い。

✖ 西アジア・中央アジア … 全体として イスラム教 の信者が多い。
➡ 西アジアで教典「コーラン」に使われている アラビア 語を広く使用。

(3) アジアの農業

農業地域	農業	人々の主食
中国の南部やガンジス川の流域	（ 稲作 ）	米をさまざまな調理法で食べる。
中国の北部やインダス川の流域	（ 畑作 ）	小麦を粉にしてから、パンや麺などをつくって食べ
西アジアや中央アジア	（ 遊牧 ）	家畜から得られる乳や肉を食べる。

(4) 発展するアジア

✖ アジアNIES（新興工業経済地域）

… 第二次世界大戦後にいち早く工業化に取り組んだ韓国、 シンガポール、 ホンコン（香港
⚠ 台湾 のこと。 ➡ 工業製品の輸出によって、 経済が急速に成長。

- 韓国（大韓民国）
  … 輸出の中心が、 軽工業製品から重化学工業製品に変化。
- シンガポール・ホンコン
  … 港湾や空港を整備。 ➡ 国際的な人やものの流れの中心地として発展。
- 台湾
  … コンピューターや半導体をつくる 先端技術（ハイテク） 産業が発展。

MEMO
ホンコンはイギリスの植民地だっ
が、 1997年に中国へ返還され

東アジアー中国

- 人口…14億人をこえる。およそ9割が 漢 族。
  - ※一人っ子政策 …一組の夫婦の子どもを1人に制限する政策。人口の増加をおさえていたが、現在は廃止。⚠
- 農業…東部の平野でさかん。降水量が少ない西部は 牧畜 が中心。

地域	河川	農業の様子
東北地方	遼河・松花江	小麦や大豆などの(畑作)
華北地域	(黄河)	
華中地域	(長江)	(稲作)や(茶)の栽培
華南地域	チュー川(珠江)	

- 経済特区 …外国企業を受け入れて海外の技術や資本を導入する地区。1980年代から設置。
  - TEST ex アモイ 、スワトウ 、シェンチェン(深圳)、チューハイ 、ハイナン 省。
- 「世界の工場」…1990年代ごろから世界各国に工業製品を輸出するようになった中国のこと。
- 中国の課題：
  - 豊かになった沿海部と、貧しいままの内陸部との経済 格差 が拡大。
    - ➡ 政府は「西部大開発」と呼ばれる内陸部の開発を行う。

アモイ
スワトウ
シェンチェン
チューハイ
ハイナン省

1人あたりの総生産額（2017年）
150万円以上　70～100万
100～150万　70万円未満　● 経済特区

東アジアー韓国

- 儒教 …中国から伝わる。その影響で祖先や年長者を敬う人が多い。
- ハングル …独自の文字を使用。
- 「漢江の奇跡」…1960年から起こった経済成長のこと。
  - ➡ 重工業が発展し、韓国は アジアNIES（新興工業経済地域）の一員になる。

MEMO
韓国の首都ソウルとその周辺には、総人口の半分が集まり、政治や経済の一極集中が進んでいる。

(3) 東南アジアの農業・養殖業

- モンスーン（季節風）…半年ごとに向きが変わる風。多くの雨をもたらすので稲作がさかん。➡ 同じ耕地で1年に2回米を収穫する 二期作 を行う。

MEMO
タイとベトナムは米の輸出が多い。

- プランテーション …植民地時代につくられた輸出向けの商品作物を栽培する大農園。独立後も商品作物を栽培。
  - あぶらやし（油やし）…食用油やせっけんに使われる パーム油 の原料。マレーシアやインドネシアで生産がさかん。
  - バナナ …フィリピンで生産がさかん。日本にも多く輸出。
  - コーヒー …ベトナムで生産がさかん。
- マングローブ …河口や入り江の周辺に広がる森林。
  - TEST ➡ タイやインドネシアでは、この森林を開発して えび の養殖場を建設。環境破壊につながると心配されている。

(4) 東南アジアの工業化

- 工業団地 …東南アジアの国々が外国企業を受け入れるためにつくった。
  - ➡ 最初に シンガポール が工業化し、アジアNIES（新興工業経済地域）の一員となる。
    - ➡ マレーシア とタイで電気機械や自動車の工業が発展。
      - ➡ 近年は賃金が安い インドネシア やベトナムにも外国企業が進出。
- 東南アジア諸国連合（ASEAN）
  - …東南アジアの10か国が加盟。
  - ※加盟国どうしの貿易をさかんにするため、輸入品にかける 関税 を廃止。

東南アジア各国の輸出額・輸出品目の推移

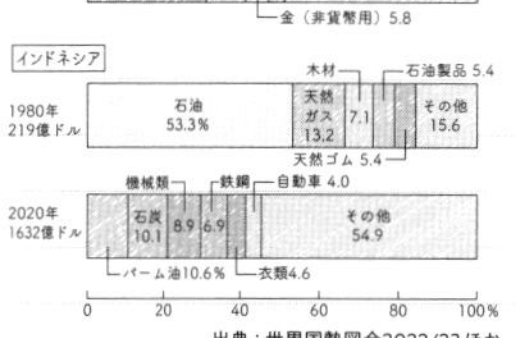

出典：世界国勢図会2022/23ほか

南アジアの宗教

- ヒンドゥー教 …インドのおよそ8割が信者。
- イスラム教… パキスタン やバングラデシュで信者が多い。
- 仏教（上座部仏教）…スリランカで信者が多い。⚠

南アジアの農業

- 米 …ガンジス川下流部でさかん。
- 小麦 …ガンジス川上流部・インダス川流域でさかん。
- 茶 …アッサム地方やスリランカの高地でさかん。
- 綿花 …デカン高原でさかん。

MEMO
降水量が多い地域は稲作、少ない地域は小麦などの畑作が中心となる。

南アジアの産業

- インド…南部のベンガルールを中心に ICT（情報通信技術）関連の産業が急成長。

急成長の理由

- 英語 を話せる人が多いから。
- 数学 の教育水準が高いから。
- 新しい産業なので カースト の影響をあまり受けないから。
- 国や州の援助があるから。
- TEST ⚠ 時差 の関係で、アメリカ合衆国が夜の間に業務を行うことができるので、仕事を請け負いやすいから。
- バングラデシュ…縫製業が急成長。➡ 衣類 の輸出が増加。

南アジアの課題

- 人口増加にかかわる対策：
  - 食料自給率 を向上させる。➡ 作物の品種改良や化学肥料の導入。
  - 農村 の貧困層を減らす。➡ 生活や教育の水準を良くする取り組み。

(5) 西アジア・中央アジアの宗教

- イスラム教 …西アジア・中央アジアのほとんどの国で信仰されている。
  - ※ メッカ …サウジアラビア西部にあるイスラム教の聖地。
- ユダヤ教 …イスラエルで信者が多い。

(6) 西アジアの資源

- 石油（原油）
  - …ペルシア（ペルシャ）湾岸で多く産出。
  - パイプライン を使って大量に輸送。⚠
  - タンカー を使って日本やアメリカ合衆国などへ輸出。

日本の輸入先

- およそ9割が西アジアの国々。
- TEST 輸入第1位は サウジアラビア、第2位は アラブ首長国連邦。※2021年現在

アメリカ合衆国 18.5%　サウジアラビア 12.2　ロシア 12.2　6.0　4.6　4.4　その他 42.1　合計 52.16億kL　中国　イラク　カナダ

原油の生産国（2021年）
出典：世界国勢図会2022/23

- 石油輸出国機構（OPEC）
  - …石油の価格や生産量を決める国際組織。西アジアのおもな産油国が加盟。
    - ➡ アラブ首長国連邦の ドバイ では先進的な都市の建設が進む。

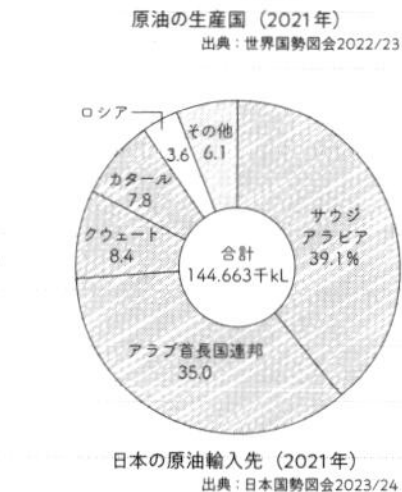

日本の原油輸入先（2021年）
出典：日本国勢図会2023/24

(7) 中央アジアの国々

- 鉱産資源…石炭、石油、天然ガスを産出。レアメタル（＝希少な金属）も豊富。
- 観光資源… シルクロード（絹の道）の交易で栄えた都市の遺跡など。

MEMO
中央アジアは、1991年にソビエト社会主義共和国連邦（ソ連）が解体した後に独立した国が多い。

(8) 西アジア・中央アジアの課題

- 政情の不安定さ…紛争や内戦が起こりやすい。
  - ➡ 安全を求めて他国ににげる 難民 が発生。
    - ➡ 日本などの国々が、復興や生活の安定のために支援。

12 ヨーロッパ州① （36〜37ページの解答）

(1) ヨーロッパの自然環境

氷河地形の（ フィヨルド ）

スカンディナビア半島　ノルウェー　スウェーデン　ロシア　イギリス　北海　オランダ　ドイツ　ポーランド　ウクライナ　スイス　フランス　イタリア　黒海　ドナウ川　ポルトガル　スペイン　ギリシャ　地中海

北海に流れる（ ライン ）川

ヨーロッパを南北にわける（ アルプス ）山脈

ヨーロッパの地形

- スカンディナビア半島…奥行きのある湾を持つ氷河地形の フィヨルド 。
- 北部…平原やなだらかな丘陵。
  - 北海に河口がある ライン 川
  - 黒海に河口がある ドナウ 川
  - 複数の国を流れ、外国船が自由に航行できる川＝ 国際河川
- 中央部… アルプス 山脈＝ヨーロッパを南北にわける高い山脈。
- 南部…山がちで火山も多い。➡ イタリアやギリシャでは 地震 の発生が多い。

ヨーロッパの気候

- 高緯度のわりに温暖な気候
  TEST …大西洋を北上する暖流の 北大西洋海流 の上空を吹く 偏西風 が暖かい空気をもたらすため。

MEMO 日本の最北端とアルプス山脈がほぼ同緯度。

- 西部や南部…温帯
  - 大西洋や北海の沿岸… 西岸海洋性 気候
  - 地中海の沿岸… 地中海性 気候
- 東部やスカンディナビア半島… 冷帯（亜寒帯）

(2) ヨーロッパの農業

自然環境に合わせた農業

地域	降水量	農業の様子
アルプス山脈の北側	年間を通して降水量が安定	小麦やライ麦などの作物の栽培と家畜の飼育を組み合わせる（ 混合農業 ）
アルプス山脈の南側	夏に少雨、冬に多雨	夏にオリーブなどの乾燥に強い果樹を栽培し冬に小麦を栽培する（ 地中海式農業 ）
アルプス山脈や北海沿岸の地域	気温が低く、やせた土地	牧草を栽培して乳牛を飼育し、乳製品を生産する（ 酪農 ）

(3) ヨーロッパの文化

ヨーロッパのキリスト教の宗派の分布

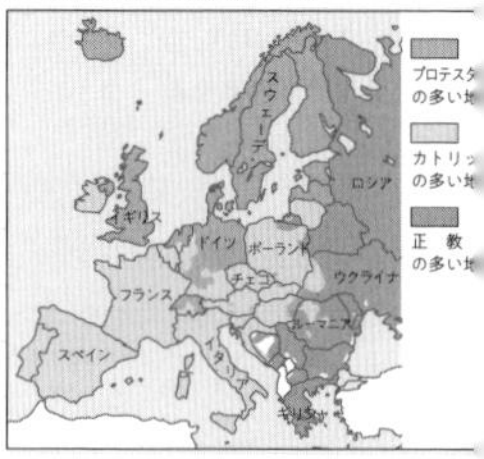

- キリスト教 …広い地域で信仰。
  ➡ 各地の町や村に 教会 があり、礼拝などを行う。
  ➡ 共通の文化を形成。

- 3つの系統にわかれる宗教と言語
  - 北西部（イギリスやドイツなど）
    宗教…キリスト教の プロテスタント が多い。
    言語…おもに ゲルマン 系言語。
  - 南部（イタリアやスペインなど）
    宗教…キリスト教の カトリック が多い。
    言語…おもに ラテン 系言語。
  - 東部（ロシアやポーランドなど）
    宗教…ロシアやウクライナなどはキリスト教の 正教会 の信者が多く、ポーランドやチェコなどはキリスト教の カトリック の信者が多い。
    言語…おもに スラブ 系言語。

MEMO アジアやアフリカからの移住者によって、ヨーロッパではイスラム教の信者が増えている。

13 ヨーロッパ州② （38〜39ページの解答）

(1) ヨーロッパの統合

統合への歩み

- 18世紀以降　ヨーロッパで工業が発達。ex ドイツの ルール 工業地域
- 20世紀前半　第二次世界大戦 で大きな被害を受ける。
  アメリカ合衆国やソ連に対抗するため、ヨーロッパの国々が団結。
- 1967年　ヨーロッパ共同体（EC） が発足。
- 1993年　ヨーロッパ連合（EU） に発展。
- 2002年　共通通貨 ユーロ の流通開始。
- 2020年　イギリスが脱退 ➡ 加盟国数が 27 か国に減少。

MEMO スウェーデンやポーランドのようにユーロを導入していないEU加盟国もある。

統合の影響

- 人々の生活
  - 加盟国間の 国境 の通過が自由。
  - 加盟国からの輸入品の 関税（税金） を廃止。
- 農業
  - 共通農業政策
    …EU全体で農家などに補助金を出して農業を守る政策。
    ※域内の 食料自給率 向上と域外からの 輸入農産物 への対抗が目的。
- 工業
  TEST ● 国際的な分業…EU加盟国の企業が共同でエアバス社を設立。
  ➡ 複数のEU加盟国やイギリスなどで 航空機 の部品を製造。
  ➡ フランス のトゥールーズなどの最終組み立て工場で製品化。

面積、人口、GDPのEUと米中日の比較（2020年）

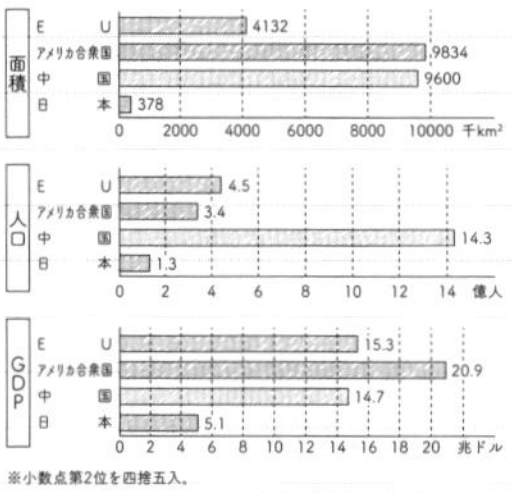

	EU	アメリカ合衆国	中国	日本
面積（千km²）	4132	9834	9600	378
人口（億人）	4.5	3.4	14.3	1.3
GDP（兆ドル）	15.3	20.9	14.7	5.1

※小数点第2位を四捨五入。

出典：世界国勢図会2022/23

(2) ヨーロッパの課題

- 経済格差 の拡大
  TEST …豊かな西ヨーロッパの国々と、貧しい東ヨーロッパの国々との収入の差が大きくなっている。
  ➡ 東ヨーロッパでは高収入などを求めて西ヨーロッパへ働きに行く人が増加。
  ➡ 労働力（労働者） が不足してますます発展が遅れる。

EU各国の一人あたりの国民総所得

出典：世界銀行資料

- EUの運営をめぐる問題
  - 加盟国の増加
    ➡ 意見の調整や意思の決定に 時間 がかかる。
  - 加盟国間の格差をなくすための 補助金 をめぐる対立
    ➡ EUへの負担に不満をいだく イギリス が国民投票を行って脱退！
- 移民や難民
  - フランスは、かつて 植民地 であったアルジェリアなどからの移民が多い。
  - 近年では、ロシアに侵攻されている ウクライナ からの難民が増加。
    ➡ 移民や難民の支援・保護のために、協力体制をつくる必要性がある。
- 環境問題への対策
  - パークアンドライド
    …駅に自動車をとめて、鉄道やバスで目的地に向かうこと。
    ※大気汚染や交通渋滞への対策。
  - 再生可能エネルギー
    …風力や太陽光などを発電に利用。

アフリカ（40~41ページの解答）

アフリカの自然環境

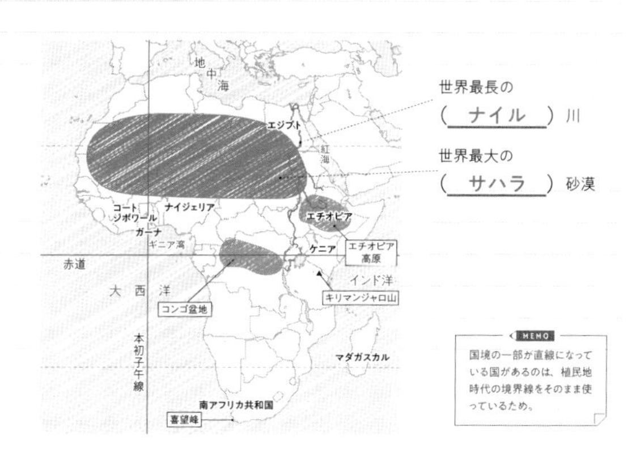

アフリカの地形

✖北部

世界最大の サハラ 砂漠

✖中央部

赤道直下の コンゴ 盆地

✖南部

高原や丘陵が多い。南端に 喜望峰 と呼ばれる岬がある。

✖北東部

世界最長の ナイル 川

✖東部

アフリカ最高峰の キリマンジャロ 山

標高2000mをこえる エチオピア 高原

→赤道付近でも涼しい 高山 気候

アフリカの気候と自然

赤道を中心にして南北対称に気候帯が分布。

- 赤道付近… 熱 帯
- 赤道から南北に少しはなれた地域… 乾燥 帯
- アフリカ大陸の北端と南端… 温 帯
- 熱帯雨林（熱帯林）…赤道付近に広がる常緑広葉樹の森林。

※南北へ移動していくにつれて、サバナ（＝まばらな樹木とたけの長い草原）→ ステップ（＝たけの短い草原）→岩や砂の 砂漠 に風景が変化。

(2) アフリカの歴史

✖ 奴隷（どれい）…16世紀ごろから、アフリカに進出したヨーロッパ人によって、人々が南北アメリカ大陸に送られる。

✖ 植民地 …他の国に支配された地域のこと。20世紀前半までにアフリカ大陸の大部分がヨーロッパ諸国の支配下に置かれ、分割される。

(3) アフリカの課題と取り組み

✖ 国境

TEST …植民地時代に、民族分布を無視して引かれた境界線の利用が多い。

→同じ国に複数の民族が居住。

→ 言語 がちがうので話が通じにくい。

→紛争や内戦の発生。

→植民地支配をした国の言語を 公用語（＝国が定める公式な言語）にして民族対立を防ぐ。

✖ モノカルチャー経済

…多くの国が特定の農作物や鉱産資源の輸出にたよる。

→農作物の不作や経済状況による鉱産資源の 価格（国際価格）の変動による影響を受けやすい。

→国の収入の不安定化。

アフリカ各国の輸出額と輸出品目の割合

コートジボワール（2019年） 127億ドル

カカオ豆	石油製品	金※	野菜・果実	天然ゴム	その他
28.1%	8.8	8.5	8.1	7.1	39.4

※非貨幣用

ザンビア（2020年） 78億ドル

銅	その他
73.5%	26.5

ナイジェリア（2020年） 349億ドル

原油	液化天然ガス	その他
75.4%	11.2	13.4

出典：世界国勢図会2022/23

✖ サヘル …サハラ砂漠の南の地域。

人口増加の影響で食料を増やすため、過度な耕作や木の伐採を行う。

→やせた土地が広がる 砂漠化 が進む。

✖ スラム …生活環境の悪い住宅地。農村から都市に人口が集中した結果、収入の少ない人々が住む。

課題解決への取り組み

- アフリカ連合（AU）

…2002年、EUを参考に結成。アフリカの国々が政治や経済などの面で団結。

北アメリカ州①（42~43ページの解答）

北アメリカの自然環境

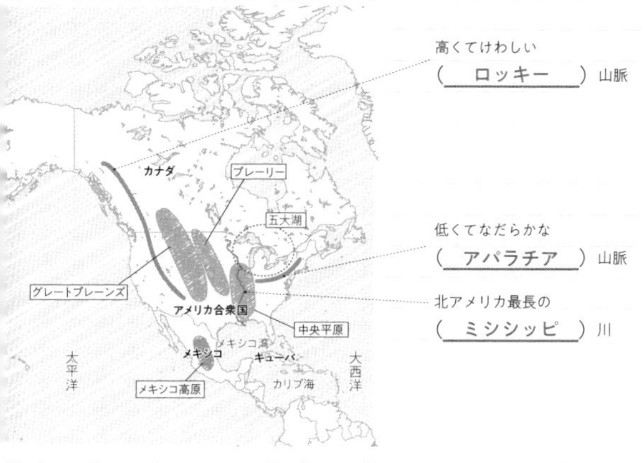

北アメリカの地形

✖西部…高くてけわしい ロッキー 山脈。

西→東

- グレートプレーンズ …高原になっている大平原。
- プレーリー …世界的な農業地帯の草原。
- 中央平原 …北アメリカ最長の ミシシッピ 川の流域。

✖東部…低くてなだらかな アパラチア 山脈。

✖南部…山がちな メキシコ 高原。

✖カリブ海…西インド諸島にキューバなど多くの 島（海洋）国。

北アメリカの気候

✖アメリカ合衆国の アラスカ 州北部やカナダ北部… 寒 帯

✖カナダ南部やアメリカ合衆国の 五大湖（ごだいこ）周辺… 冷（亜寒）帯

✖アメリカ合衆国の本土の大部分… 温 帯

TEST ※ 西経100 度の経線の東側は雨が多く、西側は雨が少ない。

✖メキシコ湾沿岸…温帯や 熱 帯 ※熱帯低気圧（＝ ハリケーン ）の被害を受ける。

(2) アメリカ合衆国の農牧業

✖「世界の 食料庫 」…アメリカ合衆国は世界各国に農産物を輸出。

✖ 適地適作（てきちてきさく）

…農地の自然環境に適した農産物を生産。

- 西経100度の東側

…降水量が比較的多い。

→ 小麦 や とうもろこし、大豆を栽培。

- 太平洋沿岸の カリフォルニア 州…地中海性気候の地域。

→ぶどうやかんきつ類などの果樹を栽培。

- 大西洋沿岸や五大湖周辺… 酪農（らくのう）がさかん。大都市に乳製品を出荷。
- 西経100度の西側…降水量が少ない。

→肉牛の 放牧 がさかん。出荷前の肉牛に栄養が多いえさを与えて育てる フィードロット という肥育場が点在。

✖効率的な生産方式

- 企業的な農業 …アメリカ合衆国では、大型の機械を使って、少ない労働力で多くを生産している。⚠
- センターピボット 方式…回転するスプリンクラーを使ってかんがいを行う。

→円形の農地が多い。

✖さかんな企業の活動

- アグリビジネス …農業関連の経済活動。農産物の流通や販売、肥料や農業機械の製造などを行う企業がある。

※ 穀物メジャー …穀物をあつかい、世界に影響を与える巨大企業。

- プランテーション …アメリカ合衆国の多国籍企業がメキシコや西インド諸島につくった大農園。バナナなどをアメリカ合衆国に輸出。

(1) アメリカ合衆国の工業

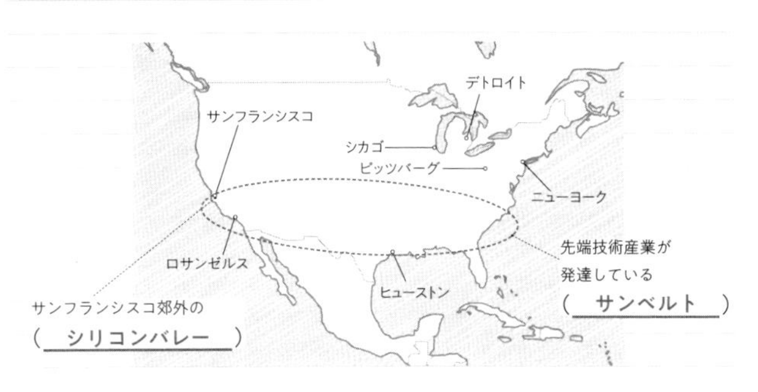

工業の発展

- 19世紀～20世紀前半：五大湖の周辺で重工業が発達。
  - ピッツバーグ …五大湖周辺の鉱産資源を利用した鉄鋼業が発展。
  - デトロイト …流れ作業を利用した 大量生産 方式によって自動車工業が発展。
- 20世紀後半： 日本 やドイツなどからの工業製品の輸入が増加。

↓

五大湖周辺の重工業が衰退。 ➡ 新しい分野の工業へ転換。

↓

- サンベルト (=北緯37度線付近から南の地域) で先端技術産業が発達。
  - シリコンバレー …サンフランシスコの郊外にある地域。
    ICT（情報通信技術） 関連の企業や研究機関が集中。
  - ヒューストン …航空宇宙産業が発達。 宇宙飛行士の訓練も実施。

✖ シェールガス …天然ガスの一種。 埋蔵量が豊富なアメリカ合衆国で開発が進む。

✖ 北アメリカの経済関係…アメリカ合衆国の工場が、
北側の カナダ や
南側の メキシコ に進出。

MEMO アメリカ合衆国・カナダ・メキシコの3か国は、互いに自由な貿易を行う協定を結んでいる。

(2) 北アメリカの人々と文化

✖ 北アメリカの歴史

- 先住民 …ネイティブアメリカンとも呼ばれる人々。 古くから居住。

↓

- 17世紀以降、 ヨーロッパからの 移民 が北アメリカの植民地に移住。
  ➡ 移民の出身国の文化が持ちこまれる。
  - キリスト教 …北アメリカで信者が増える。
  - TEST 言語…アメリカ合衆国とカナダは 英語 、 それ以外の国々では スペイン語 を使う人が多い。

MEMO カナダのケベック州ではフランス語を話す人が多い。

↓

- 奴隷(どれい) …植民地の労働力としてアフリカから連れてこられた人々。
  ➡ アメリカ合衆国南部の 綿花 栽培などの農作業に従事。

↓

- 19世紀に奴隷制が廃止され、 アジア から多くの人々が移住。

↓

- ヒスパニック (=スペイン語を話す移民)
  …近年、 メキシコや西インド諸島などからの移住が増加。 ⚠
  ➡ アメリカ合衆国で賃金の安い仕事に従事。

✖ アメリカ合衆国に住む人々

- アフリカ 系…南東部に多い。 綿花の栽培に従事した奴隷の子孫など。
- ヒスパニック …メキシコとの国境に近い南西部に多い。
- アジア 系…太平洋沿岸に多い。 船に乗って移住してきたため。

✖ アメリカ合衆国の文化

- 車社会 …自動車の大量生産によって高速道路網の整備が進む。
  郊外では広い駐車場を備えた ショッピングセンター が営業。
- 大量生産 、 大量消費 の生活様式…産業や経済の発展の原動力。
  ※多くの国で販売や生産を行う 多国籍企業 が、アメリカ合衆国の生活様式を世界中に広めている。

(1) 南アメリカの自然環境と人々

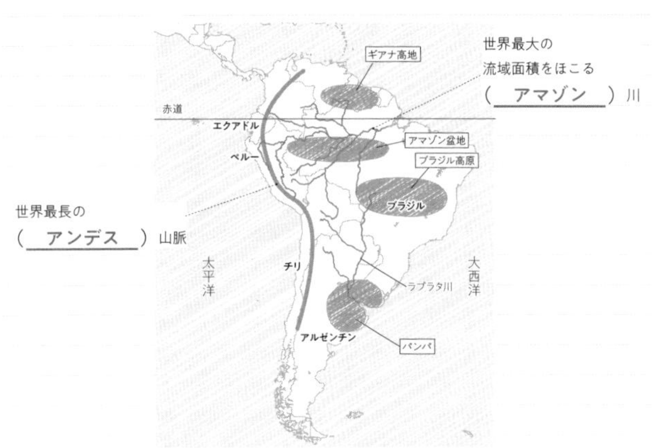

南アメリカの地形

✖ 北部…テーブルのような平らな山が多い ギアナ 高地。
✖ 西部…世界最長の アンデス 山脈は、 高山 気候で過ごしやすい。
✖ 東部…世界最大の流域面積の アマゾン 川の周辺に 熱帯雨林（熱帯林） が広がる
アマゾン 盆地。 その南はなだらかな ブラジル 高原。
✖ 南部…ラプラタ川の河口に パンパ と呼ばれる大草原。

南アメリカの人々と文化

✖ 先住民…アンデス山脈に インカ帝国 のような高度な文明を築く。
✖ 植民地 …先住民を征服したヨーロッパの人々が支配する地域。
➡ 南アメリカに キリスト 教の信仰が広まり、 ブラジルで ポルトガル語 、
それ以外の国で スペイン語 が話される。 TEST
✖ 奴隷(どれい)…先住民や アフリカ 大陸から連れてこられた人々が働かされる。
✖ 日系人 …20世紀に南アメリカへ移住した日本人の子孫。
日本人の移民はブラジルの農園で コーヒー 豆の栽培などに従事。

(2) 南アメリカの農業

✖ 焼畑農業(やきはた)
…アマゾン川流域の先住民が、 森林や草原を焼いた灰を肥料にして農作物を栽培。
数年おきに移動して森林を守る。

✖ 企業的な農業
…各国で大農園を中心とする大規模な農業を行う。
- ブラジル …大豆やさとうきび、 コーヒー豆などを栽培。
  TEST ※かつてはコーヒー豆の輸出にたよる モノカルチャー経済 だったが、現在は輸出品が多様化。
- アルゼンチン …パンパで小麦の栽培や肉牛の放牧。

(3) 南アメリカの鉱工業

日本の銅鉱と鉄鉱石の輸入相手国

銅鉱 121万t	チリ 40.4%	インドネシア 11.6	ペルー 10.8	10.5	カナダ 9.8	その他 16
鉄鉱石 1億1307万t	オーストラリア 58.8%	ブラジル 26.6	カナダ 6.3			

(2021年) 0 20 40 60 80
出典：日本国勢図会20

✖ 鉱産資源
…各国で開発・輸出が行われ、 経済の発展を支える。 ➡ 日本も多くの鉱産資源を輸入。
- チリ …銅鉱の産出が世界最大。
- ブラジル …鉄鉱石やボーキサイトなどを産出。
- ベネズエラやエクアドル… 石油（原油） を産出。

MEMO ベネズエラは石油輸出国機構（OPEC）の加盟国。

✖ 再生可能 エネルギー
…ブラジルでさとうきびを原料とする バイオ燃料（バイオエタノール） をつくる工業が発達
※自動車の燃料に利用して 二酸化炭素 の排出量をおさえる目的。
➡ さとうきびの農地の開発が、森林破壊につながるおそれ。

(4) 南アメリカの課題

✖ アマゾン 川流域の開発
…道路や鉄道の建設のために 熱帯雨林（熱帯林） を伐採。
➡ 植物による二酸化炭素の吸収量が少なくなって 地球温暖化 が進行するおそれ。

オセアニア州 （48～49ページの解答）

オセアニアの自然環境と人々

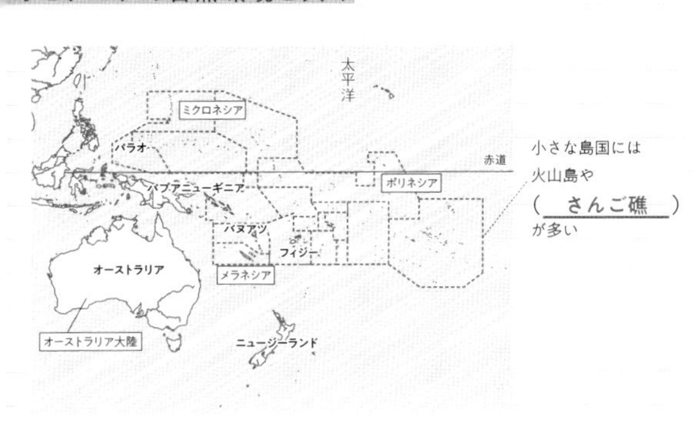

小さな島国には火山島や（ さんご礁 ）が多い

オセアニアの地形と気候

✖ オーストラリア大陸
- 内陸部は砂漠や草原
  - ➡「 乾燥大陸 」
- 南東部や南西部は 温 帯に属する。
  - ➡ 人口が集中し、農業がさかん。
- 北部は赤道に近い。
  - ➡ 熱 帯に属する。

✖ 大きな島国
- ニュージーランド
  …西岸海洋性気候。
  - ➡ 牧畜 がさかん。
- パプアニューギニア
  …高温で雨が多い。
  - ➡ 熱帯雨林（熱帯林）が広がる。

✖ 小さな島国
- 火山島や さんご礁 が多い。
- 赤道や日付変更線の関係から ミクロネシア 、 メラネシア 、 ポリネシア にわかれる。

オセアニアの先住民と文化

✖ アボリジニ
…オーストラリアの先住民。
※オーストラリア大陸の中央に、先住民の聖地とされている、巨大な一枚岩の ウルル（エアーズロック） がある。

✖ マオリ
…ニュージーランドの先住民。

(2) オセアニアの農牧業と鉱産資源

✖ オーストラリアの農牧業
- 南東部や南西部
  … 小麦 の栽培と 羊 の飼育を組み合わせる農業がさかん。
- 北東部
  … 牛（肉牛） の放牧がさかん。

乾燥している内陸部

✖ ニュージーランドの牧畜
西岸海洋性 気候のために牧草がよく育つので、 羊 の飼育がさかん。

✖ オーストラリアの鉱産資源
- 鉄鉱石 …北西部の ピルバラ 地区など。
- 石炭 …おもに北東部や南東部。

地表から掘り進める 露天掘り で採掘。
内陸にある鉱山から 鉄道 で港まで運んで輸出。

✖ オセアニアの貿易
かつては ヨーロッパ の国々との貿易がさかん。
➡ 現在は距離が近い アジア の国々との貿易を重視。
※ APEC（アジア太平洋経済協力） …1989年にオーストラリアの主導で結成。

(3) オセアニアの社会の変化

✖ オセアニアの歴史
- 18～20世紀、オセアニアが欧米諸国の 植民地 にされる。
  - ➡ オーストラリアで本国イギリスからの 移民 が開拓を行う。
  - ※ 白豪主義 …白人以外の移民を制限する政策。（現在は廃止）

↓

- 1970年代以降、オーストラリアはアジア州の移民も積極的に受け入れる。
  - ➡ 華人（=中国系の人々）の増加。 ➡ 大都市に チャイナタウン を形成。
  - ※ 多文化社会 …先住民や移民など多様な人々が共存し、互いの文化を尊重する社会をつくる動きが進む。

図にまとめよう！ ヨーロッパ州とアフリカ州、オセアニア州／確認テスト③ （50～51ページの解答）

ヨーロッパ州とアフリカ州

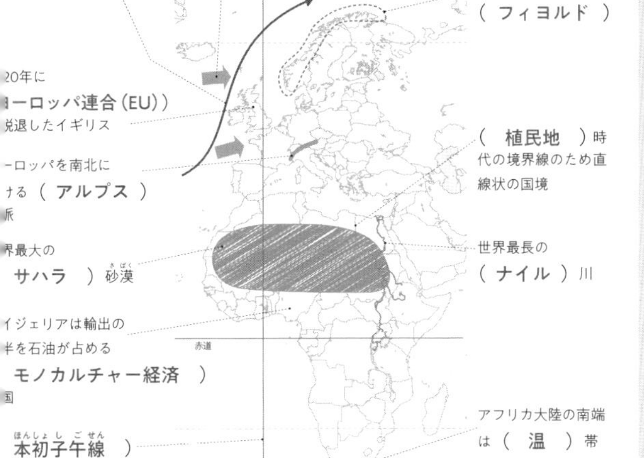

オセアニア州

赤道

先住民の（ アボリジニ ）をはじめ多様な人々の共存と互いの文化を尊重する（ 多文化社会 ）を形成

ーストラリアの鉄
石や石炭の採掘は
露天掘り ）
主流

ーストラリアは1989年に
APEC（アジア太平洋経済協力））の結成を提唱

先住民の（ マオリ ）が住む

確認テスト③

月　日（　）

／50点

次の問いに答えましょう（5点×10）。

(1) 次の問いに答えなさい。
- ❶「世界の屋根」と呼ばれる山脈を何といいますか。 （ヒマラヤ山脈）
- ❷ 北アメリカ大陸西部の高い山脈を何といいますか。 （ロッキー山脈）
- ❸ アマゾン川流域の先住民が行う農業を何といいますか。 （ 焼畑農業 ）

(2) 右の地図を見て、次の問いに答えなさい。
- ❶ 夏に雨季をもたらす季節風の風向きとして正しいのは、あといのどちらですか。 （ あ ）
- ❷ 地図中のA～Cの都市に深い関わりがあるものを、次のア～ウからそれぞれ選び、記号で答えなさい。

ア　工業団地・アジアNIES
イ　経済特区・「世界の工場」　ウ　ICT関連産業・ヒンドゥー教

A（ イ ） B（ ア ） C（ ウ ）

(3) アメリカ合衆国の産業について述べた次の文中のD～Fに当てはまる語句をそれぞれ答えなさい。

農業は自然環境に合わせた（ D ）が行われ、工業は北緯37度付近から南の（ E ）でさかんである。とくにサンフランシスコの郊外にある（ F ）ではICT関連産業が発達し、最先端の研究や製品開発が進められている。

D（ 適地適作 ） E（ サンベルト ） F（シリコンバレー）

これで世界の諸地域の学習は終わりだよ。がんばったね！
さあ、次の章からは日本について学習するよ。でも、その前におやつでも食べてリラックスするのはどうかな？

第4章

日本のさまざまな特色

19 地形図、縮尺、地図記号 （52～53ページの解答）

(1) 地形図と縮尺

- **地形図** …土地に関する多くの情報を表現する地図。
  ※日本では **国土地理院** が発行。⚠
- **縮尺** …実際の距離を縮めた割合。日本では「2万5千分の1」と、「**5万** 分の1」の2つの種類が主流。

TEST • 2万5千分の1地形図からの実際の距離の求め方

❶地形図の上での長さを測る。 ex 地形図の上で4cm
❷縮尺の分母をかける。 ex 4×25000＝100000
❸実際の距離がわかる。 ex 100000cm＝1000m＝1km

- **等高線** …高さが等しいところを結んだ線。

等高線		2万5千分の1地形図	5万分の1地形図
計曲線	～	50mごと	100mごと
主曲線	～	10mごと	20mごと

- 等高線の間隔
  - 間隔が広い…土地の傾斜が **ゆるやか**
  - 間隔が狭い…土地の傾斜が **急**
  - 山頂から張り出している… **尾根**
    (＝山地で最も高いところの連なり)
  - 山頂からへこんでいる… **谷**

尾根
谷

- 等高線と土地の起伏

❶地形図の上に直線を引く。
❷直線と等高線が交わるところの **標高** (＝海面からの土地の高さ) を読み取る。
❸それぞれの交わるところから線を下ろし、折れ線グラフと同じように印をつけていく。
❹すべての印をなめらかな線で結んでいくと **断面図** が完成。

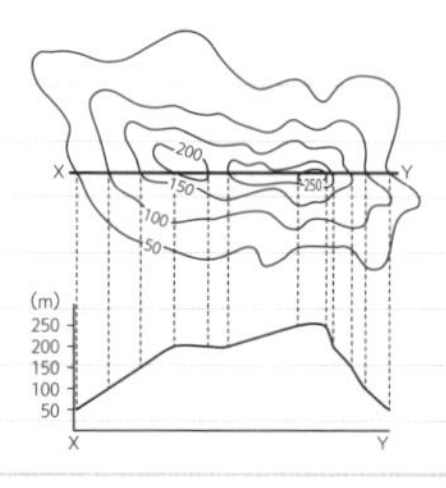

(2) 地形図の利用

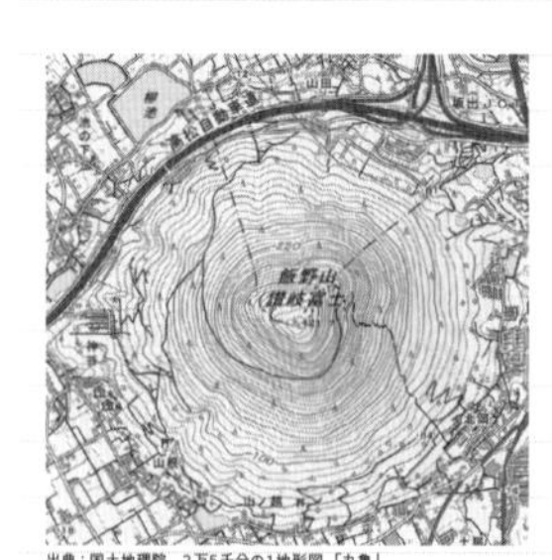

出典：国土地理院 2万5千分の1地形図「丸亀」

- 方位…上が **北**。⚠
- 同じ大きさの地形図を見ると
  - 2万5千分の1地形図
    …狭く、情報が **多い**。
  - 5万分の1地形図
    …広く、情報が **少ない**。

(3) 地図記号

土地利用
(**田**)
(**畑**)
(**果樹園**)
(**茶畑**)
(**広葉樹林**)
(**針葉樹林**)
竹林
ささ地
荒地（あれち）

建物・施設	
建物 (中高層建物)	(**老人ホーム**)
	(**神社**)
◎ 市役所 東京都の区役所	(**寺院**)
○ 町・村役場	(**図書館**)
官公署	(**博物館・美術館**)
(**交番**) ×(**警察署**)	記念碑
(**消防署**)	自然災害伝承碑
(**郵便局**)	(**風車**)
(**工場**)	城跡
発電所・変電所	史跡・名勝 天然記念物
(**小・中学校**)	(**三角点**)
(**高等学校**)	(**水準点**)
(**病院**)	灯台

- 新しい地図記号
  自然災害伝承碑 の地図記号。
  過去の自然災害の情報を伝える内容が刻まれた石造物のこと。

(1) 大地の変動がさかんな地域

✖ 造山帯（変動帯）…山地や山脈が連なり、大地の変動がさかんな地域。

➡ 火山 の活動や地震の 震源 が多い。

- 環太平洋造山帯（環太平洋地域の変動帯）

TEST …太平洋を取り囲むように広がり、大地の変動がさかんな地域。 日本列島 もふくまれる。⚠

- アルプス・ヒマラヤ造山帯（アルプス・ヒマラヤ地域の変動帯）

…ヨーロッパのアルプス山脈からアジアのインドネシア東部までの、大地の変動がさかんな地域。⚠

✖ プレート …かたい岩石でできたかたまり。

※ 地震 の発生…プレートの境界やプレート内部で多い。

※ マグマ …高温で液状になった物質。プレートの境界付近の地下から地上に移動すると火山ができる。

(2) 日本の地形の特徴

✖ 山地 …丘陵（きゅうりょう）と合わせて、国土のおよそ4分の3を占める。

✖ 日本アルプス …標高3000m前後の山々が連なる「日本の屋根」。本州の中央付近にある。

※北から順に、 飛騨（ひだ） 山脈、 木曽（きそ） 山脈、 赤石（あかいし） 山脈。⚠

✖ フォッサマグナ …本州の地形が東西でわかれる境目。 日本アルプスの東側にある。

MEMO
フォッサマグナは、ラテン語で「大きな溝」という意味。

✖日本の川の特徴…大陸を流れる川に比べて、傾斜が 急 で 流域面積 が狭い。

➡ 水量の 変化 が大きい。

日本と世界の川の比較

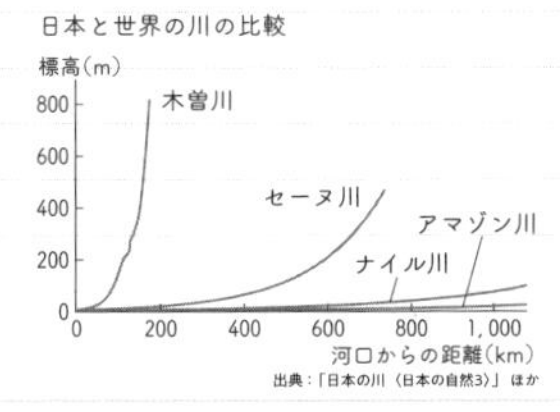

(3) 日本のさまざまな地形

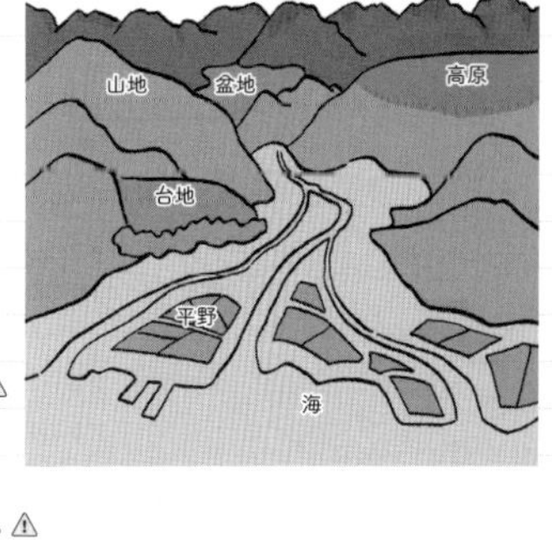

山地の地形

✖ 山脈 …山が長く連なっている場所。

✖ 高原 …標高が高く、土地の起伏が小さい場所。

平地の地形

✖ 盆地（ぼんち） …山に囲まれている平地。⚠

✖ 台地 …周辺より一段高くなっている平地。

✖ 平野 …海に面している広い平地。⚠

川がつくった地形

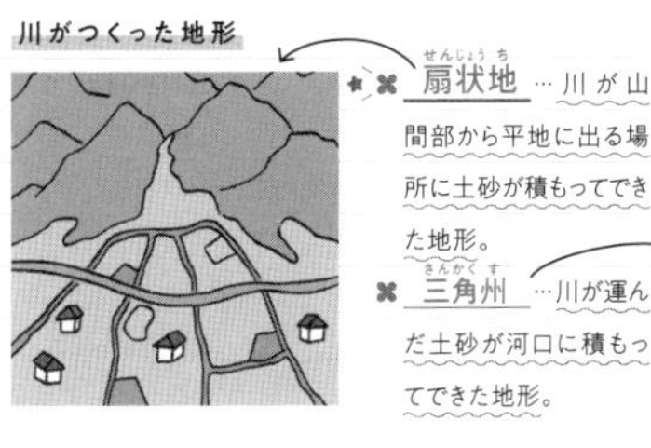

✖ 扇状地（せんじょうち） …川が山間部から平地に出る場所に土砂が積もってできた地形。

✖ 三角州（さんかくす） …川が運んだ土砂が河口に積もってできた地形。

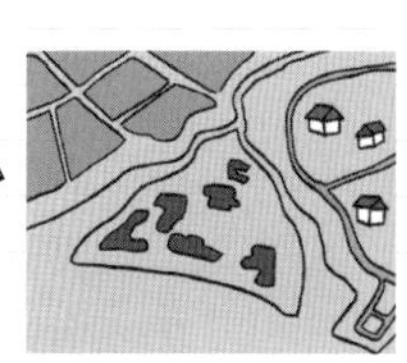

海岸の地形

✖ 岩石海岸 …岩場が続いている海岸。

✖ リアス海岸 …入り組んだ地形の海岸。 湾と岬（みさき）が連続。

✖ 砂浜海岸 …砂におおわれている海岸。

（岩石海岸・リアス海岸・砂浜海岸：自然海岸）

海底の地形

✖ 大陸棚（たいりくだな） …水深が約200mまでの浅くて平らな海底。

✖ 海溝 …水深が8000mをこえる深い海底。

(1) 日本の気候の特徴

✖気候帯…北海道は 冷帯（亜寒帯）、その他の地域は 温帯 。⚠

※日本列島の広い範囲は 温暖湿潤気候（おんだんしつじゅんきこう） という気候。

✖季節風（モンスーン）…半年ごとに向きが変わる風。

TEST • 夏： 南東 の方角から吹く。 太平洋上から暖かく湿った大気を運ぶ。

TEST • 冬： 北西 の方角から吹く。 ユーラシア大陸（とくにシベリア）から冷たい大気を運ぶ。日本海を渡るときに湿った大気になる。

✖ 四季 の変化…日本列島は春夏秋冬の区別が明確。

• 梅雨 …5月から7月にかけて降水量が多くなる時期。

• 台風 …赤道の北の地域で発生する熱帯低気圧のうち、風速や雨が強いもの。

(2) 日本の気候区分と海流

日本の気候区分

月ごとの気温や降水量の変化で6つに分けられる。

✖ 北海道 の気候

✖ 日本海側 の気候

✖ 太平洋側 の気候

✖ 中央高地（ちゅうおうこうち）（内陸） の気候

✖ 瀬戸内（せとうち） の気候

✖ 南西諸島 の気候

北海道の気候 / 日本海側の気候 / 太平洋側の気候 / 中央高地(内陸)の気候 / 瀬戸内の気候 / 南西諸島の気候 / 暖流 / 寒流 / 夏の季節風 / 冬の季節風

日本海 / 太平洋 / リマン海流 / 対馬海流 / 親潮（千島海流） / 黒潮（日本海流） / 釧路 / 上越（高田） / 松本 / 名古屋 / 高松 / 那覇

日本を取り囲む海流

✖ 暖流 …太平洋や日本海を北上する。

✖ 寒流 …太平洋や日本海を南下する。

➡ 2つの海流が各地の気候に影響する。

(3) 日本の気候区分の特徴と雨温図

北海道の気候

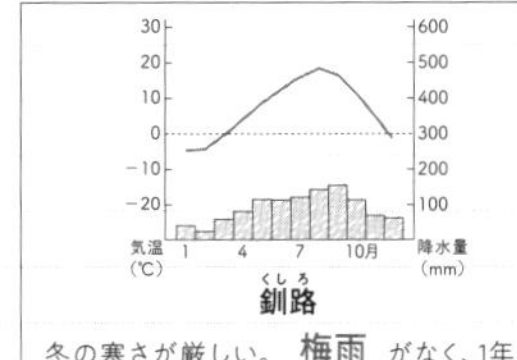

冬の寒さが厳しい。 梅雨 がなく、1年中降水量が少ない。 TEST

日本海側の気候

上越（じょうえつ）（高田（たかだ））

暖流の 対馬（つしま）海流 の影響で、冬の降水量が多い。

太平洋側の気候

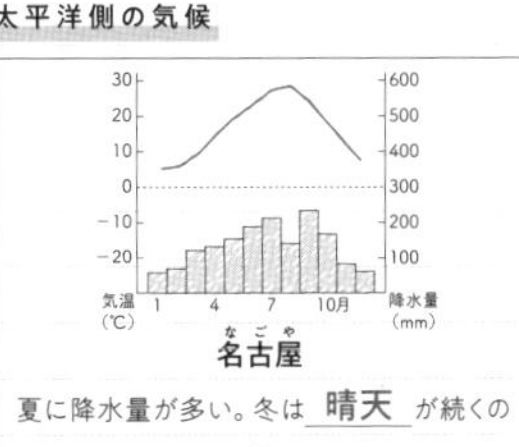

夏に降水量が多い。冬は 晴天 が続くので降水量が少ない。⚠

中央高地（内陸）の気候

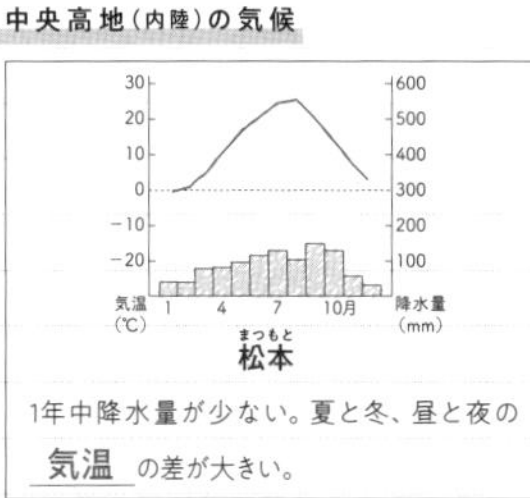

1年中降水量が少ない。夏と冬、昼と夜の 気温 の差が大きい。

瀬戸内の気候

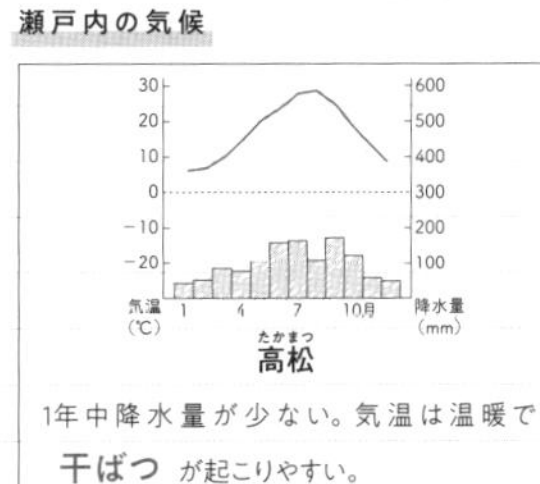

1年中降水量が少ない。気温は温暖で 干ばつ が起こりやすい。

南西諸島の気候… 亜熱 帯

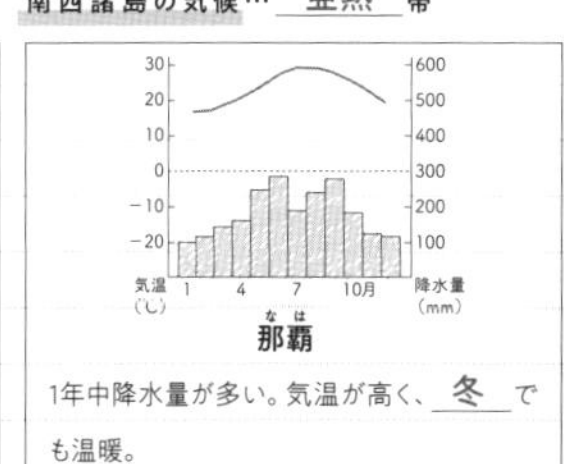

1年中降水量が多い。気温が高く、 冬 でも温暖。

出典：理科年表2022

(1) 日本列島と地下の構造

- 地震…地表のゆれ。日本列島の周辺にある4つのプレートの境界で多く発生。
  - 震度…ある地点でのゆれの強さを表す数値。
  - マグニチュード…地震の大きさを表す数値。
  - 建物の倒壊…地震による大きなゆれで発生。
    - ➡建物の補強や 耐震化 をほどこして倒壊を防ぐ。
  - 液状化…水や砂を多くふくんだ地面が地震によって液体のようになってしまうこと。
- 津波…地震による海底の地形の変形で起こる波。
  - リアス海岸…入り組んだ地形の海岸。

TEST ※奥行きのある湾では、津波の被害が大きくなる。

(北アメリカ)プレート
(ユーラシア)プレート
(太平洋)プレート
(フィリピン海)プレート

注:太線 ━ は、プレートの境界を表す。

(2) 日本の震災

- 関東大震災…1923年9月1日に東京や横浜をふくむ地域で発生した大地震。 火災 によって多くの建物が焼け、10万人以上の被害者が出た。

MEMO
現在、9月1日は「防災の日」に定められ、各地で防災訓練が行われている。

- 阪神・淡路大震災…1995年1月17日に兵庫県南部で発生した大地震。
  - ➡日本で ボランティア 活動がさかんになった。 ※被災者を助けるために全国各地から人が集まったため。
- 東日本大震災(東北地方太平洋沖地震)…2011年3月11日に東日本の太平洋の沖合いで発生した大地震。太平洋側の 三陸海岸 は入り組んだリアス海岸のため、とくに津波の被害が大きかった。
- 南海トラフ…西日本の太平洋側の海底にある深い溝。近い将来に巨大な地震を起こすと予測されている。

(3) 日本のさまざまな自然災害

- 火山災害
  - 火山灰 や溶岩…火山の噴火とともにふき出る。
  - 火砕流…火山からふき出た高温のガスや火山灰などが、高速で流れ下る。
- 土砂災害
  - がけくずれ…地震や大雨などで、斜面が突然くずれ落ちる。
  - 地すべり…斜面の土地がすべり落ちる。
  - 土石流…大雨などで、土砂や石が高速で下流に流れ下る。
- 気象災害
  - 洪水…川の増水や堤防の決壊で、一帯に水があふれ出る(はんらん)。
  - 高潮…台風や低気圧の影響で、海水面が急に高くなる。
  - 冷害…夏の低温で、農作物の生育が悪くなる。
  - 干害…水不足によって、農業などに悪影響が出る。
  - 雪害…大雪のために交通網などに悪影響が出る。
    山岳地域で 雪崩 が発生すると建物や住民に被害が及ぶ。

(4) 自然災害への取り組み

- 災害救助法…自然災害が発生したとき、国・都道府県・市区町村などが協力して被災者の保護を行うことを定めた法律。
  - ※ライフライン…電気、水道、ガスなど、住民の生活を維持するための施設。
  - ※ 自衛隊…必要なときに都道府県知事などが災害派遣を要請。
- 防災…自然災害による被害が及ぶのを防ぐこと。
- 減災…自然災害による被害をできるだけ少なくすること。

必要! そのうえで

- 公助…国、都道府県、市区町村が被災者の救助や支援を行う。
- 共助…地域の住民や身近な人が互いに助け合う。
- 自助…自分自身や家族を守る。
- ハザードマップ(防災マップ)…予測される自然災害の種類と被害の範囲、避難場所の位置、避難ルートなどの情報をまとめた地図。

(1) 日本の人口構成

- 総人口…約 1.2 億人(2022年現在)
- 人口ピラミッド…年齢と性別で人口構成を表すグラフ。
  - ※日本は 富士山 型 ➡ つりがね 型 ➡ つぼ 型 に変化。

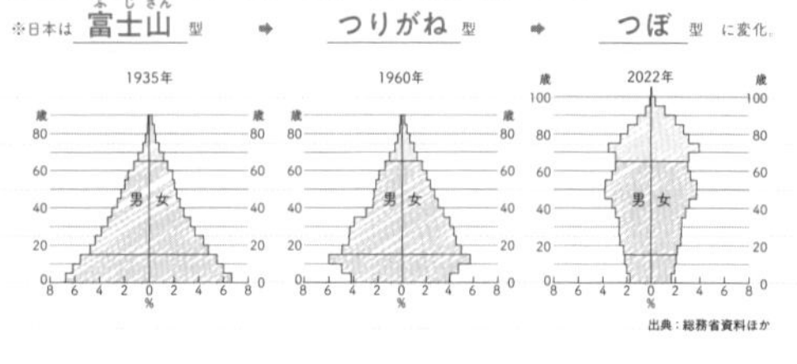

出典:総務省資料ほか

- 人口の分類
  - 年少人口…0~14歳の人口。日本では1980年代から割合が縮小。
    - ※合計特殊出生率…1人の女性が一生に生む子どもの平均人数。⚠
  - 生産年齢人口…15~64歳の人口。生産活動の中心となる年代。日本ではゆるやかに割合が縮小。
  - 老年人口…65歳以上の人口。日本では割合が拡大。
    - ➡
  - 少子高齢社会 の到来。

TEST ➡日本は2010年ごろから総人口が減少。

日本の人口の移り変わり
1.4億人 / 1.2 / 1.0 / 0.8 / 0.6 / 0.4 / 0.2 / 0
1950 / 70 / 90 / 2010 / 20 / 30 / 50 / 70年
→将来推計
65歳以上
15~64歳
0~14歳
出典:厚生労働省資料ほか

- 人口密度…1km²当たりの人口。日本の人口密度は約335人/km²
  - ※地形別に見ると、平野や盆地など標高の 低い 場所に人口が集中し、山地など標高の 高い 場所の人口は少ない。

(2) 人口の多い地域と少ない地域

- 過密…ある地域に人口が集中すること。日本では 高度経済成長 の時期に農村から多くの人が都市へ移動。
  - ➡交通渋滞や住宅不足などの問題。
  - 三大都市圏…東京、名古屋、大阪(京阪神)でそれぞれ大都市圏を形成。⚠
  - 地方中枢都市…各地方の中心都市。 例 札幌、広島
  - 政令指定都市…政府が指定した人口50万人以上の市。

三大都市圏への人口集中

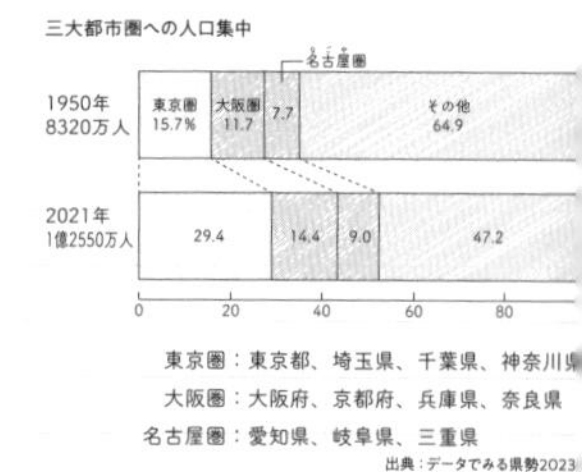

東京圏:東京都、埼玉県、千葉県、神奈川県
大阪圏:大阪府、京都府、兵庫県、奈良県
名古屋圏:愛知県、岐阜県、三重県
出典:データでみる県勢2023

MEMO
現在の政令指定都市は、札幌・仙台・さいたま・千葉・横浜・川崎・相模原・新潟・静岡・浜松・名古屋・京都・大阪・堺・神戸・岡山・広島・北九州・福岡・熊本の20市(2023年現在)

- 過密地域の変化
  - 地価の高い都心部から、郊外の ニュータウン (=郊外に建設された計画的な住宅地)など人口が移動。
  - ↓
  - TEST ドーナツ化現象…都心部の人口が減少して、郊外の人口が増加。
  - ↓
  - 再開発…都心部で新しいマンションなどを建設。
  - ↓
  - 都心回帰…郊外からの移動などで、都心部の人口が再び増加。
- 過疎…人口が減って地域社会の維持が難しくなること。
  - ※日本は 山間 部や 離島 で人口の減少が大きい。
- 過疎地域の再生…都市からの移住者を増やして地域を活性化。
  - Uターン…地方で育った人が都市に進学・就職した後、故郷にもどって働く。
  - Iターン…都市で育った人が、地方に移住して働く。
  - Jターン…地方で育った人が都市で就職した後、故郷の近くの都市に移住して働く。

世界のおもな資源

✖ 鉱産資源 …工業原料やエネルギー源に使われる鉱物。

- 石炭 …鉄鋼の原料や火力発電の燃料に使われる黒色の鉱物。世界最大の産出国は 中国 （2019年現在）。
- 石油（原油） …機械の燃料や石油製品の原料に使われる液体の鉱物。西アジアに多く分布。世界最大の産出国は アメリカ合衆国（2021年現在）。
- 天然ガス …二酸化炭素の排出量が他に比べて少ないので、クリーンなエネルギーとして利用される気体の化石燃料。世界最大の産出国は アメリカ合衆国（2020年現在）。
  ※LNG（液化天然ガス）…輸送しやすくするために冷却して液体にした天然ガス。
- 鉄鉱石 …鉄鋼の原料となる鉱物。世界で産出量が多い国は オーストラリア、ブラジル 、中国の順（2019年現在）。

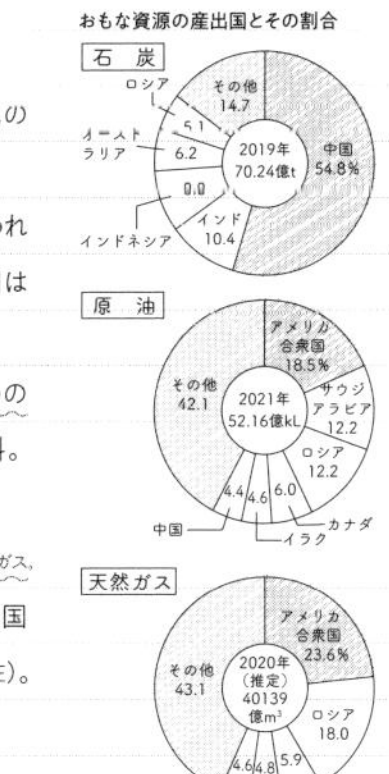

資源輸入大国の日本

◎鉱山の閉鎖…国内の鉱産資源は 埋蔵量 が少なく、採掘の 費用 が高い。

⬇

◎資源の輸入の増加…外国産の鉱産資源は 品質 が良く、価格が 安い 。

⬇

◎エネルギー自給率の低下…日本で使われるエネルギー資源のうち、国内産の割合は約13.3%（2021年現在）。

日本のおもな鉱産資源の輸入相手国

石炭 2兆8013億円：オーストラリア 67.2%、インドネシア 11.3、ロシア 10.2、その他 11.3

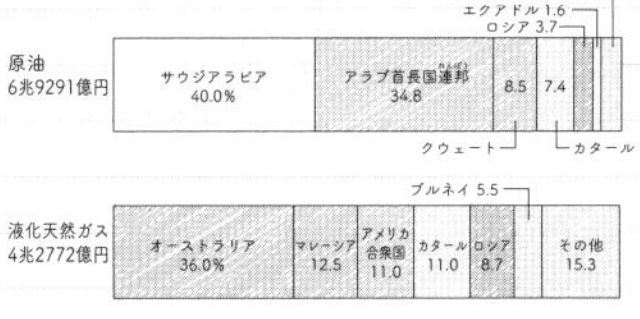

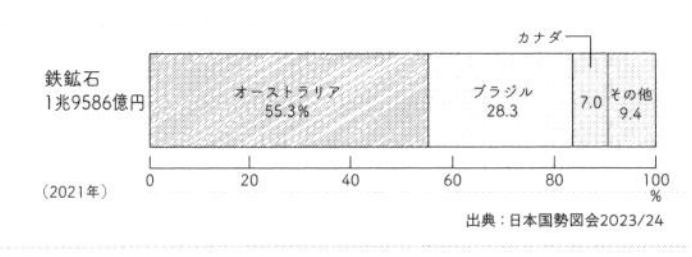

出典：日本国勢図会2023/24

(3) 日本の発電

✖ さまざまな発電方法

- 火力発電 … 鉱産資源 を燃料にして電気を起こす。現在の日本の発電の中心。発電所は 大都市 や工業地域の近くに立地。
  ※ 化石燃料 …地中で動植物の遺骸が長い時間をかけて変化してできた石炭、石油、天然ガスのこと。
- 原子力発電 … 燃料の ウラン の核分裂反応で電気を起こす。火力発電とちがって、地球温暖化 の原因となる温室効果ガスを出さない。
  発電所は冷却水を得やすい沿岸部（海岸の近く）に立地。

日本の発電所の分布

●火力　▲水力　■原子力

柏崎刈羽

※第一・第二ともに全廃炉

出典：データでみる県勢2023ほか

TEST ※東日本大震災（東北地方太平洋沖地震）…2011年に発生。福島県の発電所で事故が起こったため、原子力発電の利用が減少。

✖ 再生可能エネルギー …くり返し利用できるエネルギー。化石燃料のような枯渇の心配がない。
※発電量が不安定なものが多い。⚠

- 水力発電 …山地につくられた ダム を利用して発電。1950年代ごろまでの発電の中心。
  ※発電所をつくるための開発や工事が 自然破壊（環境破壊） につながることが短所。
- 太陽光発電 …太陽電池を利用して発電。
- バイオマス発電 …牛のふんや廃材など、動植物に関わるものを利用して発電。
- 風力発電 …風車が回る力を利用して発電。
- 地熱発電 …地中の熱水や蒸気を利用して発電。

日本の発電の割合（2021年度）

火力 72.9%、太陽光 8.3、水力 7.5、原子力 6.9、その他 4.4

出典：経済産業省資料

日本の農業

MEMO
自然に直接働きかけて生産する農業、林業、漁業などを第一次産業という。

✖ 稲作 …日本の農業の中心。雪どけ水が豊富な東北地方などで 米 の生産がさかん。

✖ 野菜 栽培…日本の農業産出額で2番目に多い（いも類との合計）。

- 近郊農業 …大都市に近い地域で行われる農業。
- 促成栽培 …農作物の収穫時期を早める農業。
- 抑制栽培 …農作物の収穫時期を遅らせる農業。

農業産出額の内訳（2020年）

地域	米	野菜	果実	畜産	その他
全国 8兆9370億円	18.4%	25.2	9.8	36.2	10.4
北海道 1兆2667億円	9.5%	16.9	0.5	57.9	15.2
東北 1兆4427億円	31.8%	18.3	15.2	30.6	4.1
関東 1兆6174億円	15.9%	37.7	3.1	32.0	11.3
中部 1兆3685億円	26.5%	25.5	16.1	20.0	11.9
近畿 5592億円	26.0%	22.2	18.5	24.2	9.1
中国・四国 8679億円	17.4%	28.2	16.1	31.2	7.1
九州 1兆8332億円	8.8%	24.3	7.3	46.7	12.9

出典：データでみる県勢2023

✖ 果樹栽培…日当たりの良い斜面や扇状地などで 果実 を生産。

ST ※涼しい地方は りんご 、暖かい地方は みかん（かんきつ類） の生産量が多い。

✖ 畜産 …家畜を飼育して肉や卵などを生産。日本の農業産出額で最も多い。

日本の農業の課題と対策

✖ 輸入 自由化 …外国産の安い農産物が多く輸入されるようになった。

✖ 食料自給率 …日本で消費される食料に占める国内産の割合。
※2021年度は 38 %で、米をのぞいて、全体的に低下。

おもな農産物の自給率の移り変わり

米、野菜、牛乳・乳製品、肉類、果実、小麦、大豆（%、1965～20年度）

出典：農林水産省資料

✖ 高齢化 …農業で働く人のうち、3分の2が65歳以上！

✖ 農業人口の減少…新しく農業を始めようとする若い人が少ない。➡ 後継者 が不足！

✖ 農業関係者の努力

- 機械化や肥料の有効活用➡ 労働時間 の短縮。
- 農薬の使用をおさえる 有機栽培 ➡安全で質の高い農作物を生産。
- 冷凍技術の発達などで、遠い地方からの輸送が実現。➡ 産地直送

(3) 日本の林業と課題

✖ 日本の森林…国土面積のおよそ3分の 2 を占める。

- 天然林 …自然のままの森林。森林面積全体のおよそ5割を占める。
  ※ 青森ひば（青森県）、秋田すぎ（秋田県）、木曽ひのき（長野県）が有名。
- 人工林 …人間がつくった森林。森林面積全体のおよそ4割を占める。
  ※ 天竜すぎ（静岡県）、尾鷲ひのき（三重県）、吉野すぎ（奈良県）が有名。

✖ 林業の課題

- 林業人口の減少…働く人の 高齢化 が進んで、後継者 が不足。
- 輸入 材の増加…日本の木材 自給率 が大きく低下。
  ➡21世紀に入ってからは建築や燃料に使われる 国産 材が増えた。
  ※ パルプ …木材を処理したときの残材。紙の原料に使用。

(4) 日本の漁業

とる漁業

✖ 遠洋漁業 …遠くの海域で、大型の船を使って行う漁業。

TEST ※各国が 排他的経済水域 を設定したため、1970年代から漁獲量が減少。

✖ 沖合漁業 …近くの海域で、中型の船を使って行う漁業。
※海洋環境の変化による水産資源の枯渇や乱獲などが原因で、1980年代から漁獲量が減少。

✖ 沿岸漁業 …陸地のそばの海域で、小型の船を使って行う漁業。
※漁業の規模が小さいので、漁獲量は少ない。

漁業部門別漁獲量の変化

万t　（沖合）漁業、（遠洋）漁業、（沿岸）漁業、海面養殖業（1965～20年）

出典：日本国勢図会2023/24

育てる漁業

✖ 養殖業 …卵からかえした魚や貝を成長させて出荷する漁業。
※ 赤潮 の発生で、いけすやいかだの魚や貝が被害を受けることがある。

✖ 栽培漁業 …卵からかえした稚魚や稚貝を放流して、自然の中で成長させてとる漁業。⚠

26 日本の第二次産業（66～67ページの解答）

(1) 工業の種類

✖ 軽工業
- 繊維（せんい）工業 …糸や織物、衣類など。
- 食品工業 …乳製品や缶詰（かんづめ）、菓子など。
- 窯業（ようぎょう） …陶磁器やガラス、セメントなど。

※ファインセラミックス…窯業でつくられる高機能の製品。半導体や自動車などさまざまな使い道がある。

MEMO 自然から得られる原材料を加工する製造業や建設業などを第二次産業という。

✖ 重化学工業
- 金属工業 …鉄鋼やアルミニウム製品。
- 機械工業 …自動車やテレビ、IC（集積回路）、産業用ロボットなど。
- 化学工業 …ガソリンや灯油、プラスチック、医薬品など。

(2) 日本の工業

✖ 工業の中心…TEST 戦前は 軽工業 、戦後は 重化学工業 。

※先端技術産業（ハイテク産業）…半導体のように、高度な知識と技術が必要な製品をつくる産業。近年の日本でさかんになっている。

✖ 日本の工業地帯・地域… 高度経済成長 の時期に臨海部で発達。

※ 太平洋ベルト …関東から九州の海沿いに形成された帯状の工業地域。

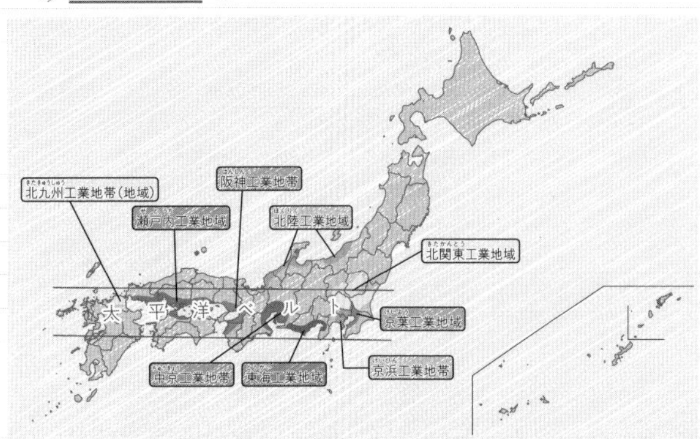

(3) 日本の貿易と工業の変化

○ 加工貿易 …輸入した原料や燃料をもとにしてつくった工業製品を輸出。
- 戦前：綿花を輸入して綿織物を輸出。
- 戦後：鉄鉱石や石油を輸入して鉄鋼や自動車を輸出。

↓

○ 貿易摩擦（まさつ） …貿易が原因となって国と国との関係が悪くなること。

↓

○ 海外生産（現地生産） …日本の企業が外国に進出して工場をつくり、そこで製品をつくること。
- アメリカ合衆国やヨーロッパへの進出
  ※貿易摩擦を避けるため。
- 中国や東南アジアへの進出
  ※賃金の安い 労働力 や新しい 市場 を求めるため。⚠
- 逆輸入 …日本の企業が外国の工場でつくった製品が日本に輸入されること。

↓

○ 産業の空洞化 …日本の企業が外国に工場をつくったため、国内の産業が衰退すること。

※問題点：国内の工場が閉鎖されて 失業者 が増える。産業に必要な 技術 が受け継がれなくなる。

↓

○ 現在の日本の貿易（2022年現在）
- 最も貿易額が多い州… アジア 州
- TEST 貿易額が1位の国… 中国
- 貿易額が2位の国… アメリカ合衆国

日本の貿易品目の変化

輸入
- 1935年 24億7224万円：金属・金属製品 4.0%、11.9、繊維原料・繊維製品 38.3、4.3、9.6、食料品 31.9
- 1975年 17兆1700億円：7.4%、34.0、4.9、15.2、35.6、2.9
- 2021年 84兆8750億円：機械類 27.7%、石油 10.7、液化ガス 5.9、その他 55.7

輸出
- 1935年 24億9907万円：2.6、繊維・繊維製品 41.6、54.0、1.8%
- 1975年 16兆5453億円：53.8%、18.2、6.7
- 2021年 83兆914億円：機械類 58.3%、鉄鋼4.6、その他 37.1

出典：財務省貿易統計

日本の自動車生産の変化

万台（0～3000）、1970 75 80 85 90 95 2000 05 10
海外生産、輸出用※2、国内用
※1 2007年に海外生産の集計方法を変更しているので、2006年以前とは単純に比較できません。
※2 2017年より、一部のメーカーをふくみません。

出典：日本自動車工業会

27 日本の第三次産業（68～69ページの解答）

(1) 産業構造の変化

MEMO 自然からの生産や加工を行わない商業やサービス業などを第三次産業という。

✖ 経済の発展…産業別の人口で大きな割合を占めるものが
第一次産業 ➡ 第二次産業 ➡ 第三次産業 に変化。

※ 先進国 は第三次産業の割合が大きく、発展途上国 は第一次産業や第二次産業の割合が大きいのが一般的。

日本の産業別人口割合の推移

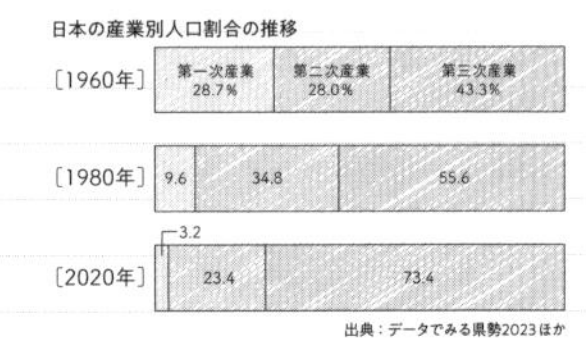

出典：データでみる県勢2023ほか

第三次産業就業者数の県別割合（2020年）

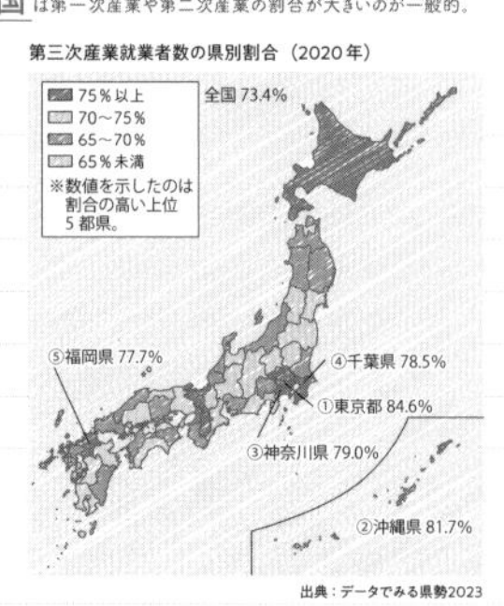

出典：データでみる県勢2023

✖ 日本の第三次産業…地域による かたより が大きい。

第三次産業で働く人が多い地域
- 三大都市圏 …東京都・大阪府・愛知県とその周辺は 人口 が多い大消費地で、経済活動が活発。
- 北海道や沖縄県…国内外から訪れる人が多く、観光業 がさかん。⚠

(2) 日本の商業

✖ 流通 …生産者がつくった商品が消費者に届くまでの流れ。
商業が大きな役割を果たしている。
- 卸売業（おろしうりぎょう） …生産者から商品を買いつけて小売店に売る業種。問屋や商社など。
- 小売業 …消費者に直接商品を販売する業種。規模はさまざま。

生産者 → （卸売）業 → （小売）業 → 消費者

※近年、生産者が消費者に直接商品を売ることが増えている。

商業の変化

○ 商店街や 百貨店（デパート）
…駅前や都市の中心部に出店。

↓

○ 自動車 の普及で車社会になる。

↓

○ 大型の スーパーマーケット やショッピングセンター
…郊外の幹線道路沿いに進出。広い 駐車場 と多様な品ぞろえ。
➡ 駅前の商店街などが衰退。

↓

○ ICTを活用した商業が拡大。
- コンビニエンスストア …24時間営業が多い小型のスーパーマーケット。インターネット を通じて、商品の販売や配送などのデータをまとめて管理することで、全国各地に多くの店舗（てんぽ）を展開。
- 電子商取引 …インターネットを通じた商品やサービスの売買。高齢などで外出が不自由な人や小売店が少ない地域に住む人にも便利。

(3) 日本のサービス業

✖ サービス業
…客のために働くことを商品とする業種。
医療や教育、福祉、観光など。

MEMO 商業で働く人は減っているが、サービス業で働く人は増えている。

✖ 情報サービス業
… ICT（情報通信技術） の発達のために大きく成長。
多くの人や情報が集まる 大都市（大都市圏） に報道機関や企業が集中。
- テレビ局 、新聞社 、ラジオ局 …古くからある報道機関。
- インターネット
…通信回線を経由して世界中のコンピューターをつなげるしくみ。

※ 人工知能（AI） …コンピューターが行う知的な活動。開発が進行中。

日本の交通

✖ 高速交通網 …都市間の移動時間が短くなるように整備された交通機関の総称。
高度経済成長 の時期から高速道路、 新幹線、 空港の建設が進む。

※ インターチェンジ …複数の道路をつなげる施設。周辺に工業団地や流通団地がつくられたため、働き口ができて 人口 が増えた地域もある。

※ リニア中央新幹線 …超電導磁石を利用して時速500kmで走行する新しい鉄道。品川(しながわ)－名古屋(なごや)間で2027年以降に開業予定。

✖ 旅客輸送…距離によって、 利用される交通機関が異なる。(TEST)
- 近距離(300km未満) … 自動車 や鉄道、 バスの利用が多い。
- 中距離(300~500km) … 新幹線 の利用が多い。
- 長距離(500km以上) … 航空機 の利用が多い。

※ 過疎(かそ) 地域…利用者が少ないために鉄道やバスの路線廃止。
➡ 地域の公共交通機関がなくなって生活が不便になる問題が発生。

✖ 貨物輸送…運ぶ品物によって、 よく使われる交通機関が異なる。(TEST)
- 軽くて高価な品物
- 鮮度が重要な品物

} 運賃は高いが速く運べる 航空機 の利用が多い。
- 重くて大きな品物…大量に安く輸送できる 船(船舶) の利用が多い。

▶ 全体的に、 個別配送ができるので便利な 自動車 の利用が多い。

※ コンテナ …貨物をおさめる箱。大きさが決まっているので、船・鉄道・トラックの間での積みかえが容易。

※ モーダルシフト …環境への影響が小さい交通機関を使った輸送に切り替えること。⚠

ex 二酸化炭素の排出量が多い自動車→排出量が少ない鉄道での輸送へ。

国内の旅客輸送・貨物輸送の内訳の変化

旅客(りょかく)

	鉄道	自動車	船	航空機
1960年度	75.8%	22.8	1.1	0.3
2020年度	24.7%	72.2	0.1	3.0

貨物

	鉄道	自動車	船	航空機
1960年度	39.0%	15.0	46.0	0.1未満
2020年度	4.7%	55.4	39.7	0.1

出典：日本国勢図会2023/24ほか

日本と世界の人の移動

✖ アジア 州…訪日外国人の出身地、 日本人の海外旅行先で最も多い。

※ インバウンド …外国人の訪日旅行のこと。

訪日外国人の出身国・地域と日本人の海外旅行者の訪問国・地域

	訪日外国人		日本人の海外旅行者	
	出身国・地域	訪問者数	訪問国・地域	旅行者数
1位	(中国)	838万人	(アメリカ合衆国)	349万人
2位	韓国(かんこく)	754万人	韓国	295万人
3位	台湾(たいわん)	476万人	中国	269万人
4位	ホンコン	221万人	台湾	197万人
5位	アメリカ合衆国	153万人	タイ	166万人
	世界全体	3119万人	世界全体	1895万人

(2018年)
出典：日本政府観光局(JNTO)、令和元年版「観光白書」ほか

(2) 日本の通信

✖ 情報通信網 …通信ケーブルや通信衛星を利用して、大量の情報をやり取りできるようにしたしくみ。

✖ 高速通信網 …光ファイバーを使ったケーブル網の整備によって、 短時間で容量の大きい情報を送れるようにしたしくみ。
➡ インターネットを利用する機会が増えて、さまざまな情報通信機器が普及。
- パソコン …個人用の小型コンピューター。
- スマートフォン …タッチパネルを備えた携帯(けいたい)電話で、 さまざまな機能を持つ。

✖ Wi-Fi(ワイファイ) …無線通信の規格。 各地で無線通信のための施設の整備が進んでいるため、 データの送受信ができる地域が拡大。

✖ 情報格差 …ICT(情報通信技術)を利用できる人とできない人との間の格差。
利用できない人は生活に必要なサービスや就職などで不利。

日本の地形

山間部は (過疎(かそ)) 地域が多い

川の増水や堤防の決壊で (洪水) が発生

海に面した平地の (平野)

日本で最も漁獲量が多いのは (沖合) 漁業

山に囲まれた平地の (盆地(ぼんち))

川が運んだ土砂が積もってできた (三角州(さんかくす))

(大陸棚(たいりくだな)) は水深が約200mまでの浅くて平らな海底

日本の特色

日本列島はすべて (環太平洋造山帯) にふくまれる

「日本の屋根」の (日本アルプス)

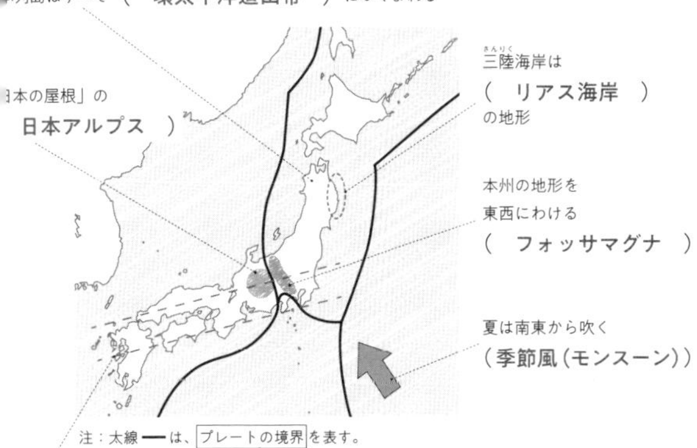

三陸(さんりく)海岸は (リアス海岸) の地形

本州の地形を東西にわける (フォッサマグナ)

夏は南東から吹く (季節風(モンスーン))

注：太線 ━ は、プレートの境界を表す。

日本で最も工業がさかんな (太平洋ベルト)

(地震) の発生が多い

月　日( )

確認テスト④

／50点

次の問いに答えましょう(5点×10)。

(1) 次の問いに答えなさい。

❶ 国土地理院が発行する土地の地図を何といいますか。 (地形図)

❷ 地図上で実際の距離を縮めた割合を何といいますか。 (縮尺)

❸ 5月から7月にかけて雨が多く降る時期を何といいますか。 (梅雨)

(2) 次のA~Dの雨温図が示す気候区分を、あとのア~エからそれぞれ選び、記号で答えなさい。

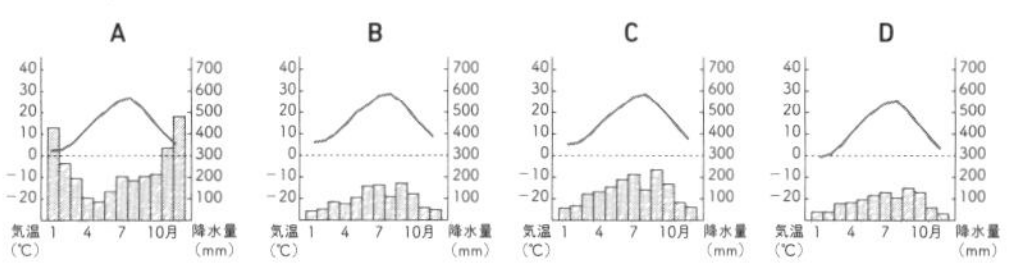

出典：理科年表2022

ア 太平洋側の気候　イ 日本海側の気候
ウ 瀬戸内(せとうち)の気候　エ 中央高地(内陸)の気候

A(イ) B(ウ) C(ア) D(エ)

(3) 右のグラフを見て、次の問いに答えなさい。

❶ 最大の割合を占めるEの国名を答えなさい。 (オーストラリア)

❷ 天然ガスを冷却して液体にしたものを何といいますか。アルファベットの略称で答えなさい。 (LNG)

天然ガスの日本のおもな輸入相手国 (2021年)

E	マレーシア	アメリカ合衆国	カタール	ロシア	ブルネイ	その他
36.0%	12.5	11.0	11.0	8.7	5.5	15.3

出典：日本国勢図会2023/24

❸ 天然ガスがクリーンなエネルギーとされているのは、燃やした時に出る何の排出量が少ないからですか。 (二酸化炭素(温室効果ガス))

ここまでお疲れさま! 今回はさまざまな角度から日本全体の姿をながめてきたよ。日本がどんな特色を持つ国なのかがだんだんわかってきたんじゃないかな? 次からは日本の地域ごとの特色を学習するよ。ラストスパートだね、がんばろう!

第5章

日本の諸地域

29 九州地方①（74~75ページの解答）

九州地方の自然環境

九州の地形

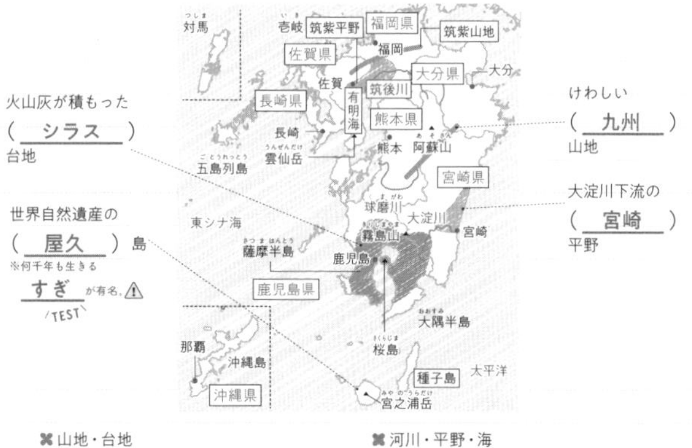

✖山地・台地
- 北部…なだらかな 筑紫山地
- 中央部…けわしい 九州山地
- 南部…火山灰が積もった シラス台地

✖島
- 屋久島 …世界自然遺産。
- 種子島 …ロケットの発射場がある。

✖河川・平野・海
- 北西部… 筑後 川が 筑紫 平野を通って 有明 海に注ぐ。
- 南東部…大淀川の下流に広がる 宮崎 平野。

九州の気候

暖流の影響を受ける	夏~秋に降水量が多い	1年の大半が20℃以上
福岡	宮崎	那覇
対馬 海流の影響で、冬でも比較的温暖(日本海側)。	黒潮（日本海流）の影響で温暖。台風 の影響で雨が多い。	南西諸島の気候（亜熱帯）なので、1年を通して温暖で雨が多い。

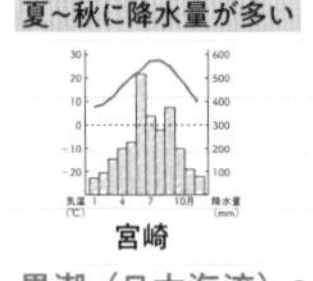

出典：理科年表2022

火山と共生する九州

✖ カルデラ …火山の噴火によって火口の周辺にできたくぼ地。TEST
阿蘇山 のカルデラは世界最大級。

✖火山による被害
- 火砕 流…危険が大きい。
- 火山灰… 桜島（鹿児島県）から大量に降る。人々の生活に影響。

✖火山の恵み
- 温泉 …観光資源。九州は源泉が多い。
- 地熱 発電…地中の熱水や蒸気で電気を起こす。大分県の八丁原など。

自然災害に備える人々

✖ 集中豪雨 …梅雨前線や台風などの影響で短時間に多くの雨が降ること。
➡土砂や石が高速で流れ下る 土石流 が起こる。
都市部では ゲリラ豪雨 のために、短時間で洪水が発生。

さまざまな対策

- 火山 の監視体制を強化。
- 砂防 ダムの建設…川の上流からの土砂の流出を防ぐ。
- ハザードマップ（防災マップ）…自然災害の被害の範囲の予測や避難場所の位置、避難経路などを示した地図。

土砂や流木を止めるので、下流は水だけが流れる。

南西諸島の自然と生活

✖ さんご（サンゴ）礁 …水温が温かくて浅い海で、生物の石灰質の骨格が積み重なってできた地形。

✖伝統的な住宅の台風対策
- 石垣 …住宅の周りを囲む。暴風から住宅を守る。
- しっくい …屋根瓦を固定。風で飛ばされないようにする。

✖水不足への対策…降水量は多いが、TEST 大きな川や湖がないため、降った雨がすぐに海へ流れてしまって、水不足が起こりやすい。
- 給水タンク …住宅の屋根に備える。おもに生活用水に使用。
- 地下ダム の建設…地下水を貯める。おもに農業用水に使用。

九州地方の農業

九州北部の農業

筑紫平野は九州最大の 稲作 地帯。⚠

✖ 二毛作 …同じ耕地で1年間に2種類の農作物をつくること。筑紫平野では冬でも温暖な気候を利用して、稲作の裏作として冬に 小麦 や大麦などを栽培している。

✖ いちご …九州北部で生産がさかん。「あまおう」や「さがほのか」などのブランド品種が有名。

九州南部の農業

✖宮崎平野の農業

- 促成栽培 …冬でも温暖な気候で ビニールハウス という施設を利用して、野菜などの出荷時期を早める農業。
  宮崎県は ピーマン やきゅうりの生産量が全国有数。
  ※熊本平野でも トマト などの野菜の生産がさかん。

✖シラス台地の農業

- シラス台地…多くの 火山灰 が積もってできた台地。
  TEST 水はけが良く栄養分が少ない土地なので 稲作 に向かない。
- シラス台地の畑作
  - さつまいも …鹿児島県で古くから生産がさかんないも類。
  - 茶 …第二次世界大戦後のダムや農業用水の整備によって、薩摩半島南部などで生産がさかんになった工芸作物。
- シラス台地の畜産
  肉牛 や 豚 が有名。
  ※宮崎県は ブロイラー （＝食用のにわとり）の飼育数が全国有数。
  外国産の安い肉に対抗して、高品質で安全な肉を ブランド 化。
  ex かごしま黒豚（鹿児島県）、みやざき地頭鶏（宮崎県）

肉牛、豚の飼育数の県別割合

肉牛（261万頭）：北海道 21.2％、鹿児島 12.9、宮崎 9.7、熊本 5.1、岩手 3.4、その他 47.7（2022年）

豚（895万頭）：鹿児島 13.4％、宮崎 8.5、北海道 8.1、群馬 6.8、千葉 6.5、その他 56.7（2022年）

出典：データでみる県勢2023

(2) 九州地方の工業

✖ 北九州工業地帯（地域）…1901年に操業を開始した官営の 八幡製鉄所 を中心として鉄鋼業などが発達した工業地帯。

✖ 金属工業 から 機械工業 へ

- 筑豊 炭田の閉山…1960年代から相次ぐ。北九州工業地帯が衰退。
  ↓
- IC（集積回路）…1970年代から工場が急増し、電気機械工業が発達。
  ↓
- 自動車 …福岡県宮若市や大分県中津市に組み立て工場が進出。
  ➡ 現在は輸送機械工業がさかん。

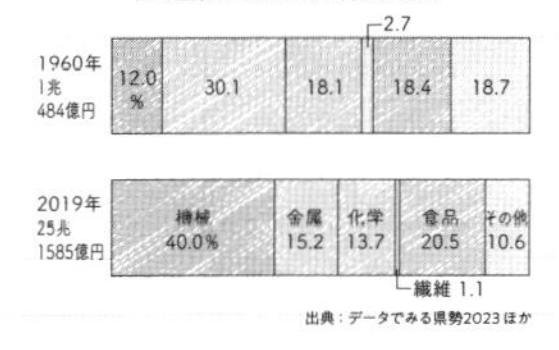

MEMO 北九州工業地帯は地位が低下して、現在は北九州工業地域と呼ばれることが多い。

(3) 九州地方の課題

✖ 公害 …水質汚濁や大気汚染などで、自然や人間が被害を受けること。

- 北九州市（福岡県）…1960年代に 洞海湾 の沿岸で公害が発生。
  ※ エコタウン …廃棄物をゼロにすることを目指す地域。水俣市やリサイクル工場を集めた北九州市も国から選定。
- 水俣市（熊本県）…八代海でとれた魚に蓄積した 有機水銀（メチル水銀） を原因物質とする公害病の 水俣病 が発生。TEST
  ※環境モデル都市 …二酸化炭素の排出量削減など環境の保全に取り組む都市。公害に取り組んできた水俣市も選定。

沖縄県の課題

- アメリカ軍 …第二次世界大戦の終結から1972年まで沖縄県を統治。
  ➡ 現在も沖縄島のおよそ15％が米軍基地などの専用施設。
- リゾート …観光客が楽しむ施設や場所。
  ➡ 観光業がさかんな沖縄県で開発が進む。
  ➡ 土砂が海に流れ出て日光をさえぎり、さんご（サンゴ）が死滅する問題が発生。⚠

中国・四国地方の自然環境

中国・四国地方の地形

（地図：宍道湖、松江、中海、鳥取平野、鳥取、鳥取県、大山、鳥取砂丘、広島平野、江の川、島根県、岡山県、山陰、秋吉台、広島県、岡山平野、岡山、高梁川、山口県、山口、広島、太田川、小豆島、高松、香川県、松山、徳島平野、徳島、瀬戸内、愛媛県、早明浦ダム、徳島県、高知、高知県、讃岐平野、高知平野、四万十川、南四国）

日本海に面する（ 日本 ）海
瀬戸内に面する（ 瀬戸内 ）
けわしい（ 四国 ）山地
なだらかな（ 中国 ）山地
（ 吉野 ）川
南四国に面する（ 太平 ）洋

✖山地がつくる3つの地域

北側
- 山陰 … 日本海 に面する地域。 鳥取砂丘 は風に飛ばされた砂がつくった地形。 宍道湖 はしじみ漁が有名。

なだらかな 中国山地

中間
- 瀬戸内 … 瀬戸内海 に面する地域。 秋吉台 はカルスト地形。
  吉野川 の上流に早明浦ダム、下流に徳島平野。

けわしい 四国山地

南側
- 南四国 … 太平洋 に面する地域。高知県の 四万十川 は「日本最後の清流」。

中国・四国地方の気候

北西の季節風の影響	晴れる日が多い	南東の季節風の影響
鳥取	高松	高知
対馬 海流と季節風の影響で、冬に降水量が多い。	南北の山地がさえぎり、 季節風 が乾いた風になるので、雨が少ない。	黒潮（日本海流） の影響で、夏に多くの雨が降る。

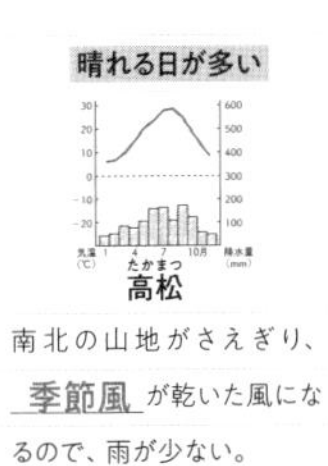
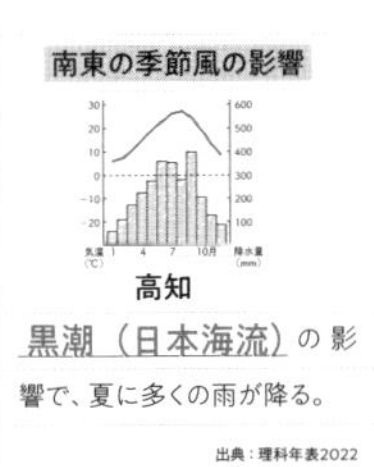

出典：理科年表2022

(2) 中国・四国地方の農業

✖ ため池 …農業や生活に使う水をためておく場所、讃岐平野に多い。
➡ 現在は吉野川の水を引く 香川用水 で農業・生活用水を確保。

✖ 促成栽培 … 高知 平野でさかんな、農作物の収穫時期を早める農業。TEST

冬でも温暖な気候と ビニールハウス を利用して、 なす やピーマンなどの野菜を栽培。
➡ あまり出回らない冬から春にかけて出荷すれば、 高い 価格で売れる!
※なすは夏が旬。

東京へ出荷されるなすの量と価格（東京の市場の取扱量：高知県産、栃木県産、群馬県産、その他／1kgあたりの価格）
出典：東京都中央卸売市場

✖果樹栽培

- かんきつ類… 愛媛 県はみかんの生産量が全国有数。日当たりの良い斜面につくられた 段々畑 で生産がさかん。
- レモン …広島県の生口島や愛媛県の岩城島で生産がさかん。
- オリーブ …香川県の小豆島で生産がさかん。
- 日本なし …鳥取県で生産がさかん。「二十世紀」という品種が有名。
- 岡山県の果樹栽培…白桃や マスカット という品種のぶどうの生産がさかん。

(3) 中国・四国地方の養殖業

✖ 養殖がさかんな理由…瀬戸内海は複雑な 海岸線 に囲まれ、宇和海は リアス海岸 という地形のため、波がおだやかな海域が多い。⚠

- かき…食用や調味料に使われる貝。 広島 県で養殖がさかん。
- まだい…高級魚。 愛媛 県で養殖がさかん。
- 真珠 …日本が最初に養殖に成功した宝石。宇和海のある 愛媛 県で養殖がさかん。

(1) 中国・四国地方の工業

✖ 瀬戸内工業地域 …瀬戸内海の沿岸に形成された工業地域。

TEST 塩田 のあと地や埋め立て地を工業用地に転換。

MEMO
約50年前から工場で塩をつくるようになったため、海水を乾燥させて塩を取るための塩田が廃止されていった。

- 鉄鋼業…岡山県 倉敷 市、広島県 福山 市など。
- 自動車工業…広島県 広島 市など。
- 造船業…愛媛県 今治 市や広島県 呉 市など。
- 石油化学工業…岡山県倉敷市 水島 地区、山口県 周南 市、愛媛県 新居浜 市など。

※ 石油化学コンビナート …石油製品の生産に関わる工場や施設を集めた地域。
石油を輸送する タンカー が入る港湾の近くに形成。
⚠ 工場や施設は パイプライン で結んで原料や燃料を効率良く輸送。

- 綿織物業…古くから瀬戸内海沿岸でさかんに行われてきた軽工業。
  - 愛媛県今治市は地域ブランドになっている タオル の生産量が多い。
  - 岡山 県は学生服やジーンズの生産がさかん。

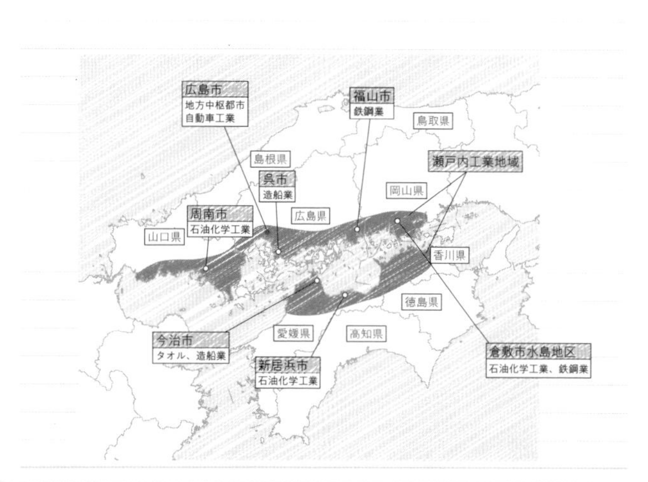

(2) 中国・四国地方の交通

✖ 本州四国連絡橋 …1980年代から1990年代にかけて建設された本州と四国をつな
3本のルート。

- 児島（倉敷）－ 坂出 ルート…1988年に 瀬戸大橋 が開通。
- 神戸－ 鳴門 ルート…1985年に 大鳴門橋 、1998年に 明石海峡大橋 が開通
- 尾道 －今治ルート…1999年に瀬戸内海の島々を結ぶ しまなみ海道 が全通。

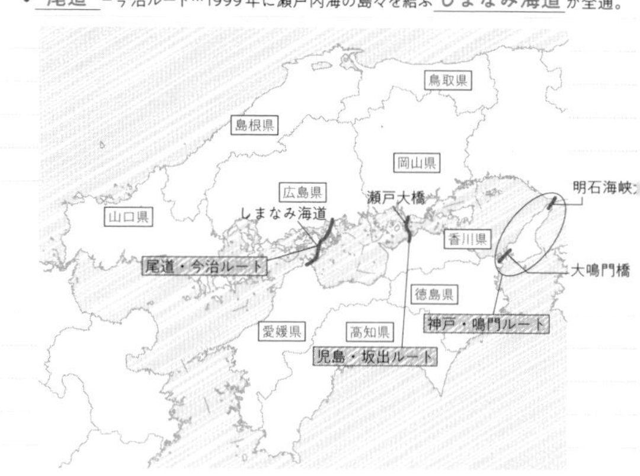

✖ 中国自動車道…中国地方の中央を走る高速道路。
✖ 山陽自動車道…中国地方の 瀬戸内海 沿いを走る高速道路。

(3) 中国・四国地方の課題

✖ フェリー …車や人を運ぶ連絡船。本州四国連絡橋の開通によって 自動車 で移
る人が増え、廃止や減便が相次ぐ。

✖ ストロー現象 …交通網の整備によって、地方から大都市への移動や買い物客が増え
と。地方経済の衰退につながる。

(1) 近畿地方の自然環境

近畿地方の地形

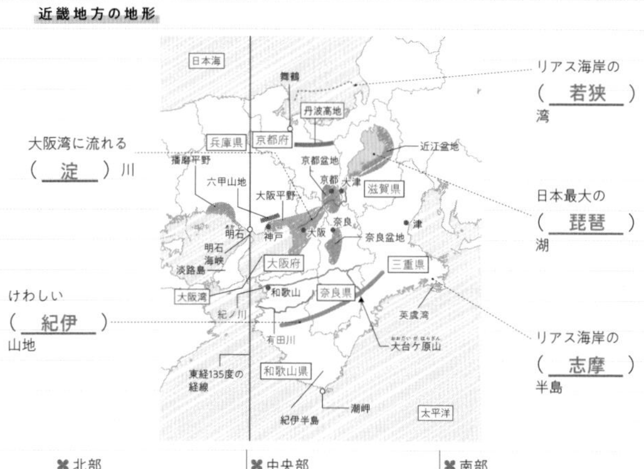

リアス海岸の（ 若狭 ）湾

大阪湾に流れる（ 淀 ）川

日本最大の（ 琵琶 ）湖

けわしい（ 紀伊 ）山地

リアス海岸の（ 志摩 ）半島

✖ 北部
- 日本海 に面する。
- リアス海岸の 若狭湾
- なだらかな 丹波 高地

✖ 中央部
- 日本最大の 琵琶湖 から 大阪湾 まで 淀川 が流れる。
- 盆地 が点在。

✖ 南部
- 太平洋 に面する。
- リアス海岸の 志摩半島
- けわしい 紀伊山地 が広がる。

近畿地方の気候

北西の季節風の影響
舞鶴
対馬 海流と季節風の影響で、冬に雨や雪が多い。

夏の暑さが厳しい
京都
1年を通して比較的雨が少ない。 盆地 は夏と冬の気温差が大きい。

南東の季節風の影響
潮岬
黒潮（日本海流）の影響で温暖。夏に多くの雨が降る。

出典：理科年表2022、気象庁

(2) 近畿地方の農業

北部・中央部の農業

平地を中心にさまざまな農作物を生産。

✖ 淡路島 …兵庫県にある瀬戸内海で最大の島。たまねぎやレタスなどの生産がさかん。
✖ 茶 …京都府南部の宇治で生産がさかんな工芸作物。

南部の農業

冬でも温暖な和歌山県は果樹栽培がさかん。

✖ みかん …和歌山県が全国有数の生産量をほこる、かんきつ類。
✖ 梅 …和歌山県で生産がさかん。
✖ かき …和歌山県、奈良県で生産がさかん。

(3) 近畿地方の林業

✖ 紀伊山地…気候が 温暖 で、南東の 季節風 の影響で雨が非常に多い。
➡ 樹木の生長が早いので、古くから林業がさかん。奈良県の 吉野すぎ や三重県の 尾鷲ひのき は高品質で有名な木材。
※紀伊山地は「紀伊山地の霊場と参詣道」として 世界文化遺産 に登録された。

林業の課題と対策

林業で働く人の 高齢化 が進んでいることや、若い 後継者 が少ないことが大きな課題。

✖ 緑の雇用 …国や自治体が、林業の知識や技能の習得を支援する制度。
✖ 環境林 …地球温暖化を防ぐため、地域全体で森林を保全する取り組み。
ex 防風林

(4) 近畿地方の漁業の課題と対策

✖ 水産資源の減少
- 日本海沿岸…とりすぎなどで ズワイガニ が減少。
  ➡ とることが許される大きさや量、漁ができる時期などを制限。
- 志摩半島の英虞湾…過度の養殖などで 真珠 をつくる貝が減少。

✖ 赤潮 …プランクトンの大量発生で水中の酸素が不足すること。
琵琶湖や瀬戸内海の播磨灘などで魚が大量死。

近畿地方の工業

✖ 阪神工業地帯…大阪湾の周辺に形成された工業地帯。

- 第二次世界大戦以前　繊維工業などの軽工業を中心に発展。

↓

- 高度経済成長期　大阪湾の埋め立て地に重化学工業の工場が集中。

↓

- 公害の深刻化…大阪市などで地盤沈下や大気汚染が社会問題化。

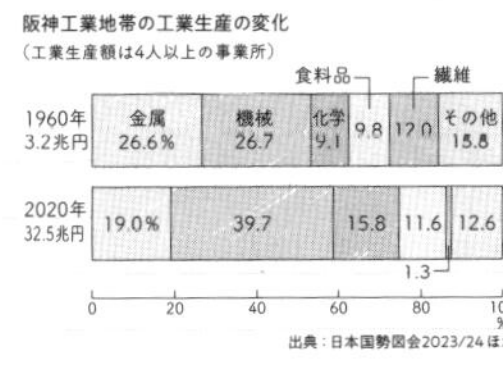

↓

- 1980年代以降　他地域や外国製品との競争が厳しくなる。埋め立て地で工場の移転や閉鎖が増加。
  - ➡ 大阪市は臨海部の再開発を進めて高層ビルやテーマパークを建設。

↓

- 2000年代以降　工場のあと地にテレビなどをつくる工場が進出。
  - ➡ 阪神工業地帯で機械工業の割合が一時期増加。

✖ 近畿地方の工業都市

- 堺市…大阪市の南に位置。臨海部の工場で石油製品などを生産。
- 神戸市…兵庫県の県庁所在地。業務用機械や食品などを生産。
- 姫路市…兵庫県西部に位置。鉄鋼業がさかん。

✖ 中小企業…製造業では、資本金が3億円以下か従業員数が300人以下の企業。（TEST）
これより規模が大きい企業は大企業。

- 東大阪市…中小企業の工場が密集している大阪府の都市。

※中小企業の工場は規模が小さいが、瀬戸大橋のボルトや人工衛星をつくっているように技術力が高い。⚠

- 町工場といわれるように工場と住宅の距離が近い。
  - ➡ 条例（＝自治体が定める決まり）で騒音や振動を規制。
    - ➡ 工場と住民が共生できるまちづくりが進められている。

(2) 近畿地方の大都市圏と課題

★ ✖ 大阪大都市圏（京阪神大都市圏）…大阪市を中心として、人や物の移動で強いつながりを持つ地域。

- 私鉄…民間の鉄道会社。大正時代から沿線に住宅地を開発。
  - ➡ ターミナル駅（＝起終点駅）に百貨店（デパート）、郊外に保養地や行楽地をつくって乗客を増やす努力。
- ニュータウン…郊外の丘陵地などにつくられた新しい住宅地。1960年代以降の人口増加が原因。ex 大阪府の千里、泉北

※兵庫県神戸市…平地が少ないため、ニュータウンをつくるためにけずった土砂を埋め立て地やポートアイランドなどの人工島の建設に利用して市街地を広げる。

- 琵琶湖…1970年代に赤潮やアオコと呼ばれるプランクトンの異常発生が起こる。
  - ➡ 滋賀県でりんがふくまれる合成洗剤を使用禁止にする条例を制定。
    - ➡ 水質改善が進む。

MEMO
琵琶湖は淀川水系の流域の住民の生活を支えているので、「京阪神（近畿）の水がめ」と呼ばれる。

✖ 歴史的景観の保全

- 古都…かつて政治や文化の中心だった都市。ex 京都市、奈良市

※京都市は西陣織や清水焼、奈良市は奈良墨などの伝統的工芸品の生産がさかん。

↓

京都市などで、歴史のある町並みや風景を後世に受け継ぐ取り組みが行われている。

- 電線（電柱）を地中に埋める。
- 建物の高さやデザインを調整。
- 町並みに合わない色やデザインの看板を規制。
- 町屋（町家）（＝伝統的な住居）の外観を保存して、内部だけを改装。

景観に配慮した京都のコンビニ

出典：アフロ

中部地方の自然環境

中部の地形

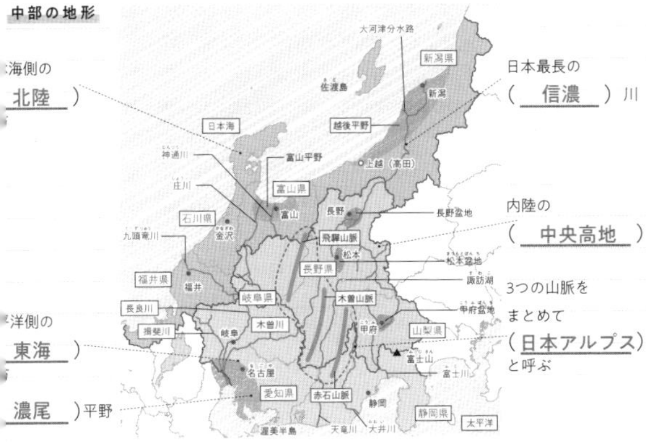

✖ 北陸…日本海側	✖ 中央高地…内陸	✖ 東海…太平洋側
・新潟県の越後平野などの水田地帯。 ・日本最長の信濃川 ・雪（豪雪）への対策としてつくられた雁木やアーケード	・日本アルプス ・北アルプス＝飛驒山脈 ・中央アルプス＝木曽山脈 ・南アルプス＝赤石山脈	・木曽三川（木曽川・長良川・揖斐川）の下流に濃尾平野。堤防で囲まれた輪中地域は、洪水への対策。

中部の気候

北西の季節風の影響	夏と冬の気温差が大きい	南東の季節風の影響
上越（高田）	松本	静岡
対馬海流と湿った季節風の影響で、冬の降雪や積雪が多い。	1年を通して雨（降水量）が少ない。冬は冷えこみが厳しい。	夏から秋にかけて雨が多い。冬は晴天が多く、乾燥する。

出典：理科年表2022

(2) 東海の農業

✖ 園芸農業…都市向けに野菜や果樹、花などを栽培する農業。

✖ 施設園芸農業…ビニールハウスや温室などを利用する園芸農業。⚠

- 温暖なので暖房に使う燃料費がおさえられる。
- 東名高速道路など都市への輸送が便利である。

}東海でさかんな理由！

第二次世界大戦後に水不足が解消された、愛知県の知多半島や渥美半島でとくにさかん。

- 知多半島…愛知用水　※水源は木曽川
- 渥美半島…豊川用水　※水源は天竜川と豊川

↓

TEST ○ 電照菊…温室の中で、夜間に照明を当てて開花の時期を調整する菊。

※冬から春にかけて出荷するために、菊の花が咲く時期を遅らせる。

＝抑制栽培

- キャベツ…渥美半島とその周辺で生産がさかんな野菜。
愛知県の生産量は全国でも上位。

★ ○ 茶…温暖な気候と、日当たりや水はけの良い土地が適している工芸作物。

- 静岡県…明治時代に開拓された牧ノ原や磐田原などの台地で栽培。

※ 霜害…霜が降りたために茶が育たなくなる被害。茶畑では空気を入れかえるファンを設置して霜を防いでいる。

(3) 東海の漁業

✖ 焼津港…静岡県にあり、日本有数の漁獲量をほこる。

※遠洋漁業の基地であるため、まぐろやかつおの漁獲量が多い。

✖ 食品工業…焼津港の周辺に、水揚げされた魚を缶詰やかまぼこ、かつおぶしなどに加工する工場が集まっている。

(1) 東海の工業と大都市圏

★ ✖ 中京工業地帯…日本最大の工業地帯。伊勢湾の臨海部に工業原料を 加工 する鉄鋼業や化学工業などの工場、内陸部に自動車などの 機械（輸送機械） をつくる工場が集まる。

- 鉄鋼業…愛知県 東海 市など。
- 石油化学工業…三重県 四日市 市など。
- 自動車工業…愛知県 豊田 市では、組み立て工場の周辺に、部品をつくる 関連工場 が多く集まる。⚠➡自動車生産の効率が良い。
  - ➡ 名古屋港 から輸送。
  - ➡ 名古屋港 は自動車の輸出額が多い。⚠
- 窯業…陶磁器などをつくる工業。

瀬戸市・多治見市 陶磁器やファインセラミックス
名古屋市 名古屋大都市圏を形成
石川県 新潟県 富山県 福井県 岐阜県 長野県 山梨県 愛知県 静岡県
中京工業地帯
東海市 鉄鋼業
四日市市 石油化学工業
豊田市 自動車工業
富士市 紙・パルプ工業
東海工業地域
浜松市 楽器・オートバイ

愛知県 瀬戸 市や岐阜県 多治見 市では ファインセラミックス と呼ばれる高機能の製品も生産。

✖ 東海工業地域…静岡県の太平洋沿岸に広がる工業地域。

- 静岡県西部の 浜松 市とその周辺…オートバイや楽器を生産。
- 静岡県東部の 富士 市とその周辺…紙・パルプ工業がさかん。

✖ 名古屋大都市圏…愛知県の県庁所在地を中心にして、岐阜県や三重県などの周辺地域が結びついて形成された大都市圏。

- 発展を支える交通網…東京駅と結ぶ 東海道新幹線、愛知県小牧市を結節点として東京都世田谷区と結ぶ 東名高速道路 と兵庫県西宮市とを結ぶ 名神高速道路、知多半島の沖合いに建設された 中部国際空港 など。

(2) 中央高地の農業

✖ 扇状地…山間部から平地に出る川が運んできた土砂が積もったためにできた三角形の地形。

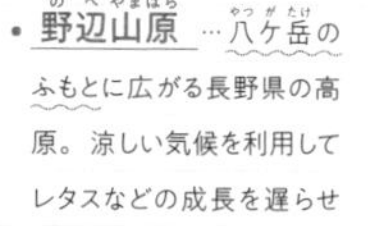

- 養蚕…蚕を飼ってまゆを取る農業。かつては扇状地で 桑 を栽培して、葉を蚕のえさに使うことがさかん。
  - ➡製糸業が衰退して桑畑が減少。
- 果樹栽培…TEST 扇状地の 水はけ（日当たり） の良さや 昼夜 の気温差を利用してぶどうやももなどを生産。

※ ワイン…ぶどうを原料としてつくられる酒。山梨県で生産がさかん。

★ ✖ 高原野菜…標高が高いために夏でも涼しい地域でつくられる野菜。レタスやキャベツなど葉を食べる野菜が多い。

- 野辺山原…八ケ岳のふもとに広がる長野県の高原。涼しい気候を利用してレタスなどの成長を遅らせる 抑制栽培 を行う。
  - ➡他の産地の出荷量が 少ない 夏に多く出荷。

東京へ出荷されるレタスの量
静岡県 茨城県 長野県 その他
9000 8000 7000 6000 5000 4000 3000 2000 1000 0
1 2 3 4 5 6 7 8 9 10 11
出典：東京都中央卸

TEST **野辺山原で高原野菜の栽培がさかんになった理由**

❶日本人の食の 洋風化（西洋化、欧米化） によって野菜の需要が高まった。
❷ 高速道路 の整備によって、早朝に収穫した高原野菜を、短時間で都市部の消に届けることができるようになった。
❸ 保冷車 が普及して、高原野菜を新鮮なまま輸送できるようになった。

(1) 中央高地の工業

✖ 諏訪盆地…長野県の諏訪湖の周辺に広がる盆地。時代によって工業が変化。

- **明治時代** 養蚕と、蚕のまゆから生糸をつくる 製糸業 が発達。
  - ↓
- **大正～昭和時代** 1920年代ごろから製糸業が衰退。
  - ➡第二次世界大戦中、京浜工業地帯 から機械工業の工場が疎開。
  - ↓
- **第二次世界大戦後** 技術を受け継いだ地元の企業や人々によって、時計やレンズをつくる 精密機械工業 が発達。
  - ↓
- **1980年代以降** 高速道路が整備され、コンピューター関連の電子部品や産業用ロボットなどをつくる 電気機械工業 が進出。

(2) 北陸の農業

✖ 稲作…北陸の農業の中心。春の豊富な 雪どけ水 を利用。

- カントリーエレベーター…米などの穀物の貯蔵や乾燥を行うための施設。

全国と新潟県・長野県・愛知県の農業産出額（2020年）

	米	野菜	果実	畜産	その他
全国 8兆9370億円	18.4%	25.2	9.8	36.2	10.4
新潟 2526億円	59.5%	12.7	3.6	19.2	5.0
長野 2697億円	15.3%	33.0	33.1	10.0	8.6
愛知 2893億円	9.5%	34.9	6.7	28.7	20.2

出典：データでみる県勢2023

✖ 単作…同じ耕地で1年間に1種類だけ農作物をつくること。

✖ 銘柄米…すぐれた品質を持ち、産地や品種が登録された米。越後平野で生産がさかんな コシヒカリ など。

- 品種改良…異なる品種の稲をかけ合わせて、新しい品種の米をつくり出すこと。
- 土地改良事業…越後平野では干拓や排水によって、田の土がぬかるんだままの 湿田 を 乾田 に改良。➡水や機械の有効活用で生産力が向上。

✖ 早場米…秋の長雨を避けて、出荷時期を早める米。

✖ チューリップ…富山県や新潟県で球根の栽培がさかん。

✖ 新潟県の食品工業… 米 を原料とする菓子や餅、日本酒の生産が多い。

(3) 北陸の工業

✖ 水力発電…豊富な雪どけ水を利用。富山県の 黒部川 の流域などで開発。

TEST ✖ 伝統産業…古くからの伝統的な技術と技法で、製品をつくる産業。

- 福井県越前市… 越前和紙
- 石川県 金沢 市…加賀友禅
- 石川県 輪島 市…輪島塗
- 富山県 高岡 市…銅器や漆器
- 新潟県小千谷市… 小千谷縮（小千谷ちぢみ）

金沢市 加賀友禅
輪島市 輪島塗
高岡市 銅器や漆器
燕市 洋食器など金属製品
小千谷
石川県 新潟県 富山県 福井県 岐阜県 長野県 山梨県
北陸工業地域
鯖江市 眼鏡フレーム
越前市 越前和紙

TEST ✖ 地場産業…ある地域と密接に結びついて発展した産業。

- 福井県 鯖江 市…眼鏡フレーム（眼鏡枠）
- 富山県… 薬 の製造や販売。
- 新潟県 燕 市…洋食器などの金属製品を生産。

※北陸は豪雪地帯が多く、冬場は屋外の 農作業 が不可能。➡屋内でできる産業が発達。

(4) 中部地方の観光業など

✖ 富士山…世界文化遺産に登録されている日本最高峰。多くの登山客が訪れるため、ごみの処理やトイレの維持などが課題。

✖ 合掌造り…手を合わせたような形の屋根を持つ建築様式。岐阜 県の白川郷や 富山 県の五箇山の集落が世界文化遺産に登録されている。

✖ 北陸新幹線…1997年に東京－長野間で開業し、2015年に金沢まで延伸した新幹線。2024年に敦賀（福井県）まで延伸予定。

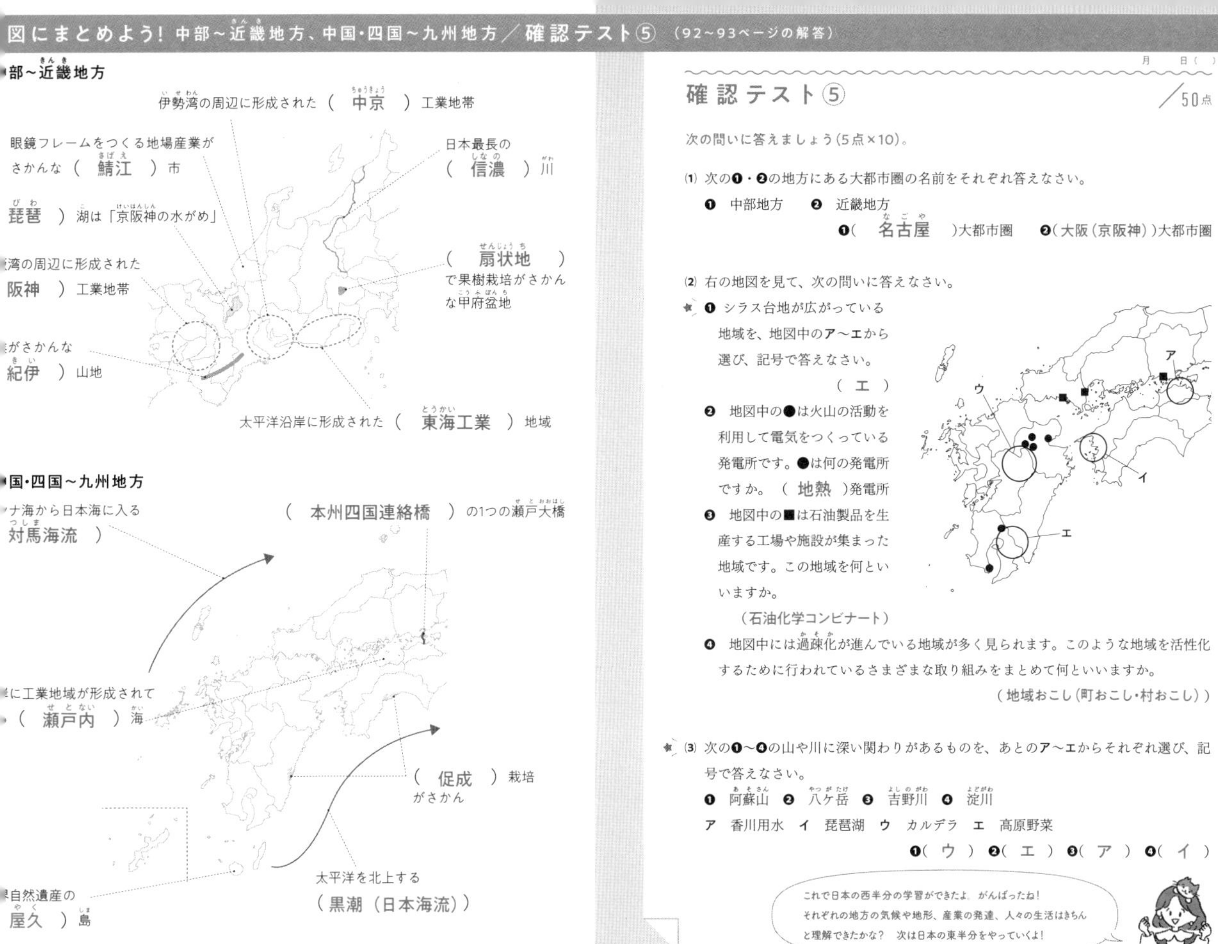

図にまとめよう！ 中部～近畿地方、中国・四国～九州地方／確認テスト⑤ （92～93ページの解答）

部～近畿地方

伊勢湾の周辺に形成された（ 中京 ）工業地帯

眼鏡フレームをつくる地場産業がさかんな（ 鯖江 ）市

日本最長の（ 信濃 ）川

琵琶 ）湖は「京阪神の水がめ」

湾の周辺に形成された 阪神 ）工業地帯

（ 扇状地 ）で果樹栽培がさかんな甲府盆地

がさかんな 紀伊 ）山地

太平洋沿岸に形成された（ 東海工業 ）地域

国・四国～九州地方

ナ海から日本海に入る 対馬海流 ）

（ 本州四国連絡橋 ）の1つの瀬戸大橋

に工業地域が形成されて（ 瀬戸内 ）海

（ 促成 ）栽培がさかん

自然遺産の 屋久 ）島

太平洋を北上する（黒潮（日本海流））

確認テスト⑤

月　日（　）

／50点

次の問いに答えましょう（5点×10）。

(1) 次の❶・❷の地方にある大都市圏の名前をそれぞれ答えなさい。

❶ 中部地方　❷ 近畿地方

❶（ 名古屋 ）大都市圏　❷（大阪（京阪神））大都市圏

(2) 右の地図を見て、次の問いに答えなさい。

❶ シラス台地が広がっている地域を、地図中のア～エから選び、記号で答えなさい。（ エ ）

❷ 地図中の●は火山の活動を利用して電気をつくっている発電所です。●は何の発電所ですか。（ 地熱 ）発電所

❸ 地図中の■は石油製品を生産する工場や施設が集まった地域です。この地域を何といいますか。（石油化学コンビナート）

❹ 地図中には過疎化が進んでいる地域が多く見られます。このような地域を活性化するために行われているさまざまな取り組みをまとめて何といいますか。（地域おこし（町おこし・村おこし））

(3) 次の❶～❹の山や川に深い関わりがあるものを、あとのア～エからそれぞれ選び、記号で答えなさい。

❶ 阿蘇山　❷ 八ケ岳　❸ 吉野川　❹ 淀川

ア 香川用水　イ 琵琶湖　ウ カルデラ　エ 高原野菜

❶（ ウ ）❷（ エ ）❸（ ア ）❹（ イ ）

これで日本の西半分の学習ができたよ。がんばったね！ それぞれの地方の気候や地形、産業の発達、人々の生活はきちんと理解できたかな？ 次は日本の東半分をやっていくよ！

関東地方① （94～95ページの解答）

関東地方の自然環境

関東の地形

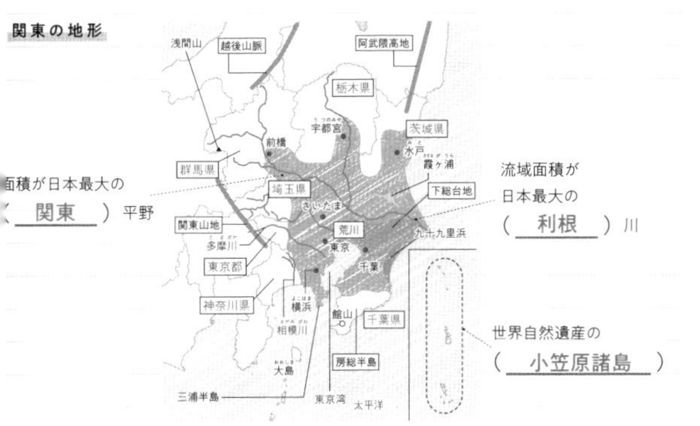

面積が日本最大の（ 関東 ）平野

流域面積が日本最大の（ 利根 ）川

世界自然遺産の（ 小笠原諸島 ）

✖山脈・山地・高地
- 北西部…越後山脈
- 北東部…阿武隈高地
- 西部…関東山地

✖河川・台地
- 利根川…流域面積が最大。
- 荒川…東京の中心部を流れる。
- 下総台地…畑作がさかんな千葉県の台地。

✖平野
- 関東平野…面積が最大の平野。火山灰が堆積した赤土の関東ロームがおおう。

✖半島・島
- 房総半島…太平洋側に砂浜海岸の九十九里浜
- 小笠原諸島…世界自然遺産。

関東の気候

北西の季節風の影響

前橋

冬の気温差が大きい。降水量が少ない。

都市化の影響

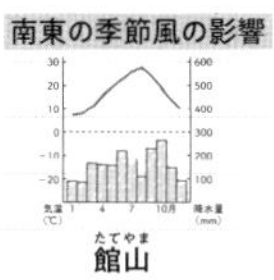

東京

1年を通して雨（降水量）が多いが、冬は少ない。

南東の季節風の影響

館山

黒潮（日本海流）の影響で、冬も比較的温暖。

出典：理科年表2022、気象庁

関東各地の自然と生活

✖ からっ風…冬に吹く冷たい北西の乾いた季節風。

※日本海から越後山脈などにぶつかって 雪 を降らせた後、乾いた風となって関東平野に吹き下ろす。

- 屋敷森…この風から住宅を守るために植えられた防風林。関東地方ではおもに群馬県や栃木県で見られる。

✖ ヒートアイランド現象…TEST 周辺よりも気温が高くなる現象。

※東京の中心部のように都市化が進んでいる地域で起こりやすい。

✖ ゲリラ豪雨…ごく狭い地域に、短時間で多くの雨が降る局地的大雨。

※地面が アスファルト（コンクリート） でおおわれている都市部では、下水道から水があふれて水害につながりやすい。

(2) 関東地方の農業

✖ 近郊農業…都市向けに新鮮な野菜などを出荷する農業。人口が多い大消費地に近いので 輸送 にかかる時間や費用をおさえられることが利点。
- はくさい…茨城県で生産がさかんな野菜。
- ねぎ…関東地方の埼玉県・茨城県・千葉県などで生産がさかんな野菜。
- いちご…栃木県で生産がさかん。「とちおとめ」などのブランド品種が有名。
- 鶏卵…新鮮さが求められるため、養鶏がさかんな茨城県や千葉県から都市部に出荷される畜産物。

✖ 高原野菜…標高が高いために夏でも涼しい地域でつくられる野菜。関東地方では、浅間山のふもとにある群馬県の 嬬恋村 などでキャベツやレタスの生産がさかん。

✖ 花…冬でも温暖な房総半島や三浦半島で、1年中栽培されている。

39 関東地方②（96~97ページの解答）

(1) 関東地方の工業

✖ 工業地域の拡大

- **明治時代** 東京湾西部の臨海部に 京浜（けいひん）工業地帯 が形成。
  - ➡ 現在の東京都・神奈川県・埼玉県にまたがって発展。

⬇

- **第二次世界大戦後** 東京湾東部の臨海部に 京葉（けいよう）工業地域 が形成。
  - ➡ 千葉県の埋め立て地に石油化学工業などが進出。

⬇

- **高度経済成長期以降** 関東地方の内陸部に 北関東工業地域 が形成。
  - ➡ 自治体がつくった 工業団地（=計画的に造成された工業地区）にさまざまな工場が進出。

北関東工業地域 / 市原市 石油化学コンビナート / 太田市 自動車工業 / 栃木県 / 群馬県 / 茨城県 / 東京 印刷業 / 大田区 中小企業の工場 / 埼玉県 / 東京都 / 川崎市 石油化学工業 / 千葉県 / 神奈川県 / 君津市 鉄鋼業 / 横浜市 自動車工業 / 横須賀市 自動車工業 / 京浜工業地帯 / 京葉工業地域

✖ 京浜工業地帯の特徴

- 東京… 印刷業 がさかん。⚠
  - ※日本の中心として情報が集まりやすく、新聞社や出版社が多いため。
- 東京都 大田（おおた） 区…中小企業の工場が密集している。
- 神奈川県 川崎（かわさき） 市…石油化学工業など。
- 神奈川県横浜（よこはま）市・横須賀（よこすか）市 … 自動車 工業など。

✖ 京葉工業地域の特徴

- 石油化学コンビナート …石油製品の生産に関わる工場や施設を集めた地域。千葉県 市原（いちはら） 市など。
  - ※京葉工業地域は化学工業中心。
- 鉄鋼業…千葉県 君津（きみつ） 市に製鉄所がつくられている。

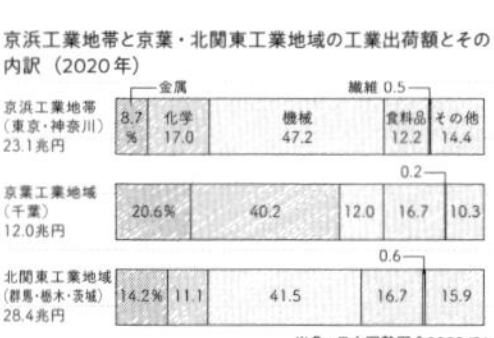

✖ 北関東工業地域の特徴

- 内陸型 の工業地域…高速道路などを利用して原材料や工業製品を輸送。電気機械や自動車の組み立てのように多くの 労働力（人手）を必要とする工場が進出。
- 群馬県 太田（おおた） 市…自動車工業がさかん。その南にある大泉（おおいずみ）町には関連工場で働く多くの ブラジル人 が多く住む。
- 北関東自動車道…2011年に全線開通した高速道路。この高速道路で茨城県ひたちなか市にある 茨城（常陸那珂（ひたちなか）） 港に工業製品を送り、船で海外へ輸出する動きが進む。

(2) 関東地方の交通と貿易

✖ 旅客輸送…関東地方は、航空路線などさまざまな交通機関が充実。

- 東京国際空港（羽田（はねだ）空港）…国内線の中心になっている空港。旅客数が日本最大。
- 成田（なりた）国際空港 …千葉県にあり、日本の国際線の中心になっている空港。

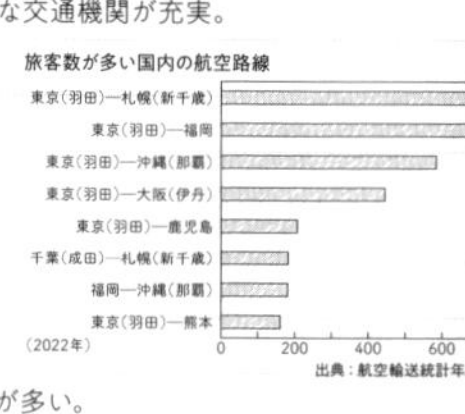

✖ 貨物輸送…関東地方は輸出入がさかんな貿易港が多い。

- ★ 成田国際空港 …日本最大の貿易港。TEST 貿易品は軽くて高価な電子機器や医薬品などが多い。
  - ※速く運ぶことができるが運賃は 高い 航空機向き。
- 東京港 …衣類や食料品の輸入が多い。
  - ※ 人口 が多くて大消費地に近いため。
- 横浜港 …自動車や自動車部品の輸出が多い。
  - ※自動車工業がさかんな横浜市や 横須賀 市がある神奈川県に位置するため。
- その他の関東地方の貿易港
  - 千葉港…石油の輸入や石油製品の輸出が多い。
    - ※化学工業がとくにさかんな 京葉工業地域 に位置するため。
  - 鹿島（かしま）港…茨城県のY字型の掘りこみ港。

日本の貿易額の割合（2021年）
（ 成田国際 ）17.2%　東京港 11.1　名古屋港 10.6　横浜港 7.3　その他 53.8
出典：日本国勢図会20

40 関東地方③（98~99ページの解答）

(1) 東京が持つ性格

✖ 首都

…国の政府が置かれている都市。

- 皇居 …天皇が居住する場所。
- 国会議事堂 …国の政治を行う場所。周辺に最高裁判所や首相官邸、中央省庁などが集中。
- 日本銀行 …日本の金融機関の中心。

MEMO
国会議事堂がある永田町（ながたちょう）や、中央省庁が集まる霞が関（かすみがせき）などの東京の地名は、それぞれの代名詞として使われることが多い。

✖ 世界都市

…ニューヨークやロンドンのように、東京は世界との結びつきが強い都市。

- 大使館 …外交使節が相手国で公務を行う場所。東京都港（みなと）区に多い。
- 在留外国人 …外交や仕事、留学、文化活動などさまざまな理由で日本に暮らしている外国人。
  - ※東京をふくむ関東地方の居住者が、日本全体の居住者の半分近くを占める。
- 成田（なりた）国際空港 …千葉県にある空港。
  - ※九州地方にある福岡空港は地理的に近い アジア 諸国の利用者が大半。
  - 成田国際空港は「日本の玄関口」として アメリカ合衆国 やヨーロッパ諸国の利用者も多い。

✖ 第三次産業 の発達

…東京は日本最大の消費地であり、文化や流行の発信地でもある。

- 商業 …卸売業（おろしうりぎょう）や小売業の販売額が多い。
- サービス業…インターネットに関わる ICT（情報通信技術） 関連産業で働く人が多い。広告や娯楽（ごらく）に関連した産業も東京に集中。

(2) 東京を中心とする生活圏の拡大と課題

✖ 東京大都市圏 …総人口のおよそ4分の1が集まる大都市圏。多くの人が通勤・通学で東京に移動。

- TEST ➡ 東京都では 昼間人口（ちゅうかんじんこう） が 夜間人口（やかんじんこう）（=その地域に住んでいる人口）よりも多い。周辺地域はその逆。
- ベッドタウン …昼間は他の地域への通勤・通学のために住民が少なくなる都市。大都市の周辺に多い。
- 都心 …東京の中心部。ex 皇居の周辺
- 副都心 …都心に次ぐ重要な機能を持つ区域。都心と郊外を結ぶ ターミナル駅（=起終点駅）などに形成。ex 新宿（しんじゅく）、渋谷（しぶや）、池袋（いけぶくろ）など

東京大都市圏の昼間人口と夜間人口（2020年）
（万人）　昼間人口　夜間人口
東京都　埼玉県　千葉県　神奈川県
出典：データでみる県

MEMO
東京の中心部には23の特別区があり、東京23区と総称される。特別区は、市と同じような権限を持つ

✖ 過密問題の対策

- ニュータウン …郊外につくられた住宅地。ex 多摩（たま）、海浜（かいひん）、港北（こうほく）
  - ※近年は建物の老朽化や住民の 少子高齢化 などが課題。⚠
- 東京の機能の分散…神奈川県の 横浜（よこはま）みなとみらい21、千葉県の 幕張（まくはり）新都心、埼玉県の さいたま新都心 に人が集まる新都心を建設。茨城県の 筑波（つくば）研究学園都市 には東京から大学や研究機関が移転。
- 再開発 …古い建物を取り壊して、計画的に地域をつくり直すこと。都心で大型商業施設、臨海部で住宅地などの開発が進む。

東北地方の自然環境

東北の地形

✖山脈・山地・高地
- 中央…奥羽山脈
- 太平洋側…北上高地
- 日本海側…出羽山地
- ※世界自然遺産…白神山地

（津軽）平野

世界自然遺産の（白神）山地

（奥羽）山脈

（最上）川

✖海岸の地形
- 太平洋側…リアス海岸が多い。
- 日本海側…砂浜海岸が多い。

✖平野や盆地と河川
- 津軽平野…岩木川
- 秋田平野…雄物川
- 北上盆地・仙台平野…北上川
- 山形盆地・庄内平野…最上川

✖湖
- 十和田湖…青森県と秋田県の県境。火山の噴火でできた湖。
- 猪苗代湖…福島県の会津盆地と郡山盆地の間に位置する湖。

東北の気候

北西の季節風の影響

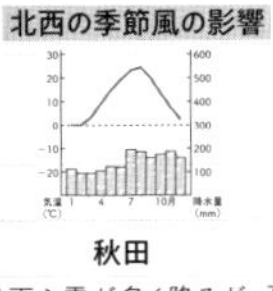

秋田

雨や雪が多く降るが、夏は晴天が続き気温が高くなる。

やませの影響

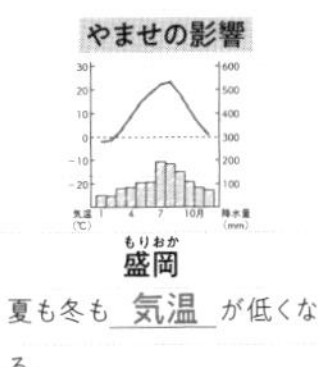

盛岡

夏も冬も気温が低くなる。

東北地方内では緯度が低い

仙台

盛岡と比べて降水量の変化は似ているが、平均気温は高い。

出典：理科年表2022

(2) 東北地方の農業

✖稲作

…おもに平野でさかん。
- やませ…東北地方の太平洋側で夏に吹く、冷たい北東の風。
  この風が吹くと霧や雲が多くなって日照時間が減少。
  ➡稲が育たなくなる冷害が起こる。
- 減反政策…1970年代から行われていた米の生産量を減らす政策。
  日本人の食生活の変化による米余りへの対策。
  ※2018年に廃止。
- 銘柄米…すぐれた品質を持ち、産地や品種が登録された米。
  ※岩手県や宮城県では、冷害に強い品種のひとめぼれが主流。

✖果樹栽培

…おもに盆地でさかん。
- さくらんぼ…山形県で生産がさかん。「佐藤錦」や「紅秀峰」などのブランド品種が有名。
- 西洋なし…山形県で生産がさかん。
- りんご…青森県で生産がさかん。津軽平野などで栽培。
- もも…福島県で生産がさかん。福島盆地などで栽培。

(3) 東北地方の漁業

✖潮目（潮境）

TEST …寒流の親潮（千島海流）と暖流の黒潮（日本海流）がぶつかる場所。
➡多くの魚が集まる好漁場。

親潮（千島海流）

黒潮（日本海流）

✖養殖業

…魚や貝を成長させて出荷する漁業。波の穏やかな海域に適している。
- 陸奥湾…ほたての養殖。
- 三陸海岸…かき、わかめ、こんぶの養殖。

東北地方の工業

✖工業団地

…計画的に造成された工業地区。東北地方では高速道路や空港の近くに多い。
➡工場が進出して働く場所が増加。➡冬季の出稼ぎが減少。

✖伝統的工芸品

…経済産業大臣が指定した工芸品。
- 漆器…青森県の津軽塗や福島県の会津塗など。
- 木工品…秋田県の樺細工や山形県の天童将棋駒など。
- 鉄器…岩手県の南部鉄器など。

※古くからの技術を受け継いで生産する伝統産業、地域と密接に結びついた地場産業になっているものが多い。

東北地方の文化

✖伝統行事

…地域に受け継がれてきた行事。東北地方の県庁所在地では、農家の生活と結びついた夏祭りが行われる。

◎東北三大祭り
- 青森ねぶた祭
- 秋田竿燈まつり
- 仙台七夕まつり

✖重要無形民俗文化財

…地域に受け継がれてきた習慣や芸能のうち、国が重要なものとして指定したもの。

ex 秋田県の「男鹿のナマハゲ」

✖食文化

…冷涼な気候に対応した食文化が根づく。
- 漬け物…秋田県のいぶりがっこなど。冬は雪が積もり、外出が難しいため、保存食を作った。
- そば…岩手県のわんこそばなど。寒さに強い。

(3) 自然災害の克服を目指して

✖津波

…地震による海底の地形の変形で起こる波。

※東北地方の三陸海岸はリアス海岸という入り組んだ地形のために被害が大きくなりやすい。

※大津浪記念碑…2度の三陸地震で津波の被害にあった岩手県宮古市重茂姉吉地区の住民が、未来の人々への教訓を刻んだ自然災害伝承碑。

【碑文の内容】
- 高台にある家は子孫に平和と幸福をもたらす。
- 大津波の災いを忘れるな。
- 此処より下に家を建てるな。
- 明治29（1896）年にも昭和8（1933）年も津波はここまで来て、集落が全滅した。
- 生存者はわずかに前（明治時代）が2人、後（昭和時代）が4人のみだった。
- いつまでも津波を警戒せよ。

◎1960年 チリ地震津波
…南アメリカのチリで地震が発生し、津波が太平洋を横断して日本に到達。

◎2011年 東日本大震災（東北地方太平洋沖地震）
…太平洋沿岸をおそった大きな津波により被害が拡大。

※津波てんでんこ 東北地方の方言をもとにした、「津波が来たら、各自でにげろ」という心構えを表す言葉。

✖自然災害に強いまちづくり
- 防潮堤…津波の侵入を防ぐ堤防。震災後に建設や補強が進む。
- 高台への移転…標高が高く津波が到達できないと考えられる場所に、新しい住宅や集落をつくる。
- 防災意識の向上…ハザードマップ（防災マップ）の確認や避難訓練への参加などを通じて、一人ひとりが自然災害に備える努力をする。

(1) 北海道地方の自然環境

北海道の地形

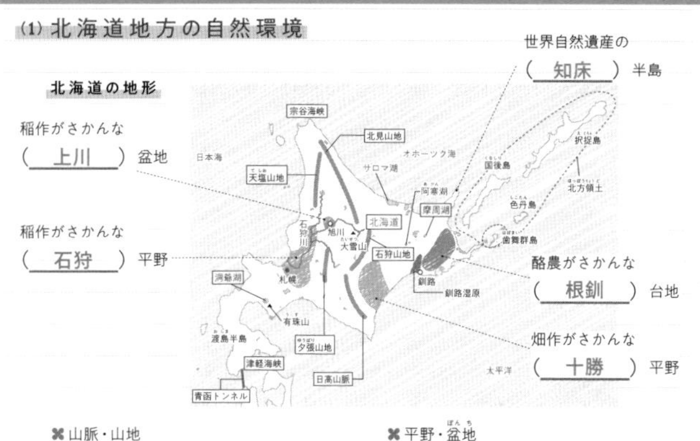

世界自然遺産の（ 知床 ）半島

稲作がさかんな（ 上川 ）盆地

稲作がさかんな（ 石狩 ）平野

酪農がさかんな（ 根釧 ）台地

畑作がさかんな（ 十勝 ）平野

✖山脈・山地
- 中央部… 石狩山地
- 北東部… 北見山地
- 南部… 日高山脈

✖平野・盆地
- 石狩 平野
- 上川 盆地
（以上、稲作がさかん。）
- 十勝 平野…畑作がさかん。

✖海峡
- 宗谷海峡 …樺太（サハリン）との境界。
- 津軽海峡 …本州との境界。

※海底に 青函トンネル

✖台地・半島・湖
- 根釧台地 …酪農がさかん。
- 知床半島 …世界自然遺産。
- 洞爺湖 …カルデラ湖。
- 摩周湖 …透明度が高い湖。

北海道の気候

梅雨がない	盆地の気候	寒流の影響
札幌	旭川	釧路
水分の多い 北西 の季節風の影響で、冬に雪が多く降る。	内陸なので夏と冬の気温差が大きく、冬の寒さが 厳しい 。	水分の多い南東の季節風の影響で、夏に 濃霧 が発生する。

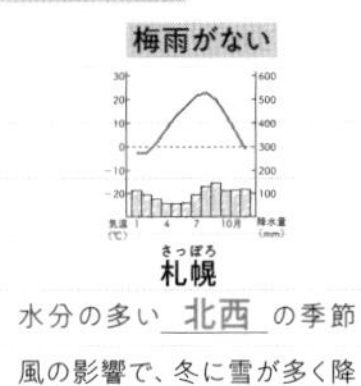

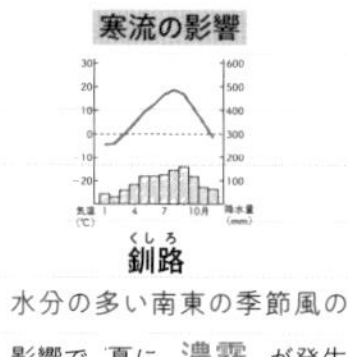

出典：理科年表2022

(2) 北海道地方の農業

✖稲作… 石狩川 の下流に広がる、石狩平野などでさかん。
- 屯田兵 …明治時代に、北海道の開拓と防備を行った人達。
- 泥炭地 …炭化した植物が堆積した湿地。かつての石狩平野。
- 客土 …農業に適した土を運び入れて、土地を改良すること。⚠
  ➡石狩平野が日本有数の稲作地帯に変化。
- 品種改良 …新しい品種の作物をつくること。熱帯の植物の稲を 冷帯（亜寒帯） の北で栽培するための努力が続けられる。

✖畑作… 火山灰（火山の噴出物） が積もった、十勝平野などでさかん。

TEST
- 輪作…年ごとに異なる作物を順番につくる方法。畑の 地力 の低下を防ぐ目的。
  ➡北海道は てんさい（＝砂糖大根・ビート）、じゃがいも 、小麦 、たまねぎ 、小豆などの生産量が日本一。

✖酪農…牧草などを栽培して 乳牛 を飼育し、生乳や乳製品を生産する農業。北海道東部の 根釧台地 は日本有数の酪農地帯。

※北海道は東京などの大消費地から遠いので、 加工用 に出荷される生乳、他の都府県は 飲用 に出荷される生乳の割合がそれぞれ大きい。

農産物の生産量に占める北海道の割合（202

作物	割合
てんさい 406万t	北海道 100%
ばれいしょ 218万t	北海道 77.5%、鹿児島 4.2
小麦 110万t	北海道 66.4%、福岡 7.1
たまねぎ 109万t	北海道 60.6%、佐賀 9.2、兵庫 9.2

出典：データでみる県

✖特徴と課題
- 大規模な生産…北海道の農家一戸当たりの耕地面積は、全国平均よりも 広い 。
  ➡北海道の農家は 大型機械の導入（機械化） によって農業の大規模化を実現。
  ➡安価な 輸入（外国産） 農作物との競争のために利益が減少。

(1) 北海道地方の漁業

✖ 北洋漁業 …ベーリング海やオホーツク海などで、さけ・すけとうだらを取る漁業。
基地は北海道の 釧路 港や根室港など。
➡各国が 排他的経済水域 を設定したため、自由に漁ができなくなって衰退。

✖ 育てる漁業 …こんぶやほたての養殖業、さけの栽培漁業がさかん。

※襟裳岬の漁業…乱獲などの影響で岬周辺の漁獲量が激減。➡えりも町の人々が 植林 を行う。➡森林の栄養分が海に流れこむ。➡ 海藻 が育って多くの魚が集まる。➡漁獲量が増加。

(2) 北海道地方の工業

✖北海道の工業の特徴…地元でとれる原材料を 加工 する製造業が中心。
- 帯広 市…生乳からバターやチーズなどの乳製品をつくる工場が多い。
- 根室 市…水揚げされた魚介類を加工する缶詰工場が多い。
- 苫小牧 市…日本で初めてつくられた掘りこみ港がある。木材を原料とする紙・パルプ工業がさかん。
- 室蘭 市…鉄鋼業がさかん。

室蘭市 鉄鋼業
北海道
根室市 水産加工業
帯広市 乳製品
苫小牧市 紙・パルプ工業、石油化学工業

(3) 北海道地方の文化

✖ アイヌの人々（アイヌ民族） …北海道の先住民族。おもに漁や狩りで生活し、自然と結びついた文化を築く。
- 北海道の地名…「乾いた大きな川」という意味を持つアイヌ語の「サッポロペッ」に由来する 札幌 など。
- アットゥシ（アットゥシ織） …平取町二風谷でつくられるアイヌの人々の伝統的な織物。国の伝統的工芸品に指定。

(4) 寒さに適応した北海道地方の生活

✖寒さへの対策
- 玄関や窓… 二重 にして寒い空気が室内に入らないようにする。⚠
- 断熱材 …壁の中に熱を伝えにくい材料を入れて室温を保つ。
- 石油タンク（灯油タンク） …暖房を切らさないための工夫。

✖雪への対策
- 屋根… 傾き（傾斜） をつけて、雪が積もりにくくする。

TEST
- ロードヒーティング …地中に埋めた電熱線や温水パイプの熱で道路の雪をとかすし
- 矢羽根 …雪が積もった道路で路肩を示すための標識。
- 防雪柵 …道路に雪が吹きこまないようにする柵。

※ 利雪 …雪を生活に役立てようという考え。雪室による低温での貯蔵や、雪冷房システムによる建物の冷却など。

(5) 北海道地方のさまざまな観光資源

✖ ラベンダー …夏に咲く紫色の花。富良野盆地などの観光資源。

✖ さっぽろ雪まつり …毎年2月に札幌で開かれる。多くの雪像が人気。

✖ 流氷 …冬のオホーツク海沿岸に押し寄せる多くの氷。観光船が出る。

✖ 知床 …北海道の世界自然遺産。

※ エコツーリズム …観光と自然環境の保全の両立を目指すこと。
知床五湖周辺では高架木道を設置して、貴重な植物が踏み荒らされないように守ってい

✖ 有珠山 …洞爺湖の近くにある火山。2000年の噴火の後、火山による被害の様子や防災・減災について学ぶことができる観光地として整備。

SDGs（108～109ページの解答）

SDGsのあらまし

✖ SDGs…持続可能な開発目標の略称。2015年に国際連合で採択。

- SDGsの目的…持続可能な社会を実現して、現代の世代から将来の世代にわたって発展できる社会にすること。
- SDGsの内容…2030年までに世界の国々が解決することをめざす17の目標。

✖ SDGsの目標

①「（貧困）をなくそう」	⑩「人や国の（不平等）をなくそう」
②「（飢餓）をゼロに」	⑪「住み続けられる（まちづくり）を」
③「すべての人に（健康）と（福祉）を」	⑫「つくる（責任）つかう（責任）」
④「質の高い（教育）をみんなに」	⑬「（気候変動）に具体的な対策を」
⑤「（ジェンダー）平等を実現しよう」	⑭「（海）の豊かさを守ろう」
⑥「安全な（水）とトイレを世界中に」	⑮「（陸）の豊かさも守ろう」
⑦「（エネルギー）をみんなにそして（クリーン）に」	⑯「平和と（公正）をすべての人に」
⑧「働きがいも（経済成長）も」	⑰「（パートナーシップ）で目標を達成しよう」
⑨「産業と技術革新の（基盤）をつくろう」	

(2) SDGsの達成を目指して

✖ 発展途上国の取り組み

- フェアトレード…発展途上国で生産された農作物などを適正な価格で取り引きすること。⚠

SDGsとの関係

貧しさから抜け出すことが目的なので、左ページの17の目標のうち、おもに1番目の目標に当てはまる取り組みである。

✖ 発電に関する取り組み

- 地熱発電…地中の熱水や蒸気で電気を起こすこと。右の順位表を見ると、トルコ以外は、太平洋を取りまく造山帯（変動帯）に位置している国々であることがわかる。

地熱発電量の多い国

1位	アメリカ合衆国
2位	インドネシア
3位	フィリピン
4位	トルコ
5位	ニュージーランド

出典：世界国勢図会2022/23

SDGsとの関係

二酸化炭素の排出量が少なく、くり返し利用できる再生可能エネルギーを使うので、左ページの17の目標のうち、おもに7番目、13番目の目標に当てはまる取り組みである。

✖ 徳島県の取り組み

- 上勝町…高齢者が「つまもの」（＝料理に添える素材）を生産し、インターネットを通じて大都市の料理店などに販売。
- 神山町…光ファイバーを使った高速通信網を整備して、大都市の企業のサテライトオフィス（＝遠隔拠点）を誘致。

SDGsとの関係

この2つの町は四国山地にあり、右の表から過疎が進んでいる地域だとわかる。この2つの町で行われていることは、ICTを活用した地域おこし（町おこし・村おこし）なので、左ページの17の目標のうち、おもに11番目の目標に当てはまる取り組みである。

	人口増減率（2015-2020年）
上勝町	-10.7%
神山町	-12.3%

出典：総務省資料

図にまとめよう！ 関東～北海道地方／確認テスト⑥（110～111ページの解答）

関東～北海道地方

- 冬に（流氷）が押し寄せるオホーツク海沿岸
- がさかんな（十勝）平野
- 地帯の（石狩）平野
- 世界自然遺産の（知床）
- （酪農）がさかんな根釧台地
- ごの生産がさかんな津軽）平野
- （リアス）海岸の地形は地震のときに（津波）の被害が大きい
- の中心部はヒートアイランド）が起こりやすい
- 寒流と暖流がぶつかる（潮目（潮境））
- 県太田市は北関東）地域の工業都市
- 日本最大の貿易港の（成田国際）空港
- （京葉）工業地域
- の郊外にありニュータウン）くられた多摩丘陵
- 国内線の中心の（東京国際（羽田））空港

確認テスト⑥

月　日（　）

／50点

次の問いに答えましょう（5点×10、(2)の③は完答）。

(1) 次の問いに答えなさい。

❶ アイヌの人々は日本のどの地方の先住民族ですか。（北海道）地方

❷ 東京都は昼間人口と夜間人口のどちらが多いですか。（昼間）人口

★❸ 国際連合が採択した持続可能な開発目標の略称をアルファベットで何といいますか。（SDGs）

(2) 各地方の生活や文化について、次の問いに答えなさい。

❶ 右は、関東地方で見られる屋敷森です。この屋敷森が防いでいる、冬の冷たい北西の季節風を何といいますか。（からっ風）

❷ 東北地方では、青森ねぶた祭・秋田竿燈まつり・仙台七夕まつりが「東北三大祭り」と呼ばれ、多くの人が参加してにぎわいます。この「東北三大祭り」は、どの季節に開かれる伝統行事ですか。漢字1字で答えなさい。（夏）

❸ 北海道地方などで見られる、寒さや雪への対策や工夫として当てはまらないものを、次のア～オから2つ選び、記号で答えなさい。

ア 給水タンク　イ 断熱材が入った壁　ウ 二重の窓
エ 屋根瓦のしっくい　オ ロードヒーティング　（ア，エ）

★(3) 次の❶～❹の農作物の生産量が全国1位（2021年）の道県を、あとのア～エからそれぞれ選び、記号で答えなさい。

❶ いちご　❷ さくらんぼ　❸ てんさい　❹ はくさい

ア 北海道　イ 山形県　ウ 茨城県　エ 栃木県

❶（エ）❷（イ）❸（ア）❹（ウ）

これで日本の東半分とSDGsの学習も終わりだよ。よくがんばったから疲れたでしょう。ゆっくり休んでね。
これで地理はおしまいだけど、はじめに学習した内容はまだ覚えているかな？「あっ忘れているところがあるぞ」と思ったらもう一度見直そう。復習はとっても大切だよ♪

スケジュール管理表

ページ		テーマ名	やる予定の日	実際にやった日	理解度
10	1	六大陸と三大洋、さまざまな国々	／　（　）	／　（　）	☆☆☆
12	2	緯度と経度、地球儀とさまざまな世界地図	／　（　）	／　（　）	☆☆☆
14	3	世界の中の日本の位置	／　（　）	／　（　）	☆☆☆
16	4	時差	／　（　）	／　（　）	☆☆☆
18	5	日本の領域と都道府県	／　（　）	／　（　）	☆☆☆
20	地図にまとめよう!	**世界の姿、さまざまな平面の地図、日本の姿**	／　（　）	／　（　）	☆☆☆
21	**確認テスト①**		／　（　）	／　（　）	☆☆☆
22	6	世界のさまざまな気候と雨温図	／　（　）	／　（　）	☆☆☆
24	7	世界各地の暮らし	／　（　）	／　（　）	☆☆☆
26	8	世界の宗教	／　（　）	／　（　）	☆☆☆
28	地図にまとめよう!	**世界の気候帯、世界各地の住居、世界各地の宗教**	／　（　）	／　（　）	☆☆☆
29	**確認テスト②**		／　（　）	／　（　）	☆☆☆
30	9	アジア州①	／　（　）	／　（　）	☆☆☆
32	10	アジア州②	／　（　）	／　（　）	☆☆☆
34	11	アジア州③	／　（　）	／　（　）	☆☆☆
36	12	ヨーロッパ州①	／　（　）	／　（　）	☆☆☆
38	13	ヨーロッパ州②	／　（　）	／　（　）	☆☆☆
40	14	アフリカ	／　（　）	／　（　）	☆☆☆
42	15	北アメリカ州①	／　（　）	／　（　）	☆☆☆
44	16	北アメリカ州②	／　（　）	／　（　）	☆☆☆
46	17	南アメリカ州	／　（　）	／　（　）	☆☆☆
48	18	オセアニア州	／　（　）	／　（　）	☆☆☆
50	地図にまとめよう!	**ヨーロッパ州とアフリカ州、オセアニア州**	／　（　）	／　（　）	☆☆☆
51	**確認テスト③**		／　（　）	／　（　）	☆☆☆
52	19	地形図、縮尺、地図記号	／　（　）	／　（　）	☆☆☆
54	20	日本の地形	／　（　）	／　（　）	☆☆☆
56	21	日本の気候	／　（　）	／　（　）	☆☆☆
58	22	自然災害	／　（　）	／　（　）	☆☆☆
60	23	日本の人口	／　（　）	／　（　）	☆☆☆
62	24	資源とエネルギー	／　（　）	／　（　）	☆☆☆
64	25	日本の第一次産業	／　（　）	／　（　）	☆☆☆
66	26	日本の第二次産業	／　（　）	／　（　）	☆☆☆
68	27	日本の第三次産業	／　（　）	／　（　）	☆☆☆

ページ	テーマ名	やる予定の日	実際にやった日	理解度
70	**28** 交通、通信	／　（　）	／　（　）	☆☆☆
72	地図にまとめよう! **日本の地形、日本の特色**	／　（　）	／　（　）	☆☆☆
73	**確認テスト④**	／　（　）	／　（　）	☆☆☆
74	**29** 九州地方①	／　（　）	／　（　）	☆☆☆
76	**30** 九州地方②	／　（　）	／　（　）	☆☆☆
78	**31** 中国・四国地方①	／　（　）	／　（　）	☆☆☆
80	**32** 中国・四国地方②	／　（　）	／　（　）	☆☆☆
82	**33** 近畿(きんき)地方①	／　（　）	／　（　）	☆☆☆
84	**34** 近畿(きんき)地方②	／　（　）	／　（　）	☆☆☆
86	**35** 中部地方①	／　（　）	／　（　）	☆☆☆
88	**36** 中部地方②	／　（　）	／　（　）	☆☆☆
90	**37** 中部地方③	／　（　）	／　（　）	☆☆☆
92	地図にまとめよう! **中部～近畿(きんき)地方、中国･四国～九州地方**	／　（　）	／　（　）	☆☆☆
93	**確認テスト⑤**	／　（　）	／　（　）	☆☆☆
94	**38** 関東地方①	／　（　）	／　（　）	☆☆☆
96	**39** 関東地方②	／　（　）	／　（　）	☆☆☆
98	**40** 関東地方③	／　（　）	／　（　）	☆☆☆
100	**41** 東北地方①	／　（　）	／　（　）	☆☆☆
102	**42** 東北地方②	／　（　）	／　（　）	☆☆☆
104	**43** 北海道地方①	／　（　）	／　（　）	☆☆☆
106	**44** 北海道地方②	／　（　）	／　（　）	☆☆☆
108	**45** SDGs(エスディージーズ)	／　（　）	／　（　）	☆☆☆
110	地図にまとめよう! **関東～北海道地方**	／　（　）	／　（　）	☆☆☆
111	**確認テスト⑥**	／　（　）	／　（　）	☆☆☆

確認テスト　点数記録表

ページ	テーマ	やった日	得点
21	確認テスト①（第1章　世界と日本の姿）	／　（　）	点
29	確認テスト②（第2章　世界のさまざまな特色）	／　（　）	点
51	確認テスト③（第3章　世界の諸地域）	／　（　）	点
73	確認テスト④（第4章　日本のさまざまな特色）	／　（　）	点
93	確認テスト⑤（第5章　日本の諸地域）	／　（　）	点
111	確認テスト⑥（第5章　日本の諸地域）	／　（　）	点